o que os homens não revelam

mas você precisa saber

EDITORA
GLOBO

Copyright © 2007 by Editora Globo S.A. para a presente edição
Copyright © 2007 by Maggie Hamilton

Título da obra – O que os homens não revelam mas você precisa saber
Título original – What men don't talk about

Tradução: Kanji Editoração
Revisão: Esther Levy
Editoração eletrônica: Axis Design
Ilustração de capa: Suppa

Todos os direitos reservados. Nenhuma parte desta edição pode ser utilizada ou reproduzida — por qualquer meio ou forma, seja mecânico ou eletrônico, fotocópia, gravação etc. — nem apropriada ou estocada em sistema de banco de dados sem a expressa autorização da editora.

1ª edição

Dados Internacionais de Catalogação na Publicação (CIP)
(Câmara Brasileira do Livro, SP, Brasil)

Hamilton, Maggie
  O que os homens não revelam mas você precisa saber /
Maggie Hamilton ; [tradução Kanji Editoração e Casellarte]. –
São Paulo : Globo, 2007.

  Título original: What men don't talk about
  Bibliografia
  ISBN: 978-85-250-4359-7

  1. Homens - Comportamento sexual 2. Homens –
Conduta de vida 3. Homens - Psicologia I. Título.

07-6716   CDD-155.632

Índices para catálogo sistemático:
1. Homens : Comportamento : Psicologia   155.632

MAGGIE HAMILTON

o que os homens não revelam

mas você precisa saber

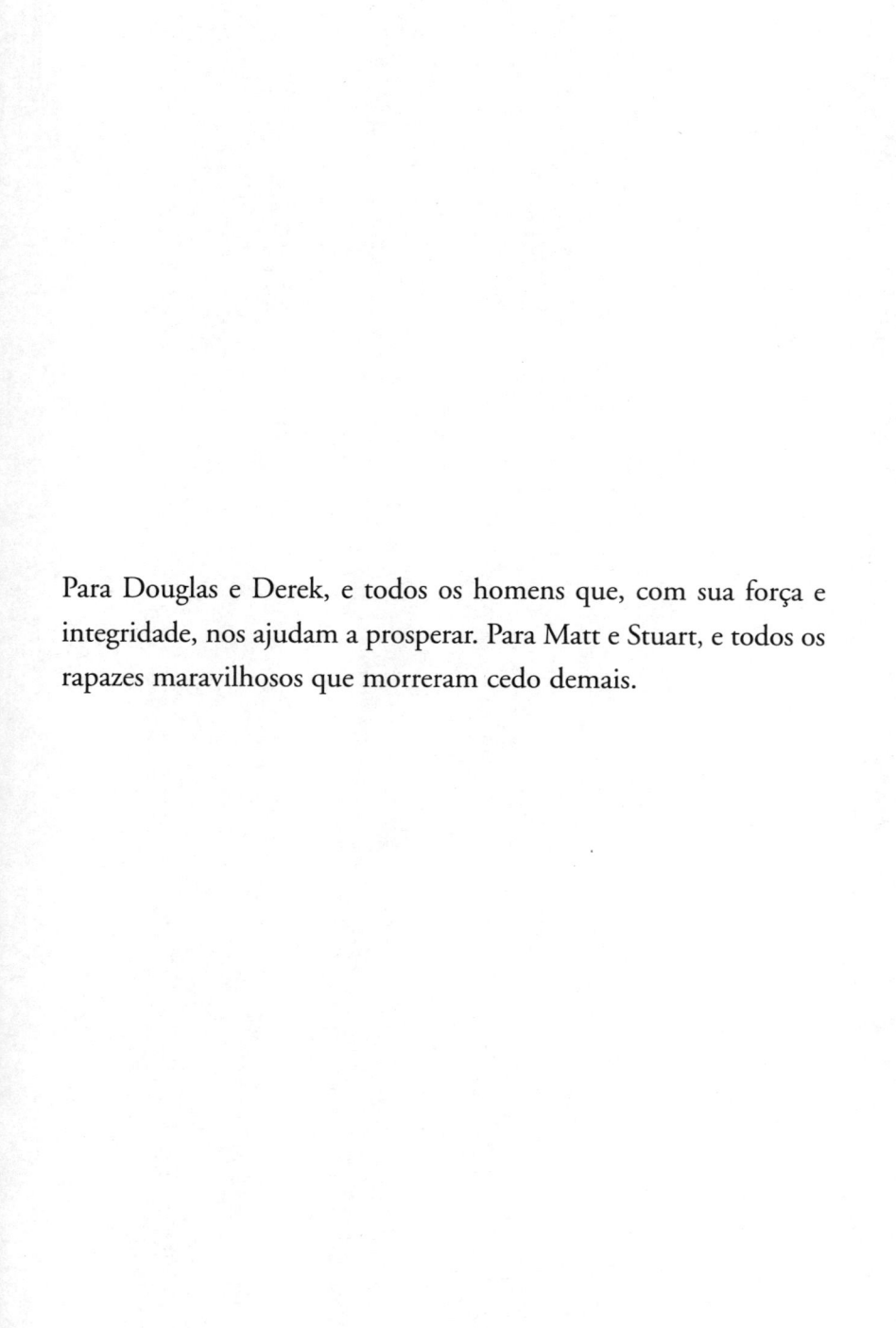

Para Douglas e Derek, e todos os homens que, com sua força e integridade, nos ajudam a prosperar. Para Matt e Stuart, e todos os rapazes maravilhosos que morreram cedo demais.

Sumário

Agradecimentos — 9

Introdução — 11
Afinal, qual é a dos homens? — 17
Conseqüências da violência — 32
Meninos na escola — 38
Nasce um herói — 53
Jovens e raivosos — 63
Namoro com o perigo — 76
Quando a vida perde a graça — 92
Filhos e mães — 99
Em busca do corpo perfeito — 121
A vulnerabilidade masculina — 140
A nova realidade dos relacionamentos — 160
O que aconteceu com a química? — 173
Os homens e o sexo — 190

Quando tudo desmorona	201
Os homens e a saúde	210
Homens no trabalho	221
Negócios arriscados	238
De filho a pai	247
A paternidade	257
O que os pais têm a oferecer	268
Filhos homens	276
Pais e filhas	292
Papel delicado	298
Os pais e o divórcio	303
A vida após a separação	320
Juntando os pedaços	330
A aposentadoria	336
Solidão	350
Sem saída	360
Novos horizontes	364
Na companhia dos homens	375
Rumo ao futuro	386
Notas	390
Bibliografia	416
Autorizações	420

Agradecimentos

Nenhuma de nossas conquistas resulta apenas de nossos esforços. Este projeto imenso não teria sido possível sem o valioso apoio de tantas pessoas. Meus sinceros agradecimentos a todos os homens que dividiram de forma tão generosa as complexidades de suas vidas, seus êxitos e fracassos. Agradeço aos meus queridos amigos, que nunca duvidaram deste projeto, nem deixaram de me estimular desde que escrevi as primeiras linhas.

Agradeço também a Bob Nelson, Bruce White, Bill O'Hehir, Marian Clarke, Carol George, doutor Sotirios Sarantakos, Marie M. Eadie, professor Yeates Conwell, Julie Coates, Jan Backhouse, John Hanrahan, Lisa Hanrahan, Trena Clarke, Augustine J. Kposowa, reverendo Dave Smith, Steve Boston, Andrew King, Anne Willems, Ray Lenton, Murray Drummond, Susanne Gervay e Karen Reid, cuja ajuda foi muito importante para minha pesquisa. Agradeço aos profissionais da Balmain Library, que não pouparam esforços para me oferecer os livros que procurei. Agradecimentos especiais a Brad Mander e Dean Dyer, que dedicou seu tempo para ler esse manuscrito e fazer comentários preciosos.

Agradeço a minha querida amiga e agente Selwa Anthony; a minha dedicada editora Julie Gibbs; a minha divulgadora Bridie Riordan e à editora Claire de Medici, que muito contribuíram com sua dedicação e seu envolvimento. Agradeço a toda a equipe da Penguin: Dan Ruffino, Sally Bateman, Nicola Young, Anne Rogan, Peg McColl e Frances Bruce, pelo excelente trabalho.

Meus agradecimentos a meu pai, Douglas, o primeiro homem que amei, e a meu marido Derek, que, com sua crença inabalável, nunca deixa de me apoiar. Muito obrigada ao povo Hopi, ponto de origem deste livro; e ao Grande Espírito, que me inspira a olhar com mais profundidade para a vida e ver as coisas não como elas são, mas como ainda podem ser.

Introdução

Escrever este livro foi uma das façanhas mais libertadoras (apesar de algumas vezes também árdua) que realizei até hoje. A iniciativa surgiu do meu crescente desconforto com as muitas certezas que eu tinha em relação aos homens. Ao mesmo tempo em que me sentia reconfortada por acreditar que a vida dos homens era mais fácil do que a das mulheres e que eles eram invulneráveis, ao olhar mais de perto percebi que não era bem assim. Até aquele momento, eu nunca tinha realmente questionado porque tantos homens se suicidam, ou porque, ao final de um relacionamento, eu sempre me preocupava mais em saber como as mulheres estavam reagindo à separação. Só quando parei para avaliar o comportamento dos homens, vi que eles enfrentam dilemas e sofrimentos que eu sequer sabia que existiam. Foi um choque.

Comecei a me perguntar se não havia outros mistérios igualmente desconhecidos. Conforme passei a examinar a vida de alguns homens e a ouvir suas histórias, percebi que, como muitas mulheres, meu entendimento do sexo oposto era bastante reduzido. Grande parte do que eu sabia estava relacionado a caricaturas e estereótipos ou à minha própria experiência. À primeira vista, a maioria dos homens que eu conhecia aparentava dar conta de suas vidas, mas bastou sair da superfície para que eu encontrasse uma imagem bem diferente: como as mulheres, a grande parte deles tinha muitas dúvidas e fragilidades. Eles também gostam de ser ouvidos, amados, amparados e aceitos como são. Do mesmo modo que as mulheres, lutam para obter aceitação e encontrar um sentido para suas vidas. E basta uma oportunidade para revelar as suas emoções, sua coragem e humanidade.

Durante as minhas entrevistas, descobri que os homens se mostravam realmente surpresos diante do interesse de uma mulher em ouvi-los e, mais ainda, de escrever sobre eles. Muitos se revelaram bastante emotivos e alguns até choraram. Para vários homens, essa foi a primeira vez que alguém queria saber de verdade sobre a vida deles e suas experiências. E, conforme me contavam a sua história, eu identifiquei neles a mesma abertura, vulnerabilidade e fragilidade presentes em qualquer mulher. A honestidade e percepção desses homens me surpreenderam e, pelas nossas conversas, descobri que passaram por muitos momentos de dúvida e desespero. Muitos falaram sobre as dificuldades de relacionamento com as mulheres, os esforços para manter a felicidade da mulher amada e o desencanto ao constatar a falta de resultados positivos.

Ao organizar tudo o que esses homens dividiram comigo, percebi que, no desejo de apontar as diferenças *entre* os sexos, nossa sociedade se concentrou muito mais no que os distingue do que nos traços comuns. Também caímos na armadilha de competir para ver quem sofre mais, em vez de aliviar a dor do outro. Concluí que essa visão estreita custou caro. Me surpreendeu o número de rapazes que poderiam ter escapado de abusos sexuais, se não tivéssemos uma idéia errada sobre a vulnerabilidade deles.

Nessa tentativa de compreender a experiência masculina, de maneira nenhuma quis desmerecer as dificuldades enfrentadas pelas mulheres até hoje. Os movimentos femininos permanecem essenciais, porque, além de continuar o processo de liberação feminina, ampliam o modo de pensar e de agir de nossa sociedade. Os resultados positivos desse processo são constantes e apontam para um futuro melhor, desde que aproveitemos as lições para o bem de todos. Acredito que seja a hora de usufruir dos benefícios conquistados pelas mulheres e permitir que os homens tenham mais escolhas e liberdade no que é possível, dentro da atual definição limitada de masculinidade.

O caminho para o futuro também aponta para a percepção de que existem mais qualidades comuns do que diferenças entre os sexos. Acima de tudo somos seres humanos, com todo o potencial de fragilidades que isso significa. Não estou sugerindo ignorar as nuanças entre os sexos, pois apenas por meio da avaliação dessas diferenças poderemos compreendê-las, extrair lições e progredir.

Desde o início, nossa sociedade criou "verdades" sobre o que não conseguíamos entender, como, por exemplo, os homens. A maioria de nós, mulheres, aceitou essas "verdades" sem questioná-las, porque era um dos poucos meios que tínhamos para entender o universo masculino. Mas bastou ir mais fundo para perceber o quanto muitas dessas versões eram parciais e prejudiciais. Apesar dos progressos que fizemos, muitos ficaram feridos, pois adotamos uma visão de masculinidade como algo perigoso, indesejável e temido. Mas ao mesmo tempo em que devemos nos esforçar para manter nossa segurança individual e a dos grupos, não podemos esquecer as diversas contribuições que os homens trazem às nossas vidas.

É hora de adotar uma visão mais clara sobre o universo masculino, pois, embora pareça natural dizer que os homens não são mais necessários, essa opinião muda rapidamente diante de um grande desastre. Frente ao perigo, não hesitamos em recorrer a nossos pais, filhos e parceiros para que arrisquem suas vidas nos protegendo da natureza ou até de alguns elementos da comunidade. Apesar de muitas mulheres hoje atuarem nesse tipo de tarefa, na maioria das vezes esses papéis ainda são atribuídos aos homens.

Embora poucos admitam, a vida de muitos homens não é fácil. Raros desfrutam do espaço e sucesso de que gostariam mas, como outras pessoas dependem deles, de alguma maneira encontram a coragem necessária para levantar de manhã e fazer o que tem de ser feito. Poucos homens governam o mundo: a maioria simplesmente tenta fazer com que a sua existência valha a pena, e se esforça para lidar com as grandes e pequenas dificuldades da vida.

É fato que existem homens perigosos, capazes de prejudicar pessoas e destruir vidas. Mas há uma quantidade bem maior de homens corajosos, decentes e bons. Muitos que entrevistei me impressionaram por sua lucidez, capacidade de amar e pelo desejo de levar uma vida que faça sentido, sem a necessidade de sucesso ou glória. A variedade é grande: jovens e velhos, trabalhadores e profissionais liberais, desempregados ou bem-sucedidos, solteiros ou vivendo relacionamentos estáveis, pais e filhos, além de jovens no início de seu caminho no mundo. Neste livro, o leitor poderá descobrir mais sobre os homens, como pensam e o que desejam.

Além do meu estreito contato por meio de entrevistas, mergulhei na literatura específica – nos romances e nas obras de não-ficção, e nos modos de representação da figura masculina na cultura popular. Sempre que possível, li as obras dos principais pensadores e estudiosos do assunto, para dar um embasamento teórico ao livro. Quando os estudos de casos ou estatísticas locais eram escassos, recorri a pesquisas internacionais importantes. Com exceção dos especialistas, todos os entrevistados aparecem sob pseudônimos, em respeito à sua privacidade.

A abrangência deste livro não deu espaço suficiente para abordar as dificuldades dos homossexuais e dos integrantes das minorias raciais. O que concluí ao realizar esta obra, porém, foram as imensas dificuldades enfrentadas por esses grupos.

Conforme mergulhei neste material, as muitas diferenças e semelhanças entre homens e mulheres começaram a aparecer. Em seguida, ao explorar as diferenças, passei a apreciar, a aprender e a respeitar mais essas distinções, para enfim ver as qualidades que os homens têm a oferecer.

Escrevi este livro para homens e mulheres. Desejo que os leitores percebam que não estão sozinhos nas diversas dificuldades que enfrentam, e que as leitoras ampliem sua percepção não apenas dos homens, mas do que significa ser mulher: quanto mais as mulheres compreenderem as sutilezas masculinas, mais valorizarão as características do sexo feminino. Várias questões abordadas neste livro atingem ora mulheres mais jovens, ora as mais maduras. Não me aprofundei nessa questão, pois não era o objetivo do livro, considerando a quantidade de material examinado nele.

Uma das muitas vantagens de viver em nossa sociedade é a liberdade e a possibilidade de conhecermos, compreendermos e valorizarmos a nós mesmos e aos outros. Por meio desse processo, construiremos algo bem mais significativo do que se nos restringíssemos a necessidades e perspectivas individuais. Esse foi o meu objetivo ao escrever este livro: desafiar nossas certezas sobre os homens e ampliar nossa compreensão a respeito deles. Espero ter conseguido.

O mais gratificante de escrever este livro foi aprender a valorizar o fato de ser mulher e a aproveitar a companhia masculina como nunca havia feito antes. Minha maior esperança é que as muitas informações deste livro sensibilizem os leitores, e que eles também se inspirem em valorizar o outro, pois é a união que trará relações melhores e o mundo que sonhamos.

Afinal, qual é a dos homens?

O QUE ESTÁ ACONTECENDO COM OS HOMENS?
Quais são as dúvidas, angústias e aspirações dos homens? Por que tantos deles permanecem em silêncio em situações difíceis, assustadoras ou perigosas? Qual a explicação para a dificuldade em demonstrar afeto? Será que eles *sentem* afeto? O que eles procuram em uma mulher? O que esperam de um relacionamento estável e dos amigos? O que os motiva? Quais são as suas fontes de preocupação? Como eles encaram o mundo e o próprio corpo? É verdade que a vida dos homens é mais fácil e que eles lidam melhor com os problemas? O que *realmente* sabemos sobre os homens quando deixamos de lado as caricaturas e os estereótipos? Alguma vez já paramos para perguntar o que para eles tem importância? Já nos preocupamos em descobrir o que eles querem ou o que lhes causa medo? Ou será que estamos satisfeitos em perpetuar as "certezas" que perduram há tanto tempo?

Todos os dias somos bombardeados com artigos sobre o universo masculino (homens em casa, no trabalho, na cama) mas a confusão e os mal-entendidos entre os sexos ainda permanecem. Será possível encarar as diferenças apenas em termos de influência de Vênus e de Marte ou existem outros fatores importantes? Hoje acredito que, se quisermos ter uma idéia da situação dos homens, é preciso reservar tempo para ouvir suas experiências, tanto coletivas quanto individuais. Só assim será possível compreender quem são e quem gostariam de ser.

UM FRÁGIL COMEÇO

Para compreender os homens, precisamos começar pela sua origem: o útero, ainda nas primeiras semanas de vida, quando não existe diferença entre meninos e meninas. Por volta da sétima semana, se o embrião for de um menino, a testosterona se manifestará, estimulando o desenvolvimento dos órgãos genitais. Nas semanas e meses seguintes, essas diferenças biológicas passam por um ajuste fino, com muito mais casos de aborto espontâneo de embriões masculinos do que femininos. Mais bebês meninos do que meninas nascem mortos, e esse padrão de mortalidade permanece durante a infância e a fase adulta, até o resto da vida.

Poucas pessoas compreendem o quanto o começo da vida dos meninos pode ser afetado pela crença de que eles são "fortes". Essa certeza condiciona o tratamento dado aos bebês do sexo masculino a partir do nascimento: desde o início, os pais dos meninos começam a moldar a forma como essa criança enxergará o mundo e a si mesma. Isso ocorre por meio das roupas, dos brinquedos e da decoração escolhida para o bebê, do modo de conversar com ele, de se referir a ele e de interagir com ele. Muitos partem do princípio de que as meninas são mais frágeis, enquanto consideram os meninos naturalmente fortes e aptos.[1] Em conseqüência, desde o nascimento os meninos recebem menos carinho, atenção e estímulo do que as meninas. Os pais que tratam seus filhos desse modo não fazem isso por maldade ou falta de consciência, mas porque acreditam que os meninos têm menos necessidade de amor e de estímulo.

> "Os meninos recebem menos contato físico do que as meninas. Até os pais abraçam mais as filhas do que os filhos." *Tony, 26.*

O que talvez a maioria de nós não saiba é que, em geral, no primeiro ano de vida morrem mais meninos do que meninas. E, embora muitas vezes os garotos pareçam mais fortes, eles apresentam maior tendência a problemas de fala e de desenvolvimento mental do que as meninas, além de serem vítimas mais freqüentes de fatalidades como a síndrome da morte súbita infantil, ferimentos ou envenenamento. A testosterona dos meninos também os coloca em maior situação de risco, pois afeta o sistema imunológico, ampliando a suscetibilidade à leucemia, ao câncer do sistema linfático, às doenças respiratórias, à hepatite e às disfunções de ordem gastrointestinal.[2] Mas, apesar de todos esses dados, muitos pais continuam a achar que os meninos são mais fortes.

> *Desde o nascimento, os meninos recebem menos carinho, atenção e estímulo do que as meninas.*

O PAPEL DOS PAIS

Ao crescer, um menino começa a absorver mensagens diferentes sobre o significado da identidade masculina. As expressões faciais dos pais, por exemplo, transmitem mensagens de compreensão, afeto e empatia. A qualidade dessas e de outras trocas constrói o nível de confiança e de segurança da criança.[3] Por volta dos seis meses de vida, o garotinho também começa a aprender como lidar com suas inseguranças e, de acordo com as respostas emocionais passadas pelas pessoas que o cercam, ajustará o seu comportamento.[4]

Os bebês não demoram muito para *reagir* a esses sinais. Segundo Berry Brazelton, professor norte-americano de Psiquiatria e Desenvolvimento Humano, as mães exercem uma grande importância nessa fase, uma vez que as emoções da criança estão diretamente relacionadas aos estímulos recebidos e ao atendimento de suas expectativas. Por isso, as crianças que têm suas necessidades atendidas adquirem uma capacidade maior de enfrentar situações difíceis do que as que não recebem esse amparo.[5]

> Antes mesmo da idade escolar,
> os pais começam a se afastar dos filhos homens.

É importante que os pais saibam que, ao satisfazer de forma positiva as necessidades físicas e emocionais de seus bebês, permitem que os pequenos ganhem segurança. Isso vale para crianças de ambos os sexos, embora as meninas recebam mais esse tipo de estímulo, justamente por serem consideradas mais frágeis. Elas realmente precisam de apoio e de cuidados, mas têm um início de vida mais fácil porque também possuem maior habilidade para interagir com o meio.

"Poucas horas após o nascimento, as meninas demonstram mais interesse pelo rosto das pessoas", conta o professor Ross Parke, diretor do Center for Family Studies, da University of California. "Com apenas quatro meses, as meninas conseguem identificar a diferença entre as fotos de pessoas conhecidas e de estranhos, ao contrário dos meninos."[6] Os garotos têm menor percepção das sutilezas sociais, o que não significa menor sensibilidade. Também não quer dizer que os meninos sejam mais fortes para lidar com aspectos que as meninas não conseguem lidar. Como as meninas, eles precisam de carinho, amor, compreensão e dedicação.

> "Ainda hoje, acho cruel o modo como os meninos são educados. Mesmo alguns amigos não percebem essa crueldade. Os pais toleram menos fragilidade e vulnerabilidade por parte dos filhos e isso me espanta." *Lawrence, 33.*

MENINOS FORTES

A maioria dos pais ama seus filhos. Em geral, dão carinho e apoio às suas crianças, mas muitas vezes essas demonstrações de afeto são acompanhadas de muitas expectativas em relação aos meninos. Antes mesmo da idade escolar, os pais começam a se afastar dos filhos porque sabem o quanto a vida pode ser árdua para os homens. Essa medida decorre do temor de que o excesso de proximidade torne seus filhos incapazes de encontrar o próprio caminho. Muitos pais temem, também, que o carinho dedicado aos meninos leve-os a se tornarem homossexuais ou frágeis.

As entrevistas mostraram que os garotos têm consciência do afastamento emocional dos pais já na primeira infância, mas, como não recebem uma explicação para o fato, concluem que se trata de uma conseqüência de algo que fizeram. Embora esse afastamento ocorra de formas distintas, o resultado é o mesmo: confusão e dor para a criança. Esses meninos acabam por entender que estão sozinhos em diversos momentos, como em casos de ferimento, em situações novas, ou em contato com pessoas desconhecidas. Se o menino demonstrar carência, muitos pais já se preocupam. Em vez de observar o que realmente ocorre com a criança, muitos preferem negar os sentimentos dela: ainda que ela diga que sente medo, mágoa ou insegurança, os adultos geralmente insistem que ela *não* está magoada, incomodada ou com medo.

> "Houve uma época em que meu pai me colocava nos ombros e eu adorava. Depois veio um tempo de constrangimento, em que ele não queria mais encostar em mim." Tony, 26.

Muitos homens se sentiram isolados desde muito cedo. Algumas vezes, só quando entendemos essa dinâmica percebemos como ela é forte. Uma vez, em meio a um grupo de amigos, uma mulher contou que o filho havia chorado ao entrar no jardim de infância, dizendo-se amedrontado. Ela deu risada e contou que disse ao menino que ele não estava com medo. É difícil imaginar a sensação de uma criança que recebe a informação de que não está com medo quando se sente aterrorizada. Provavelmente, se fosse uma menina, a mãe teria se sensibilizado e consolado a filha.

> "A sensação é de que você é o único que precisa enfrentar as coisas. A impressão é de estar em um buraco sem conseguir sair dele. Não dá para conversar com ninguém e é muito difícil."
> Nathan, 19.

Não há nada de errado em ensinar os meninos a serem fortes. O problema é que, em geral, esperamos que eles aprendam sozinhos. Desde cedo, muitos garotos percebem o afastamento das pessoas queridas. Alguns recebem reprimendas ou tapas se chorarem e muitos aprendem a guardar suas dores e seus desconfortos para si, para (assim como as meninas) ganhar a aprovação dos que os cercam.

Se um menino é ensinado a negar suas emoções, aprenderá a deixar os sentimentos de lado. Um dos temas mais polêmicos das entrevistas com garotos e homens foi o número de vezes em que eles admitiram se sentir totalmente sozinhos. Com freqüência, os entrevistados citaram situações complicadas que enfrentaram, explicando sempre que não tinham ninguém com quem contar. Conforme falavam, ficava claro que, para vários deles, a infância foi um período de sobrevivência.

> *Ainda que um menino diga que sente medo, mágoa ou insegurança, os adultos muitas vezes insistem que ele não está assustado, incomodado ou inseguro.*

SENSIBILIDADE MASCULINA

Lidar com as emoções dos filhos de sexo masculino geralmente é mais difícil para os pais do que para as mães, pois os homens já sabem que seus filhos enfrentarão dificuldades no futuro. Alguns preferem endurecer no tratamento com seus meninos pequenos para "prepará-los" para os obstáculos. Apesar das boas intenções, muitos pais não imaginam as conseqüências dessa postura. Esse tratamento é especialmente difícil para meninos desprovidos de uma natureza agressiva ou que tenham maior necessidade de proteção e de apoio dos pais.

Outros pais agem com rigidez em relação aos filhos homens porque acreditam que precisam prepará-los para competir, e às vezes até mesmo eles disputam com os meninos. Uma competição saudável pode ser positiva, porém exigir mais do que a criança pode dar gera desgaste. Se os pais ganham todos os jogos (em vez de ajudar o filho a desenvolver suas habilidades e a aprender a vencer e a perder), o resultado é frustração e desânimo, pois o filho vai acreditar que tudo o que o adulto faz é inalcançável para ele.

No livro *Raising Cane*, o psicólogo Dan Kindlon refere-se aos meninos como "peculiarmente sensíveis" ao tratamento dado pelos pais.[7] Porém os pais não são os únicos responsáveis: muitas vezes, os familiares, amigos adultos e professores não lidam corretamente com as emoções dos meninos. Como a sociedade *espera* que eles demonstrem força, os garotos são moldados para isso. O estudioso Peter West concorda. Para ele, a delicadeza é um traço que vem sendo eliminado intencionalmente da formação masculina.[8] A tragédia é que, quando as necessidades de um menino não são atendidas, fica mais difícil fazer com que ele se interesse pelos sentimentos dos outros. E assim começa o que Dan Kindlon chama de "deseducação emocional" dos garotos. Ao falar sobre o tema, em um debate realizado em Harvard, o psicólogo Michael Thompsom, especializado em assuntos da família e da criança, alertou que meninos e meninas nascem com o mesmo potencial, mas no jardim de infância, as meninas ouvem a palavra "amor" seis vezes mais do que os meninos. Por volta dos 8 ou 9 anos, os garotos avaliam os atos e as pessoas como sendo "fortes" ou "fracos".[9]

> "Não tive uma educação exemplar. Meus pais tinham problemas de relacionamento e eu não me sentia cem por cento seguro. Sempre tive medo de me mostrar como realmente era e agia como esperavam que eu agisse, quieto e sem atrapalhar. Foi muito difícil e solitário." *Robert, 30.*

A maioria dos adultos não adota essa postura intencionalmente. Mas desde o início é o que acabam fazendo, ao não interpretar os pedidos de ajuda. Muitos pais acreditam que, como os meninos apreciam mais os movimentos e a atividade física do que as meninas, são naturalmente mais resistentes e capazes de enfrentar tudo. Os garotos realmente demonstram uma energia notável e uma atração por aventuras, e nossa sociedade valoriza esses atributos, estimulando a independência e a ousadia. Não há nada de errado com essa abordagem, desde que não se ignore que os meninos também têm uma vida emocional.

Muitas pessoas esperam que os garotos se mostrem capazes. Essa mensagem começa a ser passada na primeira infância e é reforçada durante toda a vida. Entretanto, se os meninos forem orientados para se envergonhar de suas emoções, tornam-se menos capazes de expressar suas necessidades, e assim começam a se sentir isolados em relação às pessoas.

> "Não existe muito espaço para movimentos. Não dá para pedir ajuda, pois pode parecer fraqueza. É como admitir que falta capacidade, que você não tem os recursos internos e que, portanto, há algo errado com você." *Tony, 26.*

EMOÇÕES QUE FICAM

Apesar da orientação para deixar os sentimentos de lado desde a tenra infância, os meninos têm emoções. Com o tempo, eles aprendem a esconder seus sentimentos dos pais ou adultos próximos, que nem imaginam o que realmente acontece com esses garotos.

Em uma série de experiências iniciadas na década de 1970, Ross Buck, professor de Ciências da Comunicação da University of Colorado, testou a habilidade das mães em ler a reação emocional dos seus filhos, conforme eles assistiam a determinadas imagens. A experiência foi repetida com mães e filhos entre 4 e 6 anos no programa de televisão 20/20: os meninos olhavam as imagens e suas reações psicológicas eram captadas por um polígrafo, enquanto as mães os observavam de uma sala. A partir da expressão da criança, a mãe tinha de adivinhar a emoção do filho e a imagem exposta. Embora os garotos apresentassem poucas reações faciais, o aparelho mostrou que reagiam a tudo o que viam. Como se pode imaginar, as mães não conseguiram identificar as emoções de seus filhos porque se basearam apenas no que era exteriorizado.[10]

> *A constante eliminação das emoções pode resultar em uma solidão intensa.*

Queiramos ou não, os adultos freqüentemente não têm idéia da profundidade dos sentimentos dos meninos. Quanto mais reprimimos os garotos, mais os ensinamos a mascarar suas emoções. Esse processo de repressão não atinge apenas os meninos, mas também os pais, que começam a achar que, como os garotos *aparentam* estar bem, devem estar mesmo. Assim, o mecanismo de isolamento se fortalece.

"Nosso cachorro desapareceu e eu só soube do que tinha acontecido quando nos reunimos para jantar. O animal vivia conosco fazia muito tempo e eu comecei a chorar. Meu pai, um ex-jogador de rúgbi, bateu na mesa e me mandou sair. Deu resultado: duran-

te muitos anos, não consegui suportar quem demonstrasse seus sentimentos e agia de forma agressiva com essas pessoas."
Lawrence, 33.

Sem orientação para perceber as emoções, nem estímulo para expressá-las adequadamente, os meninos têm poucas escolhas a não ser dissimular o máximo que puderem. Conscientes da necessidade de se mostrarem fortes e inabaláveis o tempo todo, não poupam esforços para ocultar o que sentem. Como os profissionais que lidam com meninos sabem muito bem, as emoções se revelam em forma de raiva, único sentimento aceitável para um garoto.

"É bastante difícil ser um menino. Muitos garotos têm dificuldade para controlar a raiva. Vivem em uma situação de impotência que pode ser bastante frustrante. Eu tinha a impressão de que não havia muito a ser feito em relação a isso." *Jason, 22.*

Por conta própria

A constante eliminação das emoções pode resultar em uma solidão intensa. Nas conversas com os entrevistados, fiquei surpresa como muitos homens ainda lembram dessa sensação, mesmo depois de adultos. Quando perguntei a Doug, 52, como tinha sido sua infância, ele declarou que a principal lembrança dessa época era a solidão. Doug contou sobre os anos em que viveu com sua mãe, que trabalhava e se mantinha por conta própria, e um pai distante, que não se envolveu com a vida em família, como uma época dominada pela "insegurança, desconforto e solidão". Tudo isso resultou em uma espécie de "medo da vida adulta", que para ele parecia "desoladora e tediosa".

"Na semana passada atendi um garoto de uns 10 anos, que veio pela primeira vez ao consultório. Ele parecia nervoso e perguntei se estava tudo bem. Antes que ele respondesse, a mãe o interrompeu e disse para não agir como menina. Foi horrível, mas acontece o tempo todo." *Mitchell, 26, terapeuta.*

Quando fala de sua infância, Rowan, 41, descreve o período como uma "luta em todos os sentidos", pois não se sentia amparado por ninguém. Ray, 50, apesar de fazer parte de uma família numerosa, também aponta para a mesma sensação. "Meus pais nunca disseram 'eu te amo'. Nunca foram a uma reunião da escola ou a um evento esportivo", exemplifica. O mais curioso é que, nas primeiras conversas, esses entrevistados definiram a infância como "boa" e só abordaram esses aspectos quando entramos nos detalhes. Alguns relataram experiências muito difíceis para eles como sendo totalmente normais ou naturais para um menino.

"Não lembro de meus pais brincarem comigo." *Ted, 65.*

"Lembro da minha infância como um tempo de terror." *Kieran, 58.*

Como já observamos, quando se encontram isolados, os meninos têm dificuldade para estabelecer vínculos com as pessoas próximas, pois não estão acostumados a lidar com essa forma de relacionamento. Esse obstáculo, além de prejudicá-los, atinge também as famílias e os amigos. Quando os garotos não conseguem demonstrar empatia, afastam-se dos demais. A terapeuta de família Olga Silverstein afirma que, do mesmo modo que as meninas são incentivadas a agir com competência em muitos aspectos da vida que não eram estimulados antes, é importante estimular o lado emocional dos meninos.[11] Se quisermos que os garotos sejam mais afetuosos, eles precisam receber mais amabilidade e atenção individual.

A maioria dos estudiosos concorda que, quando os garotos recebem esse tratamento afetuoso, as coisas ficam mais fáceis. Essa postura exige uma maior dedicação dos pais e amigos para escutar os meninos e estimulá-los a se expressar, além de propiciar mais acolhimento físico. Os garotos não são naturalmente distantes e "desligados" emocionalmente, mas podem ficar assim com o tempo. Com muita freqüência, a expectativa é que os meninos tenham iniciativa, mas sem terem recebido o tipo de estímulo e direcionamento corretos. Quando recebem o apoio e acolhimento adequados, têm uma vivência bem diferente da infância.

Matthew, 27, credita grande parte de seu sucesso aos pais. "Eles sempre estiveram presentes e souberam dar apoio. Nunca me senti pressionado a fazer nada em função das expectativas deles." Uma das lembranças mais nítidas é a forma como os pais souberam incluí-lo na vida familiar e nas situações sociais, o que ele considera de grande importância para seu desenvolvimento pessoal. "O estímulo dos meus pais para que eu conversasse com amigos adultos, para que eu me sentisse à vontade com as pessoas desde bem pequeno, fez grande diferença", lembra Matthew.

> *Os meninos precisam ser incluídos na vida familiar.*

Lee também relata ter contado com uma infância segura. "Eu adorava meu pai. Ele sabia tudo: dizia o que faria se estivesse no meu lugar, mas deixava que eu decidisse." Para ele, sua mãe também soube apoiá-lo durante o período de sua formação. Ele não tem dúvidas de que o estímulo dos pais (que eram separados) permitiu que crescesse sem dificuldades.

> "Eu e meu pai costumávamos sair para pescar e acampar. Se ele fizesse alguma atividade física, eu o ajudava. Era muito bom passar o tempo com ele." *Jason, 22.*

Parte do problema de educar meninos atualmente é que os pais não contam com as amplas redes de apoio proporcionadas pelas famílias numerosas e pela comunidade, como nas gerações passadas, e toda a responsabilidade cabe a eles. O apoio de outros integrantes da família também pode ser de grande ajuda para um garotinho. "Atribuir a educação das crianças a um ou dois adultos é absurdo e não funciona", conta Rowan, 41, ao avaliar a própria infância comprometida. "Para educar uma criança, é preciso contar com todo um grupo de pessoas amáveis, interessadas e dedicadas."

Conseqüências da violência

BRINCADEIRA DE CRIANÇA

Conforme crescem, os meninos começam a desenvolver uma idéia mais clara do que é ser homem. Não demoram para perceber que no mundo masculino predomina a competição e que são valorizados aspectos como força, autoconfiança e invulnerabilidade. Por isso, aprendem cedo a importância de parecer mais fortes e poderosos do que realmente são. Uma das formas mais eficientes para descobrir os valores importantes do mundo masculino é observar as brincadeiras e os *games* dos meninos.

Antes mesmo de ingressar na escola, muitos garotos são apresentados a brinquedos violentos, enquanto, na mesma fase, as meninas encontram-se cercadas de bonecas e bichos de pelúcia.

Muitos pais compram esses brinquedos violentos porque seus filhos homens realmente gostam e os mantêm ocupados por bastante tempo. Poucos, porém, avaliam o que está sendo oferecido aos garotos. Basta visitar uma loja especializada em "brinquedos para meninos" para ver o quanto eles se tornaram violentos. De acordo com Myriam Miedzian, autora do livro *Boys Will Be Boys*, "hoje os fabricantes não se contentam mais em explorar as tradicionais formas de violência dos brinquedos masculinos, como soldadinhos, armas, caubóis e índios. Os horizontes se ampliaram muito e a oferta não se limita a brinquedos, mas inclui toda uma caracterização e ambientação de violência".[1]

Se observarmos os filmes e *games* de ação veremos que contêm grandes doses de violência, nos quais os "heróis" resolvem os problemas eliminando seus oponentes. Embora esses "mocinhos" unidimensionais pareçam relativamente inofensivos, podem exercer um impacto enorme sobre a psique dos meninos. Myriam Miedzian fala de muitos homens que foram combater na Segunda Guerra Mundial e no Vietnã com a determinação de serem tão heróicos quanto os personagens de John Wayne. Já os heróis atuais (representados por atores como Arnold Schwarzenegger e Jean-Claude Van Damme) são ainda mais unidimensionais e violentos que seus antecessores e não transmitem nenhuma mensagem positiva aos jovens espectadores. Não ensinam nada sobre a importância do autocontrole ou sobre as diferentes formas de lidar com questões difíceis.

> *Antes mesmo de ingressar na escola, muitos meninos são apresentados a brinquedos violentos, enquanto, na mesma fase, as meninas encontram-se cercadas de bonecas e bichos de pelúcia.*

Esses heróis do mundo de ficção são ainda mais prejudiciais que os brinquedos, pois se comportam de uma maneira dissonante em relação à organização de nossa sociedade. Mesmo assim, nossos meninos se sentem atraídos por esses personagens, pois representam exatamente como gostariam de ser: fortes, invencíveis e adorados, capazes de controlar a própria vida e a existência dos demais.

A tarefa dos pais não é fácil. Embora a maioria tente oferecer o melhor ambiente possível para o desenvolvimento dos filhos, isso se torna difícil em um mundo em constante transformação, onde os brinquedos e *games* tornam-se obsoletos de um dia para outro. Mesmo sem comprar jogos e brinquedos violentos, é difícil proteger os meninos da violência presente na vida cotidiana: desde os esportes aos noticiários de televisão. Um estudo sobre a relação das crianças e a violência na tevê revelou que um terço delas se mostrou incomodada com a violência dos filmes, enquanto dois terços se declararam perturbadas com a agressividade dos noticiários.[2]

Em média, as crianças australianas passam de 21 a 22 horas por semana em frente à televisão, o que é um número elevado para todos os padrões. É difícil avaliar os efeitos dessa exposição (geralmente acompanhada de cenas violentas) para um garoto pequeno. As estimativas não são animadoras: estudos indicam que, mesmo em um programa transmitido em um sábado pela manhã, o número de cenas violentas varia de 20 a 25.[3] É assustador pensar que, quando uma criança norte-americana completa 11 anos, já presenciou cerca de oito mil assassinatos.[4] As meninas também vêem televisão e filmes, mas são os meninos, geralmente, os mais atraídos pela violência dos *games* e filmes e, portanto, tendem mais a reproduzir o que observam.

AÇÃO E REAÇÃO

A maioria dos garotos não é tão resistente quanto os adultos imaginam. A exposição constante à violência geralmente os insensibiliza aos sentimentos dos outros e afeta o modo de encararem a vida. Fui convidada para participar de um júri em um concurso de redação de alunos entre 7 e 12 anos e me impressionei com a agressividade dos textos dos meninos, sobretudo dos menores. A maioria dos relatos se referia explicitamente a casos de terrorismo ou violência intergalática.

Vários estudos afirmam que a exposição constante à violência traz conseqüências sérias, e pode resultar em uma distorção da noção de invulnerabilidade, tanto própria quanto alheia. Assim, os meninos podem se machucar ou ferir outras pessoas porque não têm consciência plena de seus atos. Basicamente, quando permitimos que a violência seja abordada como forma de diversão, os garotos a encaram também dessa maneira.

> *Embora alguns pais não tolerem a violência nas telas, muitas vezes a promovem ou a impõem a seus filhos de formas menos óbvias.*

No livro *Boys Will Be Boys*, Myriam Miedzian fala sobre um professor que se chocou com o entusiasmo dos seus alunos diante de um suposto caso de canibalismo, que teria ocorrido em Jamestown, sentimento acompanhado de uma curiosidade geral em saber os detalhes mais cruéis.[5] Ainda que pareça um caso isolado, a violência participa tão intensamente da vida desses garotos que, cada vez mais, eles a aceitam como natural. Basta pensar nos meninos que conhecemos para ver como muitos dos *games* violentos os incitam e o quanto estão presentes no seu dia-a-dia. Muitos preferem passar o tempo diante dos *joysticks*, ao invés de compartilhar da companhia dos familiares.

Podemos considerar essas preocupações como alarmistas ou encarar as reais conseqüências de toda essa violência no modo de pensar e de agir dos garotos. Quando Jim Garbarino, professor de Desenvolvimento Humano da Cornell University, perguntou a um garoto de 9 anos, morador de um bairro violento, o que o deixaria mais seguro, a resposta foi uma arma.[6] Embora esse nível de violência ainda não exista nos colégios australianos, os professores contam que cada vez mais meninos trazem armas ou se comportam de maneira violenta nas escolas. Quanto mais familiarizados com a violência, menos seguros eles se sentem – e qual a reação possível? Os garotos sabem que se espera que eles reajam de uma determinada forma. Se não recebem apoio dos adultos e orientação sobre como lidar com situações de desconforto e ameaça, como culpá-los por se protegerem do mesmo modo que seus heróis fazem? Trata-se de uma questão importante, pois, em geral, os casos de violência fora da escola envolvem meninos.

"Minha adolescência foi um pesadelo. Senti muito medo diversas vezes. É um período muito difícil para meninos que não têm índole violenta. Só comecei a me sentir seguro com cerca de 22 anos."
Ryan, 50.

A violência se manifesta na vida dos garotos de muitas formas. Embora alguns pais não tolerem a violência nas telas, muitas vezes a promovem ou a impõem a seus filhos de maneira menos óbvia: muitos estimulam os filhos a agir agressivamente para resolver diferenças de opinião ou para defender seus direitos, ao invés de orientá-los para o diálogo.

"Fui muito perseguido na escola e o conselho que recebi foi: dê o troco. As pessoas se perguntam por que os meninos brigam, mas a violência está dentro deles." *Lawrence, 33.*

Muitas crianças são castigadas pelos pais, mas geralmente o castigo dado aos meninos tende a ser mais duro, apenas por serem do sexo masculino. Alguns garotos recebem castigos físicos e freqüentemente pais frustrados recorrem à humilhação e à violência verbal para transmitir suas mensagens. Como os meninos costumam não revelar o quanto essas iniciativas os ferem, os adultos concluem erroneamente que seus atos não têm conseqüências. Sabemos que alguns garotos são difíceis de serem controlados, mas reações violentas não ajudam a solucionar esse problema.

"Lembro que havia um garoto na escola que era o mais difícil de nos relacionarmos, e não sabíamos o porquê. Um dos meus amigos, então, passou uns dias na casa dele e descobrimos o motivo: o pai era militar e um pouco louco e não se controlava no trato com os filhos." *Joel, 20.*

"Meu pai estava bravo o tempo todo. Ele parava e começava a gritar, com o rosto a poucas polegadas do meu. Várias vezes senti vontade de matá-lo. Nossa casa tinha dois andares e um grande vão. Meu pai costumava se sentar lá no alto e eu imaginava que poderia empurrá-lo, ele bateria a cabeça no chão e tudo acabaria. Nunca fiz isso, mas era o que eu queria fazer. Hoje fujo de qualquer conflito." *Doug, 52.*

Meninos na escola

REGRAS DURAS

Ao chegar na idade escolar, os meninos enfrentam novos desafios. A escola oferece várias novidades, como amigos e atividades diferentes, além da oportunidade de ampliar os horizontes e explorar um universo bem maior. Tudo isso faz parte das expectativas dos pais, porém o que eles não imaginam é que esse ambiente escolar pode ser também desalentador (ou até aterrorizante) em diversos aspectos.

> "A escola é um lugar de grande ansiedade. Não acredito que os pais possam fazer muita coisa a não ser dialogar com os filhos. Mas existem algumas coisas sobre as quais não se fala, apenas se suporta." *Nathan, 19, que estudou em uma escola só para meninos.*

> "Era um ambiente selvagem. Os meninos nos batiam até não agüentarmos mais ficar em pé. Costumávamos andar em grupo para nos protegermos. Almoçávamos em bando e saíamos da

escola juntos, na tentativa de sentir segurança." *Craig, 58, que estudou em uma escola mista.*

A violência dos colegas e a perseguição (ou *bullying*, palavra de origem inglesa que descreve atos intencionais de violência física ou psicológica) são situações que afetam os garotos freqüentemente. Esse problema também atinge as meninas, mas geralmente com menos agressões físicas. Não há dúvida de que a atividade física deve fazer parte do universo dos meninos: piadas, provocações e brincadeiras "de luta" são formas de se conhecerem e de se tornarem amigos.[1] Mas essas iniciativas podem ser inofensivas ou agressivas, e os garotos precisam aprender o que é aceitável ou não.

"Na sétima série, mudei para uma escola onde não conhecia ninguém. Tive de me superar porque os meninos maiores me perseguiam. Nunca aconteceu nada de terrível, mas era muito, muito ruim. Eu tinha de aprender a suportar aquilo. Nessa idade, os garotos não gostam de falar dessas coisas. São jogados em uma parte da sociedade que tem regras próprias." *Joel, 20.*

Uma das dificuldades enfrentadas pelos meninos é lidar com a ambigüidade dos adultos em relação ao comportamento esperado. Muitas vezes, os pais impõem aos garotos uma determinada postura, mas o ambiente estimula outra totalmente diferente. Enquanto a sociedade e os pais se desentenderem sobre o que é aceitável ou não, os meninos permanecerão vulneráveis. Com freqüência, eles tentam descobrir, por conta própria, o que é adequado ou não, e acabam seguindo a mentalidade predominante, ou seja, a de que "os mais fortes sobrevivem".

A violência crescente nas escolas força os garotos a permanecerem em constante alerta contra os ataques. Também é importante reconhecer que essa violência nas escolas não é típica de estabelecimentos pouco privilegiados, mas também de instituições de elite.

> *Coisas terríveis podem acontecer com os meninos na escola.*

Infelizmente, por causa dessas dificuldades, muitos garotos suportam o período escolar em vez de aproveitá-lo. Alguns têm tanta vergonha da crueldade e humilhação de que são vítimas que não contam para ninguém o que vivem lá, nem para os mais próximos. Preferem o silêncio a decepcionar os seus familiares mostrando que não sabem como enfrentar a situação.

Para sobreviver, é comum os meninos fazerem coisas que não gostariam e acabam, contra a sua vontade, entrando em um ciclo de violência. Algumas vezes são vítimas, outras, algozes. "Com freqüência, quem agride é uma pessoa que tem medo de ser agredida", explica Dean Francis, diretor do filme *Boys Grammar*. O modo mais fácil de evitar isso é virar agressor. A situação se origina de uma profunda insegurança e é muito triste. Os agressores se consideram superiores às vítimas, em uma realidade que existe apenas em suas mentes.[2]

> "Não sei o que causa a crueldade nas escolas, mas fui uma vítima. Era horrível. Você tem a impressão de estar sozinho." *Nathan, 19.*

Em um esforço para parecerem fortes e sobreviver, os meninos podem até trair amigos próximos. Muitos garotos que testemunham agressões na escola tendem a se calar, por excesso de medo ou constrangimento. Assim, a crueldade se perpetua.

"Cada um tem consciência daquilo que projeta para as outras pessoas, não só no aspecto físico, mas na imagem geral. Para mim, o problema começou logo depois do primário: parece que as pessoas ficam imensas e você passa a identificar quem é forte e quem é fraco, sobretudo entre os meninos. Nesse momento, surge a consciência das hierarquias. Cada um tem de achar o seu lugar para se situar entre os outros. Isso cria muita ansiedade, porque as pessoas estão sempre tentando subir e, se isso acontece, vem o medo de fracassar, já que ninguém quer ficar por baixo. Você prefere não competir, porque a pessoa acima de você pode resolver colocá-lo no seu lugar." *Sean, 20.*

Essa situação se complica pelo fato de que a maioria dos professores é do sexo feminino. Os garotos buscam um modelo masculino positivo para seguir, e acabam, algumas vezes, por falta de opção, escolhendo como guia, um professor cujo exemplo pode ser bastante negativo. Foi muito importante conversar com homens que freqüentaram escolas masculinas e descobrir que, ao contrário do que imaginava, essa experiência não foi positiva, pois eram ambientes de alienação e brutalidade sempre que os professores se revelavam "fora de controle".

Mesmo os alunos de escolas mistas relatam experiências negativas com professores do sexo masculino, segundo me contou

Lawrence. "Para mim, a perseguição durou do momento em que entrei na escola até os 16 anos. Com 12 ou 13 anos veio a pior fase, pois é uma época de grande desamparo para um garoto. O medo era uma realidade, e isso pode afetar seriamente a vida das pessoas. É horrível, você entende por que algumas crianças se suicidam. Cheguei a ter contato com professores, sobretudo do sexo masculino, que estimulavam a perseguição. Os piores eram os que davam aulas de Educação Física e outras 'coisas de macho'. Eles zombavam de nós por qualquer coisa. Quando eu pedia ajuda, diziam que a perseguição era um bom aprendizado ou que eu deveria aprender a não provocar."

Em momentos de crise, os meninos precisam da presença de homens adultos que estabeleçam limites firmes e que ensinem, de *maneira ativa*, como lidar com situações difíceis, sem interferir nas decisões dos garotos. Creio que todos concordam quanto às dificuldades de trabalho dos professores e também quanto à necessidade de terem mais apoio da sociedade para exercer seu papel. Entretanto, esses profissionais também precisam ter consciência da importância que sua liderança tem na vida de um garoto. "Nas escolas em que trabalhei, que tinham uma eficiente supervisão e proteção dos adultos, descobri que os meninos ficavam gratos quando eles interrompiam uma situação que envolvia algum tipo de ameaça", explica o psicólogo Michael Thompson.[3]

> *O combativo mundo que os meninos enfrentam na escola muitas vezes oferece pouco espaço para eles se sentirem seguros.*

Professores omissos

É tarefa de *todos* os professores criar nas escolas um ambiente adequado para os meninos. Alguns cumprem bem o seu papel – mas outros decepcionam, porque não percebem o impacto que suas atitudes causam.

Muitas vezes, os professores, mesmo cientes de algum problema, deixam de intervir ou agem de maneira inadequada, ou por excesso de trabalho ou por não saberem que atitude tomar. Outras vezes, não dão importância ao fato e tratam o acontecimento como "coisa de menino". Há ainda professores que preferem não intervir em situações de confronto para preservar sua popularidade entre os alunos. E muitos nem percebem a importância de uma intervenção.

Jim Garbarino contou um terrível relato de um garoto de 16 anos, que ele entrevistou numa prisão. A sua história de violência começou aos 8 anos, quando ele presenciou um amigo ser atacado por um grupo de garotos da escola. O professor viu o que aconteceu, mas não fez nada. A partir de então, o menino sentiu que estava sozinho e passou a agir de acordo com essa realidade. Estudos mostram que quando os professores agem com firmeza e dignidade conseguem controlar os garotos difíceis e evitam a formação de "bandos".[4]

Os meninos gostam de ter limites. Quando se sentem em um ambiente estruturado e capaz de atender às suas necessidades, se vêem menos ameaçados e mais capazes de relaxar e aproveitar o momento. Sem limites ou proteção, porém, julgam-se responsáveis por garantir a própria segurança, e para isso formam gangues.

"Ou você se sente intimidado pelos professores ou fica de lado e observa quem são os favorecidos. Isso gera revolta. Acho que as mulheres se saem melhor na hora de tratar os alunos com igualdade." *Nathan, 19.*

Conseqüências

O "mundo cão" que os meninos encontram nas escolas em geral não dá espaço para que eles se sintam seguros e confortáveis. A perseguição pode ser tão intensa a ponto de não permitir um momento fora do estado de alerta. De acordo com o professor Ken Rigby, especialista em *bullying*, cerca de um garoto entre seis sofre esse tipo de violência uma vez por semana.[5]

Como a tendência dos meninos é ocultar dos pais e professores a gravidade da situação, os adultos precisam estar sempre atentos aos sinais de violência e tomar atitudes quando necessário. Se o garoto começa a demonstrar desinteresse em ir à escola, se isola ou parece triste, pode estar precisando de ajuda. É importante que os adultos responsáveis deixem claro para a criança que essa situação não deve ser tolerada, além de ensiná-la a lidar com esses momentos de confronto.

"As brigas eram comuns na escola. Quando eu estava no primário adorava as lutas, porque o pior que podia acontecer era perder um dente de leite ou sair com um machucado. Não havia perigo de danos graves. Na adolescência é outra coisa, pois entra um componente psicológico. Não dá para esquecer." *Jason, 22.*

É verdade que os garotos precisam aprender a se virar sozinhos, mas esse aprendizado requer apoio. Se para um adulto é tão difícil manter o equilíbrio em uma situação de ameaça, como será para um menino? Muitos atravessam o período escolar exclusivamente lutando pela sobrevivência. Alguns conseguem, outros não. Ao perceber que estão perdendo a batalha, decidem assumir o comando – o que para uns significa brigar pela igualdade e para outros envolve o suicídio.

Um dos casos mais trágicos sobre *bullying* é a história de Andy William, um garoto de 15 anos que pegou uma arma e foi para a Santana High School. Matou dois colegas, feriu mais onze alunos e dois adultos. Descrito como um garoto de comportamento infantil, Andy sofria perseguições e virou alvo de apelidos. Mesmo quando a situação se tornou insuportável, o garoto não recorreu aos professores, nem recebeu nenhum apoio dos colegas que testemunhavam o assédio. Em uma tentativa desesperada de dar fim à sua dor, o adolescente de aparência tranquila matou dois colegas e foi condenado a quinze anos de prisão. Posteriormente, Andy admitiu que, pouco antes do tiroteio, ele refletiu se deveria seguir em frente com os planos. Porém, ao pensar que as perseguições continuariam se não fizesse nada, concluiu que não havia escolha. Mesmo sabendo que poderia ser baleado ou até condenado, e por mais terríveis que essas alternativas parecessem, considerou as consequências preferíveis à situação que enfrentava.[6] Estamos sujeitos a ver esse tipo de massacre nas escolas, mas temos como reverter esse quadro, protegendo nossos filhos, para que eles não cheguem ao ponto de recorrer a "soluções" tão extremas para fugir das perseguições.

Atualmente, as escolas estão tomando medidas para evitar casos de *bullying*, mas trata-se de uma tarefa difícil: o problema vem aumentando e assumindo novas formas. Ironicamente, o caso de Andy Williams ocorreu em uma escola que já tinha implantado uma campanha contra o *bullying*. A instituição havia até mesmo criado um sistema de "denúncias anônimas" para estimular os alunos a se abrirem, mas a cultura de violência e crueldade ainda permanecia forte. A mesma crueldade que pode acompanhar os meninos pela vida adulta, perpetuando o ciclo.

"*Bullying* é uma espécie de hierarquia baseada na questão física. É algo animal, selvagem. Alguns homens nunca abandonam a prática: viram agressores em suas carreiras ou com a família."
Doug, 52.

"Não acredito que as perseguições se limitem à escola. Trabalhei com algumas pessoas que haviam freqüentado a mesma escola para meninos e eram os piores agressores psicológicos que conheci. Eles identificavam o ponto fraco de alguém e o atacavam. Um dos funcionários era baixinho e eles o perturbavam sem piedade. Era terrível." *Lawrence, 33.*

Uma das escolas mais famosas de Sydney ganhou as manchetes em 2001 quando dois alunos confessaram ter atacado um colega com um pênis de madeira, confeccionado na aula de marcenaria. Descobriu-se que o garoto havia sido agredido por colegas em aproximadamente 27 ocasiões.[7] Quando os pais do menino souberam da agressão, acharam que o médico estava enganado. O mais chocante foi que, além de prender a vítima, amarrá-la e agredi-la na frente de outros alunos, os dois agressores eram considerados "amigos" do garoto: haviam pernoitado em sua casa diversas vezes e participado de passeios junto com ele e seus pais. Ninguém havia percebido sinais de perseguição. No processo, o promotor do caso ressaltou que "a cultura de perseguir e agredir aparentemente não chamou a atenção dos responsáveis pela escola".[8]

> "Acredito que se o grupo de colegas afirma que existe *bullying*, é porque existe. E se o grupo disser que não existe, não existe mesmo. É realmente muito importante que as escolas trabalhem não apenas com as vítimas, os agressores, pais e professores, mas que conscientizem o grupo. O poder que ele exerce é incrível." *Evelyn Field, psicóloga.*[9]

Com base nesses incidentes, Dean Francis dirigiu o curta-metragem *Boys Grammar*. "O sistema escolar perpetua a prática do *bullying*", afirma. "Quando produzíamos o filme, perguntamos a todos os envolvidos se alguém viveu uma experiência desse tipo e eles disseram que sim. Todo mundo tinha coisas terríveis para contar." Dean acredita que o problema ainda não se solucionou devido à falta de determinação das escolas em enfrentar essa questão. "As escolas tendem a criar um ambiente no qual não se discute o assunto. Pela omissão, as vítimas sentem que não podem expressar seu sofrimento e são incapazes de encontrar uma saída para o problema."

Como foi dito antes, o professor exerce um papel importante na eliminação do *bullying* nas escolas – não apenas como disciplinador, mas também como modelo masculino, já que suas atitudes com os próprios alunos servem de exemplo de comportamento. Dean concorda: "Os professores muitas vezes não percebem que o modo como tratam os alunos influencia na maneira como eles serão tratados pelos colegas. Um bom exemplo é o do garoto que não se destaca nos esportes. Lembro-me de ter recebido críticas por não conseguir correr com a velocidade dos outros, e a censura foi o assunto do almoço daquele dia e do dia seguinte".[10] Pais e professores precisam compreender melhor como funciona a dinâmica do grupo para exercer influências positivas.

> "Na escola onde fiz o primário, a maioria dos meninos integrava um tipo de gangue. Uma de suas atividades era perseguir uma vítima e arrancar as suas calças. De todos os meninos da minha turma, apenas dois ou três não passaram por isso. Os membros da gangue faziam isso até entre eles, quando não encontravam uma vítima mais fraca. Se tivesse acontecido comigo, a humilhação seria imensa, por isso eu ficava longe deles o tempo todo, no parque e no refeitório, e permanecia alerta sempre. Li o livro *O Senhor das Moscas* e o achei muito real." Doug, 52.

DIFICULDADES DE APRENDIZADO

Não é apenas a crueldade que os meninos têm de enfrentar na escola: muitos também sofrem por causa de dificuldades de aprendizado. Alguns estudos mostram que o risco de um garoto ficar de recuperação é três vezes maior do que uma menina, sem falar na probabilidade quatro ou cinco vezes maior de apresentar problemas de fala. Há cinco vezes mais casos de gagueira e de sérias dificuldades de domínio da linguagem e quatro vezes mais possibilidades de autismo em garotos.[11]

Sabemos que os meninos costumam ter desempenhos piores na escola do que as meninas, mas não compreendemos como esse insucesso os afeta. Muitos garotos afirmam que odeiam estudar e não dão importância aos estudos. Entre o total de alunos suspensos ou expulsos, a grande maioria é formada por meninos.

Para muitos meninos, a escola é um espaço de restrição e punição, no qual são perseguidos pelo grupo e incompreendidos pelos professores. E, como esses garotos não encontram amparo nos mestres, consideram que na escola existe apenas indiferença.[12] As percepções nem sempre coincidem com a realidade, mas constituem um importante fator no modo de sentir o mundo. A maioria dos professores se esforça para atender seus alunos, mas, como alerta a lingüista Deborah Tannen, as meninas tendem a receber mais atenção e elogios em classe.[13]

"Os meninos precisam de uma zona de conforto. A maioria deles não se sente confortável na escola." *Nathan, 19.*

A maioria dos pedagogos concorda que os meninos precisam de mais estímulos para aprender. Parte das reavaliações do currículo escolar e dos métodos de ensino comprova que os garotos necessitam de muita atividade durante as aulas, e temas e métodos mais condutivos. Existem diversas iniciativas em andamento, nas quais se permite um maior dinamismo na sala de aula, mais estímulo para o estudo de temas que não são considerados "assuntos de menino" e uma maior preocupação com as necessidades emocionais dos garotos. Porém, como esses projetos encontram-se em etapas iniciais, para a maioria dos meninos a experiência escolar continua a mesma. Diante de classes numerosas e da pesada carga de trabalho, os professores têm dificuldades imensas para cativar os meninos. Restam poucas opções a não ser tentar mantê-los sob controle, o que em geral significa castigá-los. O resultado é que, para muitos garotos, são raras as oportunidades na escola de serem ouvidos – quanto mais de receberem atenção.

O QUE ACONTECE COM OS "VENCEDORES"?

Não é fácil ir bem na escola. Mesmo acadêmicos de destaque tendem a se preocupar mais com a imagem que projetam para seus colegas do que com o próprio desempenho. Muitas vezes, os meninos preferem não se destacar (ou até mesmo ir mal) a fim de não chamar a atenção dos agressores, que geralmente são os alunos menos "brilhantes" da escola. Os garotos que ouvi foram claros ao afirmar que tomavam cuidado para não ofuscar os colegas, porque isso representava um grande risco. É difícil imaginar a pressão que essa situação exerce sobre os meninos: a não ser que recebam ajuda, continuarão com uma sensação de desamparo e a tendência de fazer o que o grupo espera.

"Existe uma espécie de desejo de não superar ninguém, de não se destacar em nada." *Sean, 20.*

Embora essa pressão não seja uma exclusividade masculina, geralmente a tendência de não querer se destacar é maior por causa da falta de incentivo para expressar a masculinidade. Na luta para ser aceito pelo grupo e bem-sucedido no trabalho, os meninos tendem a ficar longe das Ciências Sociais e Humanas, preferindo carreiras mais associadas às Ciências ou à Matemática. "São as carreiras que dão dinheiro e o *status* predomina na cultura técnico-racional dos ambientes masculinos", ressalta o acadêmico Don Edgar. "Mas o paradoxo está no fato de que as coisas estão mudando, uma vez que a produtividade está cada vez mais relacionada com a criatividade e as habilidades de relacionamento."[14]

A partir das entrevistas, ficou claro que os meninos têm consciência das expectativas vocacionais que os colegas e professores nutrem em relação a eles. E, embora seja desejável mais opções na hora de decidir, os garotos sabem desde cedo que precisam ser bons provedores e conquistar seu espaço no mundo. Por isso, preferem se dedicar ao estudo de Informática, Administração ou Ciências do que Artes, Ciências Sociais ou Letras.

"Aprendemos Matemática e Ciência, Gramática e outras coisas, mas sempre achei estranho que ninguém ensinasse nada sobre as emoções e o modo de lidar com as pessoas. Era quase como dizer que, se não dá para dominar o assunto, por que se preocupar com ele?" *Robert, 30.*

O QUE ESPERAMOS DOS MENINOS?

Infelizmente, pouquíssimos adultos compreendem a situação dos meninos na escola, os problemas enfrentados por eles e o desamparo a que estão sujeitos. "Esperamos demais dos garotos, e ao mesmo tempo não esperamos o bastante", disse um professor a Dan Kindlon. "Por um lado, queremos que façam coisas que não estão preparados para fazer, ensinando-os a ser 'homenzinhos' quando ainda são garotos que precisam de abraços e de afeto. Por outro lado, quando eles agem com crueldade ou inconveniência, dizemos que isso é 'coisa de moleque'. Não abordamos corretamente questões como a necessidade de respeito e de consideração pelos outros."[15]

Como vimos, as aparências enganam. Os meninos, em sua maioria, estão longe de ser durões como querem aparentar. Como constatou Olga Silverstein, muitas vezes preferimos acreditar no que está do lado de fora, do que investigar o que acontece por dentro. A especialista alerta: "Na adolescência, consideramos saudáveis os meninos que vão bem no esporte, têm bom desempenho na escola, externam sinais de liderança e ousadia, e respeitam a autoridade. O fato de serem isolados, tímidos ou fechados emocionalmente não costuma ser visto como um problema. Mas depois de duas décadas de consultório, cheguei à conclusão de que o custo é alto demais".[16]

Nasce um herói

BONS DE BOLA

Os meninos desejam receber afeto e aprovação da família, sobretudo do pai, e uma das maneiras de obter isso é ter sucesso nos esportes. A atividade esportiva pode ser uma experiência positiva para os garotos porque apresenta desafios e ajuda a adquirir disciplina. Além disso, proporciona aos meninos a oportunidade de mergulhar em algo de que gostam, de conhecer a experiência da vitória e do fracasso, e também de atuar em equipe.

Muitos garotos acham o esporte uma atividade estimulante, mas quem não tem habilidade esportiva pode detestar o clima de concorrência e a pressão característica de algumas modalidades. Porém poucos admitem seus sentimentos, porque sabem que vão frustrar as expectativas dos pais e colegas. E, como a maioria dos adultos não tem idéia da ansiedade que o esporte pode causar nesses meninos, nem pensam em perguntar ao filho se ele quer ou não se dedicar a uma prática esportiva.

Uma amiga me contou que seu filho estava preocupado com o desempenho do seu time de críquete. O menino, que estudava em uma escola que se destacava nesse esporte, não havia conseguido passar para uma equipe mais graduada. A cada semana, aumentava a sua ansiedade em relação às partidas. Em uma conversa, a mãe descobriu o motivo da aflição: o menino se envergonhava de estar em uma equipe considerada inferior. Além disso, achava que suas chances de integrar times mais fortes poderiam ser limitadas por causa do mau desempenho do grupo. Ninguém aprecia a sensação de fracasso, mas geralmente esse é o sentimento despertado pelas disputas esportivas nas escolas.

> *Poucos garotos admitem como realmente se sentem em relação ao esporte porque sabem que vão frustrar as expectativas dos pais e colegas.*

Ao avançarmos um pouco na análise, descobrimos que as pressões enfrentadas pelos meninos quanto ao seu desempenho nos esportes não se restringem às quadras de basquete ou aos campos de futebol: eles também precisam sobreviver ao vestiário. Para muitos, esse é um local associado a suor e lágrimas, cansaço e machucados. É ali que os atletas refletem sobre as suas vitórias e derrotas, e é um dos poucos redutos em que podem revelar suas emoções e valorizar a sua masculinidade. Entretanto, para quem não se destaca, o vestiário pode ser aterrador, pois nele ocorrem as avaliações: quem é novo no time, quem joga bem, quem poderia se sair melhor. Também revela quem está no lugar errado na hora errada.

Quem nunca passou por um vestiário depois de uma partida pode se surpreender ao descobrir que é ali que os meninos intimidam, ameaçam e humilham uns aos outros, às vezes forçando seus pares a adotar um comportamento cruel, degradante e rude. Freqüentemente, os garotos se sentem reprovados, isolados, impotentes e ignorados. O mais terrível é que eles aceitam tudo isso, encarando essa atitude como a melhor estratégia para sobreviver.

"Institucionalizamos e aprovamos a violência. Basta observar uma partida de rúbgi e ver quanta agressividade há ali." *Ryan, 50.*

QUEM QUER SER HERÓI?

Para os felizardos com talento para o esporte, a experiência pode ser bem positiva já que eles viram heróis. Recebem elogios aos montes e não falta estímulo, pois eles representam tudo o que a sociedade considera atributos masculinos. Algumas vezes, essa aclamação torna-se tamanha que, no que se refere ao grupo, o garoto não se sente mais no direito de errar. Com freqüência, essa "discriminação" resulta em novas fontes de desequilíbrio para homens e meninos.

No artigo "Esportes prejudiciais", publicado no *New York Times*, a atleta Maria Burton Nelson descreve uma série de rituais comuns no mundo esportivo norte-americano, como as *pig parties*, nas quais o esportista que levar a acompanhante mais feia ganha um troféu. Não existe nada de heróico nesse tipo de comportamento, mas esse e outros rituais desmerecedores estão se tornando cada vez mais comuns entre os esportistas masculinos, porque ninguém oferece resistência.[1]

"Eu não tinha problemas porque jogava futebol. O esporte mais desafiador era o rúbgi: os meninos do time formavam uma espécie de elite, o que era um problema. Não acho que isso os ajudasse, pois o ego deles inchava." Nathan, 19.

É essa cultura que estimula os meninos talentosos no esporte a se sentir no direito de assediar meninas, atacar colegas ou destruir quartos de hotel. Um dos escândalos esportivos mais famosos ocorreu na década de 1980, em Lakewood, na Califórnia. Um grupo de atletas que cursava o ensino médio decidiu disputar para ver quem transava com o maior número de meninas. Algumas garotas aceitaram as propostas, mas outras se sentiram intimidadas ou forçadas. Interrogado sobre o motivo desse comportamento, um dos meninos respondeu: "Para mim elas não são meninas, são apenas pontos".[2] O pai dele também foi conivente: "Meu filho não fez nada que um garoto norte-americano com sangue nas veias não fizesse nessa idade".[3] Entretanto, o que o menino havia feito não tinha justificativa e adultos que defendem esse tipo de comportamento não contribuem em nada para melhorar a situação.

> *Um estudo recente sobre intimidação e violência contra meninos nas atléticas das escolas revelou que o fenômeno não se limita ao esporte, porém é encarado por alguns atletas como um modo legítimo de estimular a vitória.*

Com a transformação dos esportes em negócio lucrativo, os heróis das quadras e dos campos conquistaram ainda mais respeito. As bolsas de estudo oferecidas para quem pratica esportes estimulam a ambição das instituições, dos pais e treinadores. Um amigo sul-africano contou que, em sua escola, os integrantes do time de rúgbi eram tratados como reis. Além de terem a presença festejada em toda parte, ganhavam cada vez mais recursos e estímulos, como a contratação de um fisioterapeuta. Quando recebiam uma reprovação pela falta de dedicação, se sentiam no direito de fazer o que quisessem – dentro e fora do campo.

Essa condescendência cria um comportamento violento e inaceitável nesses meninos, que geralmente os acompanhará na vida adulta. Na Austrália, apreciadores de futebol resolveram reagir: fundaram o movimento de denúncia de abusos cometidos por atletas, o *Football Fans Against Sexual Assault*. Eles registraram mais de vinte queixas de violência sexual contra jogadores australianos, divulgadas pela imprensa. Apenas em 2004, esses "incidentes" incluíram um ataque a uma moça de 19 anos pelos jogadores do Cronulla Sharks, em um motel de Riccarton, na Nova Zelândia; um outro ataque contra uma mulher de cerca de 20 anos, por parte de um jogador do Brisbane Lions, em um motel de Londres; e um suposto estupro ocorrido em um motel do Havaí (a vítima era uma mulher de Los Angeles e os agressores jogavam no Hawthron Hawks).[4]

O CUSTO DA VITÓRIA

É difícil descobrir o que realmente ocorre nos bastidores do mundo esportivo, mas um recente estudo sobre violência e intimidação masculina nas atléticas das escolas secundárias da Carolina do Norte dá algumas pistas. A análise revelou que essas atitudes violentas não predominavam apenas no esporte, mas eram vistas por alguns atletas como um modo legítimo de estimular a vitória. Até os jogadores que não aprovavam métodos violentos ou intimidação admitiram recorrer a essas táticas para manter ou melhorar o seu *status* no time. Diversos esportistas achavam que seu desempenho não era medido somente pelos resultados mostrados em campo, mas também pela disposição em "mostrar as garras". Aproximadamente a metade dos diretores de atléticas entrevistados nesse estudo comentaram que a intimidação verbal era um problema "sério" ou "bastante sério" no mundo esportivo escolar.[5]

> *Aproximadamente a metade dos entrevistados do sexo masculino disseram aceitar recorrer à agressão e à intimidação do adversário.*

No estudo *Sportsmanship Survey*, realizado em 2004 com 4.200 atletas de escolas secundárias, o Josephson Institute of Ethics in America revelou que para 58% dos entrevistados do sexo masculino é aceitável recorrer à agressão e à intimidação do adversário; 40% consideram correto o silêncio diante de um erro de arbitragem que favoreça o próprio time; 39% declararam considerar lícito o recurso de simular um machucado para ganhar tempo extra e 37% afirmaram que é mais importante vencer do que jogar bem.[6]

Embora esses números estejam relacionados à realidade norte-americana, os dados demonstram claramente que os valores do universo esportivo podem trazer conseqüências sérias – não apenas no esporte mas em toda a vida dos garotos. Se considerarmos lícitas as práticas que contrariam a ética na hora de garantir a vitória em uma partida, não se pode culpar ninguém quando o mesmo comportamento for reproduzido na vida adulta, no ambiente social ou profissional.

Na mesma pesquisa, 30% dos participantes declararam acreditar que as pessoas que desrespeitam as regras no esporte têm mais chance de sucesso, enquanto 56% afirmaram que, fora das quadras e dos campos, quem transgride normas tende a se sair melhor.[7]

Talvez seja a hora de redefinir o conceito de sucesso nos esportes. Diversos garotos entrevistados eram filhos de pais esportistas e tinham uma vida familiar infernal, justamente por causa dos valores e das pressões a que estavam expostos.

"A pressão sobre os meninos é grande. Há um modelo a ser atingido, que envolve o sucesso nos esportes." *Jason, 22.*

PRESSÃO EXCESSIVA

Alguns garotos são naturalmente agressivos durante as disputas esportivas, mas a agressão também pode ser aprendida. A contribuição dos professores e instrutores é essencial para a determinação do comportamento dos meninos no esporte e na vida. Não há dúvidas de que o discurso oficial de alguns treinadores não coincide com o que exigem dos atletas no dia-a-dia. Muitos oferecem um acompanhamento excelente, mas há os que defendam a vitória a qualquer preço – e por meio da motivação e da intimidação estimulam os meninos a adotar a mesma abordagem.

Na Inglaterra, a preocupação com as pressões enfrentadas pelas crianças no esporte levou à criação de grupos de controle, como a *Child Protection in Sport Unit*. O seu objetivo é diminuir os abusos que envolvem *bullying*, treinamento excessivo e falta de atenção às necessidades dos jovens esportistas.[8]

> "Existem professores terríveis. Lembro-me de um que disse: 'no futebol americano, você só deve desrespeitar as regras em duas situações: se seu oponente desrespeitar primeiro ou se você estiver perdendo'. Vencer é importante. Se for preciso quebrar algumas cabeças, é isso o que você deve fazer. Acho que essa mentalidade se estende para o espaço do lazer, onde aprendemos a brincar com força e agressividade." *Robert, 30.*

Não existem pesquisas que tratem das conseqüências que a pressão pela vitória ocasionam nos meninos esportistas. Parte da questão envolve o aprendizado no que se refere à pressão e à dor. Os treinadores são agentes de pressão, mas é preciso perguntar: qual é a dose suportável para esses garotos? Os próprios treinadores estão cada vez mais sujeitos a cobranças dos pais, das instituições e escolas, o que também dificulta o trabalho desses profissionais.

Um artigo publicado no *Woman's Day* informou que só na Austrália saíram de atividade cerca de 70 mil treinadores e 116 mil árbitros entre 2000 e 2005. Também destacou que alguns pais gastam até 70 mil dólares por ano com aulas de esportes como tênis, na esperança de transformar os filhos em jogadores profissionais.[9] A postura dos pais é essencial para a relação das crianças com o esporte. Nos últimos anos, o comportamento piorou de tal maneira que alguns pais são proibidos de assistir aos jogos dos filhos. Se em público, as atitudes desses pais são inadequadas, não é difícil imaginar a pressão exercida sobre a criança dentro de casa.

> *Com muita freqüência, os adultos acham que os meninos podem lidar com situações para as quais não estão preparados.*

Segundo o especialista Peter West, a ênfase que as escolas dão ao desempenho esportivo ajuda a criar uma imagem que associa as características masculinas à arrogância e violência.[10] Não há dúvida de que, para os que não se sobressaem no esporte, a escola pode ser uma experiência traumatizante. "O modo como se ensina esporte pode ser bastante humilhante", conta Lawrence, 33. "Você não tem a opção de não participar. Quanto fiz 16 anos, finalmente disse que não queria fazer parte. Existe muita perseguição nos esportes de contato, e freqüentemente os professores humilham na frente dos demais aqueles que não se destacam." A maioria das crianças não esquece esse tipo de medo e humilhação. No caso de Lawrence, os fantasmas voltaram na vida profissional. "Na empresa em que eu trabalhava, organizaram um dia de construção de times. O clima de competição era grande e lembro que reagi de forma bastante agressiva."

"Eu tive sorte porque me dava bem nos esportes. Jogava futebol e as pessoas achavam isso ótimo. Mas tinha os que não queriam participar. Alguns eram puxados e jogados na quadra, às vezes com as calças arrancadas, coisas desse tipo. Não dá para justificar, mas as pessoas faziam isso como uma espécie de exemplo, só para impressionar os amigos. Não acho que fosse um acesso de raiva, mas era assim que as coisas funcionavam." *Sean, 20.*

Mesmo que o garoto demonstre talento para artes, matemática ou para música, a aclamação é menor do que se o sucesso ocorresse nos esportes. O talento em outro campo, além do esportivo, aumenta as chances de enfrentar a desaprovação por parte dos colegas. Uma das lembranças mais dolorosas de Doug é sobre a perseguição e discriminação que sofreu na escola. Hoje artista e paisagista, nunca esqueceu o terrível isolamento que sentiu por não participar das atividades ao ar livre, realizadas depois das aulas (era considerado "fraco" demais).

Freqüentemente, os adultos acreditam que os meninos podem lidar com situações para as quais não estão preparados. Os garotos precisam de apoio explícito dos adultos que os cercam, do mesmo modo que necessitam de limites. Para Lee, 48, profissional da área de TI, o apoio recebido dos professores na etapa escolar o fez gostar da escola e o influenciou na escolha da profissão. "Meus amigos e eu nos divertíamos, não tínhamos dificuldades para tirar boas notas. Os professores gostavam de nós. Acho que o estímulo deles foi muito valioso."

Não há dúvida de que bons professores fazem a diferença e, com o apoio dos pais, ajudam a proteger e a orientar os garotos na busca dos seus caminhos. Todos têm direito a serem respeitados e reconhecidos. Mas enquanto o sistema isolar um grupo pequeno e dedicar-lhe atenção especial, os demais sentirão que há algo errado com eles – e isso bem antes de ter oportunidade de se colocar à prova no mundo.

Jovens e raivosos

TERRENO PANTANOSO

Quando chegam à adolescência, os meninos muitas vezes se tornam raivosos e fechados. Pode ser um período bastante difícil para eles, uma vez que as alterações hormonais dão a impressão de que o corpo cresce quase todos os dias. Além de ter de lidar com essas mudanças, o adolescente precisa se preocupar com o cabelo, as roupas e com a necessidade de ter uma aparência adequada. A atitude em relação ao sexo, às meninas e aos colegas ainda é confusa e surgem emoções até então desconhecidas.

Às vezes, predomina a impressão de que estão nadando contra a corrente. Embora os pais os lembrem o tempo todo de que ainda não são adultos, eles sabem muito bem que a vida de "gente grande" está bem próxima. Antes da maturidade, aparecem as dúvidas quanto ao que fazer da vida e a preocupação em ter sucesso. Agora, mais do que nunca, eles têm consciência da importância do êxito no campo material: os garotos agora sabem que, se não tiverem sucesso, muitas coisas lhes serão negadas.

> "A raiva é a primeira emoção que se revela. Se você sente tristeza, em seguida vem a raiva. A raiva é um componente natural para o garoto: pode revelar que você está se sentido culpado, ferido ou incapaz, pois se sentir assim é coisa de homem. Mas é preciso que seja uma raiva agressiva, jamais reservada, pois aí é coisa de menina." *Tony, 26.*

Os meninos adolescentes de hoje têm de aprender a lidar com os papéis masculinos, em transformação constante. "Os garotos têm consciência das novas identidades possíveis para os homens e as expectativas que costumam acompanhá-las", conta o professor John Lee. Ele cita Patrick, um aluno do 11º ano, que declarou: "Se você levar em conta o que os homens dizem, você precisa se destacar, ser durão, tipo um astro do esporte. Já as mulheres dizem que é preciso ser mais emocional, mais suave".[1] Patrick tem a sorte de saber que há mais de um modelo. "Dá para agir dos dois jeitos. Você pode ser mais suave em casa, com a namorada; ser mais emocional e fazer coisas para ela, como cozinhar e ajudar a cuidar da casa."[2] A maioria dos meninos não tem idéia de como conciliar os dois atributos: como muitos adultos, eles lutam para satisfazer essas expectativas sociais aparentemente opostas.

> *Garotos adolescentes sabem que a vida adulta está à espera.*

PRESSÃO EXTERNA

Além de tentar formar a própria identidade e conquistar o respeito dos pais, os adolescentes precisam estar atentos ao que o grupo pensa. Para um garoto nessa fase da vida, a aprovação dos colegas é crucial. O problema para vários deles é que os valores do grupo muitas vezes divergem bastante dos ensinamentos da família. A não ser quando os pais conseguem identificar essa divergência, o conflito não entra nas conversas familiares.

Muitas vezes, os meninos tentam resolver o problema assumindo uma personalidade com o grupo e outra (bem diferente) em casa. Ao perceber o fenômeno, alguns pais fecham o cerco sobre o filho, a fim de protegê-lo contra o que consideram influências negativas. Mas o que não percebem é que essa abordagem serve apenas para intensificar a pressão já existente. Outros pais ignoram o problema, na esperança de que os garotos o solucionem sozinhos.

"Meus amigos e meus pais eram legais. Mas de repente eu comecei a querer cada vez mais. Formei um novo grupo de amigos. Nessa época começamos a sair para beber, fumar e romper algumas regras, coisas assim. Não dava para agradar os dois lados e eu escolhi os amigos. Em resumo, eu disse aos meus pais para ficarem na deles. Não era a influência do grupo que me levava a fazer aquilo, eu sabia bem o que queria. Você briga com seus pais e fica com raiva, daí sai com os amigos e se diverte."
Sean, 20.

A vida do adolescente provavelmente nunca foi fácil, mas os pais de hoje precisam perceber que as pressões sobre um garoto nessa fase costumam ser enormes. Não é difícil imaginar o desgaste enfrentado por eles para agradar, ao mesmo tempo, pais e amigos. Essas pressões possivelmente sempre existiram, mas se intensificaram nas últimas gerações graças ao maior acesso dos adolescentes ao dinheiro e ao espaço próprios, além da nova dinâmica dos lares (com os pais trabalhando fora).

Algumas vezes, essas pressões se manifestam de maneiras inesperadas. Para o psicoterapeuta Roger Horrocks, que teve uma adolescência difícil, o maior desafio nessa etapa foi aprender a lidar com a divisão entre as classes sociais. Roger era talentoso e estudou em uma escola particular. Ele desenvolveu um modo de agir que adotava apenas na escola, jamais em casa ou com os amigos do bairro. "Eu era uma espécie de ator, tinha de lembrar qual roupa e qual identidade usar dependendo do cenário."[3]

> *Todos os garotos precisam descobrir como se transformar em homens.*

Além das dificuldades para satisfazer pais e colegas, o adolescente começa a se preocupar com a aproximação das meninas. Não é fácil, porque, além da dianteira nos bancos escolares, as garotas também saem na frente quando o assunto é maturidade emocional. Embora hoje seja mais fácil para um homem expressar suas emoções do que em algumas décadas atrás, o professor John Lee ressalta que "os adolescentes ainda se encontram envoltos em uma definição de masculinidade bastante restrita, o que reduz o espaço para abordar diversos sentimentos".[4] É uma tarefa difícil pedir a um garoto, que jamais foi estimulado a expressar suas emoções, que saiba lidar com elas nos turbulentos anos da adolescência. Com todas essas questões nos ombros, não é de se surpreender que os adolescentes preferem se fechar ou explodir, passando períodos imensos na companhia dos amigos ou na solidão do quarto.

SERÁ QUE VÃO CRESCER UM DIA?

Hoje há uma clara distinção entre a infância e a vida adulta – e no meio um período que, para a maioria dos garotos, não deixa boas lembranças. Muitos meninos enfrentam anos de incerteza e confusão, enquanto lutam para agir de acordo com as expectativas dos pais e colegas. Com o aumento dos lares em que os jovens vivem com apenas um dos pais, em geral chefiados por mães sobrecarregadas, e a falta dos ritos de passagem que sinalizam a transição de garoto para homem, freqüentemente a adolescência se torna mais difícil do que poderia ser.

> "Eu bebia e fumava, mas meus amigos foram para as drogas e eu evitei. Nunca falei sobre isso com meus pais. Tinha muito medo de abordar esses assuntos com eles, pois poderiam me reprovar. Foi muito difícil, pois eram emoções conflitantes." *Robert, 30.*

Todos os garotos precisam descobrir como se transformar em homens. Mas, para isso, necessitam da presença masculina. Quando essa imagem não existe, eles começam a criar os seus próprios rituais de passagem, às vezes copiando modelos masculinos violentos e desequilibrados apresentados pelo cinema, pela televisão ou pelos *videogames*. Em uma tentativa desesperada de se mostrar heróicos, muitos adolescentes abusam das bebidas e da velocidade e se envolvem em brigas, quando não recorrem às drogas. O número de jovens que morrem em acidentes de carro é preocupante, mas as vítimas não têm toda a culpa: a maioria dos filmes a que assistiram exibe perseguições de automóveis ou outras proezas de alto risco.

Nem todos os adolescentes apresentam um comportamento extremo, mas ainda assim tentam desafiar os pais, professores e a comunidade. Enquanto todos se queixam por terem de lidar com adolescentes de difícil trato, os garotos assimilam que esse é o comportamento esperado. O psicólogo Dan Kindlon alerta que, infelizmente, nossa sociedade parece aceitar cada vez mais que os adolescentes difíceis constituam o padrão.[5]

"O conceito integral de masculinidade envolve a idéia de resistência, e ser um lutador faz parte disso. O segredo está em se tornar um guerreiro, não um integrante de gangue. É importante dar aos meninos algum objetivo, direcionar suas energias. É o que ocorre quando eles começam a lutar com um sentido de competição. De uma hora para outra, as tendências agressivas assumem um significado, uma dimensão. Outra coisa que se pode fazer é apontar uma noção de grupo, de postura racional. Em um clube de luta eles se sentem dentro de um grupo. Existe uma estrutura coletiva, com garotos mais jovens ou mais velhos no caminho da iniciação. O mérito está em oferecer um modelo masculino positivo." *Pastor Dave Smith, do* Fight Club.[6]

"Os meninos precisam entender que não existe um estereótipo a ser seguido", afirma Craig, 58. "Eu tinha um tio dois anos mais velho do que eu e éramos bastante próximos. Ele rompeu com as expectativas da família e foi fazer teatro. Graças a ele, tive contato com um ambiente bem diferente daquele no qual havia crescido, o que ampliou minha visão da vida." O tio revelou-se um salva-vidas para Craig, educado em um rígido lar operário. De acordo com Craig, o grande mérito do tio foi ser honesto sobre si mesmo. "Ter consciência das falhas dele me ajudou a identificar e aceitar as minhas", conta.

Para John Day, educador e diretor de escola durante quinze anos, a influência dos bons professores do sexo masculino é essencial. "Os jovens estão sendo estereotipados e rotulados. O resultado é a falta de conquistas, a frustração e a agressividade."

Novamente, a intensa sensação de isolamento enfrentada pelos garotos foi um assunto constante nas entrevistas. "Nunca esperei ajuda dos meus pais e jamais pensaria em pedir isso a eles", conta Sean, 20. Na adolescência, ele enfrentou problemas com álcool e drogas, impulsionado pela pressão dos amigos e com a conivência dos pais de um colega, que liberavam maconha para os garotos e permitiam que fumassem em sua casa. Lawrence, 33, dá um depoimento similar: "Eu era um garoto sensível, sentia tudo. Tive problemas com drogas e com desequilíbrio mental, cheguei a tentar o suicídio". A adolescência foi para ele um período doloroso. Várias vezes ele pediu ajuda aos pais e professores, e sempre ouviu que cabia a ele solucionar o que havia complicado. "Saí de casa assim que pude".

LONGE DA SOLIDÃO E DA CONFUSÃO

Se compreendermos como os meninos adolescentes se sentem em relação ao mundo e a si próprios, não dá para se surpreender com a opção de muitos pelas drogas e pelo álcool. Todos os entrevistados falaram abertamente sobre o papel do álcool em suas vidas. Gostavam de beber pelo conforto que sentiam. "Você quer se afirmar e aproveita a imagem de rebeldia", explica Nathan, 19. "O álcool vira uma boa desculpa, dá a impressão de que você pode encarar qualquer coisa. Torna a sociabilização bem mais fácil."

> "Aos 13 anos, comecei a beber e a usar drogas. Me senti atraído pelo apelo: diziam que era bom, e era mesmo. Comecei dando uns tragos nas bebidas que meus pais tinham em casa. Quando bebia e consumia drogas, me sentia bem. Coisas que em geral me perturbavam pareciam não ter importância. Fiz alguns amigos experimentarem. Cheguei em um ponto no qual eu conseguia beber e fumar e ainda estava bem." *Jason, 22.*

O desafio enfrentado hoje pelos garotos é fazer uma transição saudável da infância para a vida adulta, apesar de conviverem com um número crescente de filmes que mostram homens bebendo e usando drogas, e com uma infinidade de anúncios que incentivam o consumo de bebidas alcoólicas. Os profissionais de marketing sabem como fazer um adolescente reagir a esse apelo, pois é o trabalho deles identificar vulnerabilidades. E os meninos reagem. Ingenuamente assumem essa responsabilidade.

> "Eu era bastante inseguro aos 16 anos e consumir bebidas alcoólicas, proibidas para a idade, era uma façanha. Eu ia a algumas festas e o mais divertido é que todos estavam lá, os colegas da escola, e você fazendo o que não era permitido: beber e fumar. Em

resumo, todos estavam ali pelo mesmo motivo. Só queriam se divertir e encontrar muita gente. Você vai na onda e algumas vezes consegue o que quer." *Sean, 20.*

O consumo de bebidas alcoólicas atrai os garotos porque eles acreditam, de acordo com as mensagens publicitárias, que isso é coisa de homem. Ao beber, por algumas horas, o adolescente se sente como realmente quer ser: um homem. É interessante notar que, embora encarem essas práticas como "coisas de macho", quando questionados se recomendariam o mesmo para os irmãos mais jovens, todos assumem uma postura protetora (em especial em relação às irmãs), dizendo que fariam tudo para evitar que os menores seguissem o mesmo caminho.

"Usei muita droga. Comecei e parei cedo. O cigarro foi aos 11 anos, com 13 ou 14 já estava na maconha. Consumi LSD na escola. As drogas tornavam as coisas mais fáceis, me aproximavam das pessoas, permitiam externar emoções, porque sempre era possível culpá-las. Havia um grande impulso para tentar coisas novas. Você não quer ficar de fora, é uma obrigação." *Tony, 26.*

"As drogas para mim tiveram grande impacto. Quando saí do colegial, larguei tudo. Mas na primeira vez que consumi *ecstasy* foi maravilhoso, tudo ficou lindo. Eu me senti ótimo. Os amigos precisam ficar de olho quando você consome drogas, por causa de problemas como vomitar ou molhar as calças." *Lawrence, 33.*

Além do perigo de viciarem, as drogas afetam a capacidade de julgamento. Muitos garotos se envolvem em brigas e exageram no volante e até morrem por causa disso. É necessário compreender a perspectiva deles, antes de encontrar soluções viáveis.

> "Hoje eu bebo mais e fumo mais maconha. Isso tem afetado minhas habilidades, assim como acontece com vários amigos meus. A vida simplesmente vai passando. Não consigo ter ambições e é difícil ser positivo." *Jason, 22.*

ATRÁS DAS MÁSCARAS

Mais do que nunca, os adultos não devem encarar a confiança que os adolescentes aparentam como totalmente verdadeira. Pais e outros adultos que convivem com adolescentes precisam aprender a enxergar através da máscara: só assim conseguirão ver a raiva, a tristeza ou o medo que se escondem atrás da bravata. Embora os meninos amadureçam mais cedo do que nas gerações anteriores (resultado de uma melhor alimentação e educação e de mais liberdade), muitos adultos ignoram que eles também precisam se desenvolver emocionalmente. A sociedade continua a achar que os adolescentes conseguem lidar bem com essa fase, e tende a se preocupar mais com as vulnerabilidades enfrentadas pelas adolescentes.

As garotas também precisam de apoio, mas elas saíram na frente sob esse aspecto. Além de conversarem mais sobre as próprias dúvidas, contam com revistas, *sitcoms* e até novelas que abordam as emoções e aspirações próprias dessa idade. Todos esses recursos orientam a menina na construção de sua identidade. Os meninos não têm os mesmos instrumentos (pelo menos não na mesma proporção) e por isso as frustrações e dúvidas permanecem trancadas ou se revelam de maneira inadequada. Ao assumir que a fragilidade na adolescência é exclusividade feminina, a sociedade continua a fechar os olhos para as necessidades dos meninos. Precisamos aprender mais sobre o que acontece com os garotos, para depois apoiá-los de forma equilibrada.

> *Muitos meninos têm pouca presença masculina em suas vidas.*

Nas diversas entrevistas que realizei, fiquei surpresa ao descobrir quantos adultos apontavam a solidão e frustração como características da adolescência. "Graças a Deus foi uma fase e passou. Ninguém me ajudou em nada", conta Rowan, 41. Craig, 58, concorda: "Minhas lembranças envolvem inocência e confusão sexual, além da insegurança de não ver rumo para minha vida". Neil, 34, admitiu que "arrumava encrencas com todo mundo. Eu tinha um gênio forte e reagia a qualquer provocação. Acho que era inseguro".

Sem compreender os meninos, os adultos os decepcionam de diversas formas. Até os pais amorosos tendem a comemorar mais as conquistas da filha adolescente do que as do filho, simplesmente porque acham que as meninas precisam de mais estímulo. Os meninos passam por diversas situações na vida em que merecem sinais de apoio, como a primeira vez que fazem a barba ou se encontram com uma garota, quando aprendem a dirigir ou conseguem um emprego nas férias ou no horário fora das aulas. Existem muitas maneiras de incentivar um garoto adolescente. O estudioso Peter West orienta os pais a apoiarem os filhos, contando sobre os próprios erros e medos, encorajando-os a falar, recompensando o bom comportamento e fazendo do lar um local propício para trazer amigos.[7]

> "Hoje não temos mais uma comunidade. Precisamos estar atentos. Quando eu cresci, quase todo mundo do lugar era da minha família. Hoje temos medo de nos aproximar de crianças que olham pedindo ajuda." *Ray Lenton, terapeuta de família.*[8]

ONDE ESTÃO OS HOMENS?

Embora os meninos afirmem o contrário, a família e a comunidade são muito importantes para eles. No passado, todos contavam com a presença de outros familiares, como tios, avós ou primos mais velhos. Havia uma benéfica troca com os mais velhos e experientes e a rica oportunidade de aprender as coisas na prática. Hoje, muitos garotos crescem com pouca presença masculina. Os meninos que ainda contam com uma comunidade mais ampla atravessam melhor a infância e a adolescência.

Esse foi o caso de Mark, 32. Nascido no Iraque, passou a maior parte da vida no Ocidente. Quando voltou ao seu país, com 10 anos, teve de aprender toda uma linguagem – mas conseguiu graças ao apoio recebido. "Além de haver muitos homens ali, o tempo para a convivência era maior. No país, existiam muitas casas de chá, onde os homens passavam horas jogando dominó, xadrez e *backgammon*. Era mais fácil aprender como ser um garoto, um jovem ou um homem mais velho porque não faltavam exemplos."

Quando conversei com Michael, 50, ele me disse que crescer no ambiente religioso judaico ajudou muito. "No judaísmo, temos uma ritual de passagem muito claro, o bar mitzvá, realizado quando os meninos completam 13 anos. Todos passam por esse processo no qual é preciso estudar alguns anos para realizar coisas difíceis, como ler em público trechos da Bíblia em hebraico antigo. No bar mitzvá, o garoto é o centro das atenções. A idéia de realizar algo desafiante em público, e depois ser parabenizado por isso, é muito significativa quando se tem 13 anos. Duvido que alguém que passou por isso consiga esquecer."

"Eu tive muita sorte na infância e adolescência porque contava com uma família sólida e amigos próximos. Acho que sem isso tudo teria sido bem diferente. Entendo porque quem não teve a mesma sorte se sente perdido às vezes." *Tim, 25.*

"A influência da minha família foi incrível, sobretudo os fortes laços entre meus tios. Lembro de quando estava na fase mais difícil e ia a encontros de família. Eu sentia os vínculos não declarados, a capacidade de compreensão que havia entre meu pai e seus dois irmãos, todos na casa dos 50 anos. Eu queria fazer parte daquilo. Isso me fazia reavaliar a força e a importância da minha família. Fazer parte da família me proporcionava uma segurança parecida com a que eu sentia entre meus amigos. Eu pertencendo a algo maior do que eu." *Sean, 20.*

Namoro com o perigo

VIOLÊNCIA COMO DIVERSÃO

Ao conversar com meninos e homens adultos, me choquei ao descobrir como muitos deles se sentiam solitários, confusos e à deriva durante a adolescência. A sensação de isolamento se tornava mais intensa por causa da pouca estrutura para meninos adolescentes na comunidade. E quando havia essa oferta, com exceção de parques e locais para a prática de esportes, a qualidade era questionável. Freqüentemente, os redutos para esses garotos eram *shopping centers* ou cinemas. Assim, novamente os vemos largados à própria sorte. No documentário de Kay Donovan, *Tagged*, ambientado nos arredores de Sydney, um adolescente confessou que, no verão, ele e seus amigos passavam a maior parte do tempo sentados na plataforma do trem.[1] O mais desolador é que esse relato não é isolado: um enorme número de garotos não têm o que fazer a não ser perambular pelas ruas à noite ou nos finais de semana.

"O que os meninos podem fazer? Podem praticar esporte, andar por aí em bandos e consumir drogas. Essas são as opções. Dá para ir ao cinema, mas a novidade passa logo. Andar pelas ruas para mim dava a sensação de conforto. Você anda com caras da sua idade, sai sem rumo e acaba nas drogas, mas não tem mais muita coisa além disso." *Sean, 20.*

Quando possível, muitos se reúnem em *lan houses*, onde encontram a ação e a excitação que procuram. Mesmo quem não vai a esses locais tem acesso a *games* violentos em casa. Um estudo sobre os efeitos dos *videogames* violentos indica que, embora nos primórdios desse recurso as imagens fossem pouco realistas, a partir do surgimento da *Nintendo*, em meados dos anos 80, os jogos se tornaram cada vez mais realistas e violentos.[2] Poucos pais examinam os *games* que os filhos jogam e por isso a maioria não tem idéia da violência contida neles.

Os estudos mostram que a exposição a esses jogos prejudica o desempenho escolar. Os meninos passam a ver o mundo como um lugar hostil e reagem de acordo. Meninos agressivos e até os *não agressivos* se revelam mais violentos após a exposição a esses jogos.[3] As pesquisas também indicam que os programas violentos, além de insensibilizar, excitam os usuários, estimulando-os a repetir o comportamento observado na tela.[4] É fácil esquecer que para um adolescente esses jogos não são apenas diversão: muitas vezes se tornam uma representação distorcida da realidade.

Como os garotos tendem a reagir de forma mais raivosa e fisicamente agressiva do que as meninas, a sociedade precisa encontrar maneiras positivas de abordá-los. Conversei com um religioso anglicano, o pastor Dave Smith, que cuida de um clube de luta nos arredores de Sydney. Para ensinar os garotos a lidarem com a sua agressividade, treina boxe. "Essa é uma abordagem tradicional: os meninos aprendem a lutar e ficam menos agressivos. Com o tempo perdemos esse recurso e hoje tentamos reprimir e diminuir uma parte essencial da masculinidade. O boxe é catártico. Bater em algo ajuda a liberar as energias e qualquer atividade física intensa oferece esse alívio. Acredito que os meninos fazem isso naturalmente. Mesmo quando a raiva é muita, não acredito que descontem uns nos outros enquanto estão no ringue. Acho que, nesse caso, existe uma relação de respeito mútuo.

Se um dos garotos tem problemas, isso aparece na luta. O autocontrole é essencial. Se a ansiedade for excessiva, perde-se a concentração. Eu digo aos meninos: 'se vocês conseguirem manter a calma na luta, diante de um adversário louco para acertar a sua cabeça, preservando o controle e a concentração, em vez de apenas reagir às pressões, estarão fazendo uma grande coisa'. Assim, quando os amigos os convidam para participar de arruaças, eles têm mais chances de negar. Aumentam as possibilidades de tomarem decisões por conta própria, mesmo sob pressão. Acho que isso explica os bons resultados dos garotos depois que começam um treinamento sério. Diminuem os casos de problemas com a lei e os sintomas desaparecem aos poucos."

Os garotos adolescentes precisam de ajuda para encontrar maneiras positivas de expressar seu anseio por ação e excitação.

O APELO DAS GANGUES

Os adolescentes precisam de ajuda para encontrar maneiras positivas de expressar seu anseio por ação e excitação. Quando não encontram esses elementos em casa, na escola ou na comunidade, procuram a própria diversão. Para isso, basta juntar alguns garotos dispostos a sair por aí – ou seja, uma gangue. O fenômeno não é novo. *Romeu e Julieta*, de Shakespeare, começa com um violento embate entre os Montecchio e os Capuletto, episódio de uma rixa familiar que afeta a vida de todos. Quanto maior a identificação do garoto com o grupo, maior o perigo: ele perde a capacidade de tomar decisões sensatas e independentes e muitas vezes entra em um ciclo de violência que pode culminar em um confronto parecido com o massacre de Milperra, em 1984. Nesse episódio, uma garota de 14 anos e seis integrantes das gangues morreram após um confronto entre dois grupos rivais, os Comancheros e os Bandidos.

> "Eu sempre me senti diferente dos outros integrantes do grupo, que diziam que eu era 'sensível'. Os meninos pegavam pesado com drogas e álcool e estavam sempre em conflito com a polícia. Um deles se matou, foi um choque. Outro foi mandado para fazer trabalhos no campo, pois começou a ser perseguido por gangues. Estava vivendo isolado, escondido em um casebre. Não sei como sobreviveu. Ele fuma maconha até hoje, mas está bem melhor. Outro do grupo está lutando para abandonar a maconha e a bebedeira e tem se esforçado bastante. A situação dele é conseqüência da separação dos pais. Mas ele está conseguindo melhorar." *Nathan, 19.*

Embora a cultura de gangue mude de um país para outro (e até de uma região urbana para outra), os motivos que levam os meninos a procurar esses grupos costumam ser similares. Em geral, eles querem fugir do tédio, do isolamento e da falta de atenção. Um estudo recente sobre gangues na Austrália indica que, com freqüência, os bandos são mais do que reuniões de garotos que se juntam em busca de contato social, e que os crimes cometidos por esses grupos tendem a ser de baixa gravidade e associados às oportunidades. Embora não exista justificativa para um comportamento criminoso, a pesquisa sugere que as reações negativas que a polícia e parte da população têm em relação a esses grupos, quando se reúnem em espaços públicos, os leva a se sentirem ainda mais isolados da sociedade, o que pode estimular a prática criminosa.[5]

"Tinha uns garotos que eu conhecia lá do meu bairro, uns meninos de minha idade. Começamos a andar juntos, a beber e a perambular pelas ruas, tarde da noite. O pai de um deles nos deixava fumar na casa deles, e a gente ia lá para fumar maconha. Era divertido. Nós nos parecíamos, tínhamos muitos interesses em comum. Era a melhor parte do dia, depois que chegávamos da escola. A preocupação do grupo era se divertir, era muito legal. Em grupo você se sente poderoso, ganha confiança, a testosterona vai lá em cima. Você se sente mais homem, mais protegido e até mais sociável, com maior capacidade de fazer amigos e se relacionar com pessoas, ao contrário do que ocorre quando você está sozinho." *Sean, 20.*

Apesar da dificuldade de encontrar números confiáveis sobre o fenômeno das gangues, acredita-se que esses bandos tendem a aumentar conforme mais crianças são deixadas à própria sorte. Por volta de 1980, existiam nos Estados Unidos cerca de 2 mil gangues. Dezesseis anos depois, o total de gangues já chegava a 31 mil, reunindo aproximadamente 846 mil integrantes.[6] Em geral, os meninos integrantes de gangues cresceram em comunidades pobres e freqüentemente inseguras, com poucos recursos sociais e econômicos. Também é comum a falta de modelos masculinos adultos, o convívio com a violência ou a carestia, o contato com escolas de baixa qualidade e a pouca expectativa em relação ao futuro. Meninos agressivos e durões, em busca de animação, são os candidatos mais fortes a entrar nesses bandos, pois precisam de proteção contra outros garotos ou do próprio meio em que vivem.[7] Na falta de apoio positivo por parte dos pais, é com os colegas que esse amparo passa a ser buscado. Como um menino declarou a Jim Garbarino, professor de Desenvolvimento Humano na Cornell University, "se eu me junto a um grupo ganho 50% de segurança, contra segurança nenhuma se ficar sozinho".[8]

Grande parte das informações sobre gangues se baseia em estereótipos ou no que sai na imprensa. O que sabemos é que os garotos geralmente se juntam de acordo com os valores e as experiências comuns: etnia, preferências em relação à moda, música, atividades e cultura, além do baixo *status* econômico.[9] Nem todos os garotos têm origem pobre. Justin, 43, cresceu em uma sólida família de classe média. "Minha mãe morreu quando eu tinha 16 anos. No mesmo dia, comprei meu primeiro casaco de couro. Nessa época, eu já tinha deixado de ser um bom aluno e já buscava aventuras. Tinha um emprego com horário flexível no *Woolworths* e com isso conseguia dinheiro para os cigarros e as bebidas. Com 17 anos, comprei uma moto com o meu dinheiro e aí não faltava mais nada: tinha uma namorada, uma moto e uma jaqueta de couro. Eu levava sempre um canivete e fazia cara de invocado, ainda que só para impressionar. Lembro de passar a maior parte do tempo com raiva, mesmo ao tratar com pessoas de quem eu gostava. Era vocalista de uma banda *punk* e andava com um bando de *punks* do meu bairro. Gostava da sensação de poder quando estava com eles."

Superar a sensação de impotência, em geral bastante intensa, pode ser uma das grandes motivações que atraem os meninos para as gangues. Pode-se achar que eles procuram os grupos porque não se preocupam com autoridade, mas a lingüista Deborah Tannen tem outra opinião. Ela acredita que, ao contrário, esses garotos sabem que a autoridade existe e, mais do que isso, são altamente sensíveis a ela,[10] o que justamente os conduz à rebeldia. Mais uma vez, vemos as conseqüências das dificuldades enfrentadas pelos meninos adolescentes que não contam com o devido apoio. A não ser que tenham uma compreensão clara dos motivos que tornam um comportamento inaceitável, instala-se uma luta para achar sentido no mundo no qual são largados, munidos de poucos recursos, ou sem nenhum, para lidar de maneira positiva com os numerosos desafios do caminho.

> *Os garotos querem limites e sensação de segurança.*

É preciso entender melhor o que acontece com as gangues. As manchetes de jornal sobre esses bandos geralmente não esclarecem, nem ajudam em nada, pois costumam sugerir uma violência ainda maior do que ocorre na realidade. Essa postura só contribui para afastar ainda mais os garotos, que acabam se sentindo heróis por motivos errados. Não se trata de ser condescendente, mas é importante compreender, em primeiro lugar, o que causa a formação das gangues.

"Onde eu morava, havia poucas gangues. Parecia mais com uma família, um tipo de fraternidade, onde cada um assumia uma responsabilidade, fazia parte de algo e podia fazer a diferença."
Joel, 20.

A violência das gangues vem assumindo novas formas. De acordo com o jornalista investigativo Dan Korem, essas formações não se destinam mais a dar proteção a garotos de famílias menos privilegiadas. No livro *Suburban Violence: The Affluent Rebels*, o autor detalha o surgimento de gangues em bairros ricos da Europa e dos Estados Unidos.[11] Ele alerta que, em 2004, uma bomba em média explodia por semana em algum bairro norte-americano rico. "Algumas vezes eram jovens que agiam sozinhos, mas na maioria das vezes eram as gangues", explica. "Existe uma camada de jovens em situação de risco, que talvez não tenham constituição física para participar de embates diretos, mas têm dinheiro, mobilidade e capacidade de ação por meio de computadores para causar destruições de impacto."[12]

"Fiz parte de uma gangue, pois queria ter a sensação de pertencer a algo. O ambiente era de violência e racismo, o que me causava revolta mas me atraía ao mesmo tempo. Havia liberdade e atitude, além de uma rejeição a tudo – era tudo muito aberto. Não havia nenhuma preocupação em relação às outras pessoas. Mas me lembro de me sentir poderoso por fazer parte de um grupo de durões." *Justin, 43.*

LIMITES NECESSÁRIOS

Embora pais e professores desesperados achem o contrário, os meninos necessitam de limites e da sensação de segurança. Eles precisam entender como a sociedade funciona e como devem agir para se tornar integrantes dela. Todos os entrevistados que trabalham com garotos em situação de risco concordam: acreditam que parte do processo de reabilitação desses meninos está em ajudá-los a ver, de maneira concreta, que *papel* cabe a eles na vida. Não se pode fazer idéia de como essa medida é importante.

Um amigo meu, que atua no movimento masculino, levou um grupo de meninos em situação de risco para conversar com líderes indígenas mais velhos. Durante a conversa, as questões que perturbavam esses garotos começaram a surgir. Um deles perguntou: "Mas o que as pessoas esperam que a gente faça?". Quando entendemos o nosso lugar na sociedade, começamos a compreender e a respeitar as estruturas. O que podemos fazer para ajudar os meninos a conseguir esse entendimento?

"A ironia era que, na minha adolescência, eu rejeitava toda forma de autoridade, com exceção do meu clube de luta – que era o lugar que mais me exigia disciplina. Percebi que o problema não era a autoridade, desde que fosse uma autoridade que eu respeitasse." *Pastor Dave Smith, do* Fight Club.[13]

O motivo que leva os meninos a procurarem as gangues é o desejo de contar com uma sensação de direção, segurança, reconhecimento e envolvimento com algo. A tragédia é que, uma vez dentro do grupo, eles precisam aprender um novo conjunto de regras que os isola ainda mais da comunidade e da família. Com freqüência, o desejo de pertencer a um grupo envolve um custo imenso para eles e para os demais – como ocorre quando eles partem para a criminalidade ou morrem.

Emoções a sete chaves

Durante a adolescência, os meninos enfrentam dilemas no caminho rumo à condição de homens adultos. Alguns rejeitam qualquer aspecto relacionado à feminilidade, como as emoções, consideradas comprometedoras de sua força e invulnerabilidade. Não poupam esforços para deixar essas emoções de lado, porque anseiam pela busca da masculinidade. E, se isso não ocorrer à perfeição, tornam-se *outsiders* e passam a ser considerados perdedores.

Muitos garotos também se inquietam com a sua sexualidade. Com as emoções represadas, poucos sabem o que fazer com as novas sensações, já que não tiveram oportunidade de entender e expressar o que sentem. Muitos se preocupam com os amigos do mesmo sexo, mas, por medo de serem considerados fracos ou chamados de gays, mantêm distância e preferem a competição. Com a guarda sempre em alerta, o isolamento desses meninos só cresce.

Essa repulsa ao que soa feminino muitas vezes leva os garotos a se afastar e até agredir quem pareça ou de fato seja gay. Quando um adolescente se vê com medo de ser abandonado ou ridicularizado pelos colegas, assumir um comportamento agressivo parece ser o melhor modo de provar que a sua masculinidade não está em risco. Esse tipo de comportamento é destrutivo para todos, mas sobretudo para os gays. Um amigo homossexual citou conseqüências terríveis, pois bastou ver o que acontecia na escola com os meninos suspeitos de serem gays para que ele se fechasse. Mas um colega não teve a mesma sorte: sem conseguir suportar a perseguição, se suicidou. Meu amigo recebeu uma mensagem bastante clara sobre o que acontece com quem aborda a sexualidade de forma honesta, e só assumiu sua condição depois dos 40 anos, já casado e pai de filhos. Ainda hoje, a vida dos adolescentes gays não é fácil. Meu amigo tenta ajudá-los.

COMO LIDAR COM O SEXO

Embora os adolescentes não poupem esforços para mascarar as emoções, poucos conseguem barrar a explosão da sexualidade (seja qual for a orientação), sobretudo quando o pênis parece agir como se tivesse vontade própria. Alguns ficam fascinados com o órgão sexual, mas outros o ignoram ou chegam a temê-lo. Seja como for, o sexo é uma preocupação para os adolescentes, que se perguntam se parecem ou não atraentes aos olhos das meninas. Para os gays tudo é ainda mais difícil, pois muitas vezes eles tentam negar a condição de homossexuais.

Uma das maiores dificuldades dos adolescentes é descobrir como lidar com os seus impulsos sexuais. Se faltam oportunidades para ler ou conversar abertamente sobre sexo, eles não conseguem lidar com a sexualidade de maneira madura e satisfatória. Ao contrário, é provável que se tornem cada vez mais obcecados ou indiferentes em relação ao assunto, sobretudo se a mensagem recebida for a de que se trata de algo "errado". Os meninos não costumam falar abertamente sobre o assunto porque assumem para o mundo que lidam muito bem com essa questão (o que não é verdade). Novamente, os garotos ficam largados à própria sorte.

> "O que acontece é que o garoto pensa: 'essa garota está me beijando, ela gosta de mim e quer fazer sexo'. Se a menina negar, a sensação de rejeição é imensa. Parte da emoção em andar em bando é falar das conquistas. Se você não tem uma para contar, o que está fazendo?" *Tony, 26.*

Pode ser bastante confuso para os meninos crescer em um mundo com tanta oferta de material explícito e tão pouca orientação sobre como se expressar. Quase todos os dias, os adolescentes vêem imagens provocantes do corpo feminino: para onde olham, o sexo está presente. Cinema, novelas e revistas retratam o adolescente como um ser que precisa enfrentar complexidades sociais, emocionais e sexuais, às vezes dignas de um adulto. Com pouca (ou nenhuma) preparação para lidar com essas situações, os adolescentes se sentem imensamente vulneráveis. E, como as meninas se revelam mais seguras, além de usufruírem de maior liberdade sexual e física do que as gerações anteriores, fica fácil fazer uma leitura equivocada.

> "Eu acho que existe um desrespeito enorme à sexualidade masculina. Digo isso em relação aos adolescentes, sobretudo os de hoje. Acredito que a maioria das meninas não tem idéia de como roupas ousadas podem provocar os rapazes, nem como a obsessão sexual de um menino pode acompanhá-lo pelo resto da vida. As meninas precisam ser alertadas quanto às conseqüências de seus atos." *Pastor Dave Smith, do* Fight Club.[14]

PROXIMIDADE

Depois de passar vários anos condicionados a ignorar as emoções, é pedir demais que os meninos adolescentes saibam se aproximar das meninas e lidem com o sexo de forma madura emocionalmente. Para haver uma aproximação genuína, os meninos precisam entender os próprios anseios emocionais e os dos demais, além de saber como essas necessidades podem ser atendidas.

A cultura popular criou expectativas imensas em relação ao sexo, que acabou se tornando um campo minado para meninos e meninas na puberdade. Freqüentemente, as garotas se sentem ofendidas com as atitudes pouco românticas dos meninos em relação ao sexo. Do mesmo modo, os garotos com os quais conversei se decepcionam ao descobrir que nem todas as garotas são cuidadosas e leais. Muitos se sentem divididos entre o desejo pelo amor e afeto que podem vir do sexo oposto e o incrível medo de serem feridos. Como pano de fundo, fica a forte sensação de que as meninas são bem mais poderosas.

"Os meninos não percebem que as meninas não sabem o que querem. Eles também não têm muitas opções, pois cabe a eles serem os iniciadores. Mas, como a chance de ouvir um 'não' de uma garota é maior, o poder está com elas. É como se elas tivessem o poder que os meninos desejam e não abrissem mão dele." *Tony, 26.*

Os garotos tendem a mascarar essa vulnerabilidade tentando mostrar indiferença – seja criticando as meninas ou tratando-as "de igual para igual". Como a expectativa é que os meninos se revelem fortes e capazes, além de manter as emoções sob controle, não resta muito espaço para fugir.

"Vi alguns amigos com quem estudei na escola primária, e que eram bem legais, mudarem bastante quando passaram para uma escola secundária. Ficaram terríveis. Lembro de ter encontrado um deles em uma festa, ele devia estar com uns 14 anos. Ele me falou de uma garota com quem queria transar, mas ela recusou. A resposta dele foi 'aí eu soquei aquela galinha'. Fiquei chocado com a atitude e com a enorme mudança." *Mitchell, 26.*

Quando os meninos se permitem uma vulnerabilidade capaz de aproximá-los de uma garota, correm um grande risco. Poucas adolescentes têm idéia das dificuldades enfrentadas por eles para baixar a guarda e expressar suas emoções. Eles precisam estar atentos não só às emoções e aos mecanismos do sexo, mas também às nuances sociais. As meninas estão na frente em matéria de maturidade emocional e conveniências sociais, pois foram educadas para compreender e expressar tudo isso. Como essa sofisticação não costuma existir nos meninos, os relacionamentos se tornam assustadores para eles.

> "Os relacionamentos na adolescência são muito confusos. Um amigo começou a namorar firme com 17 anos. Os dois já estavam juntos uns quatro ou cinco meses quando chegou o dia dos namorados e ele comprou um presente bem legal. A menina se assustou e disse que o relacionamento não era tão sério assim. No aniversário dela, logo em seguida, ele preferiu não presenteá-la – e ela ficou furiosa." *Mitchell, 26.*

O PREÇO DA APARÊNCIA

Em grande parte, a complexidade da adolescência está relacionada à crescente eficiência das campanhas publicitárias voltadas para esse público, que ditam o que é legal e o que não é. Conforme se estreita a distância entre o que é aceitável ou não, aumenta a necessidade de vigilância para não ficar para trás. Essas campanhas multimilionárias apostam no medo dos adolescentes em parecer deslocados e na ansiedade pela aceitação. As propagandas atingiram seu objetivo: nunca os adolescentes foram tão consumistas. Mesmo os que têm dinheiro para comprar as roupas "certas", fazem um imenso esforço para não perder o passo.

Garotos de camadas sociais menos privilegiadas enfrentam uma vida difícil e bastante decepcionante, pois precisam manter a imagem com os recursos disponíveis. Alguns vão à luta: começam a furtar ou partem para a violência com o objetivo de conseguir o que desejam. Às vezes, o preço para se ter uma boa aparência é imensamente alto. Esse desespero para "fazer parte do clube" deflagrou um aumento da violência entre os adolescentes, e alguns chegaram a ser mortos por causa de um celular ou um par de tênis. Com a intensificação da febre consumista, os adolescentes se sentem cada vez mais pressionados a adotar o visual correto – e mais ainda quando percebem que essa é a "senha" para serem aceitos.

Quando a vida perde a graça

PISANDO EM OVOS

O psicólogo William Pollack não exagera quando afirma que a adolescência é a fase mais confusa e perigosa na vida de um garoto.[1] É claro que existem exceções, e alguns meninos atravessam o período sem percalços. Mas é preocupante o crescente número de jovens que decidem se matar antes de chegar à vida adulta. Embora todos saibam que se trata de uma realidade, é mais fácil para algumas pessoas considerar esses meninos como apenas dados estatísticos.

Depois de uma infância aparentemente tranqüila, Gareth, 35, enfrentou uma séria depressão quando cursava a escola secundária. Apesar do bom desempenho em diversas áreas – como o esporte –, a sensação de inadequação aumentava cada vez mais. O seu único prazer eram os desafios e riscos, que o levaram a várias tentativas de suicídio. "Comecei a andar de bicicleta, fiquei viciado em adrenalina e achava babaca quem não sentisse a mesma coisa. A adrenalina ajudava a espantar o tédio e me dava a sensação de estar vivo, fazendo algo que valia a pena. Meu medo de viver era maior do que o de morrer. A idéia de viver 50, 60 ou 70 anos parecia um horror." Ninguém compreendia o que estava acontecendo com ele e somente quando chegou aos 30 anos é que Gareth encontrou seu eixo.

É importante compreender de onde vem tamanho desespero. Para Edwin Shneidman, especialista no assunto, o suicídio ocorre quando "a vítima considera sua dor psíquica insuportável". Edwin explica que se trata de uma resposta a anseios não atendidos ou frustrados, como a necessidade de aceitação, de sucesso, de dignidade ou de auto-estima. Quem tira a própria vida tenta se libertar da "dor, culpa, vergonha, rejeição e solidão".[2]

Quanto mais pesquisava sobre o suicídio entre garotos, mais me questionava: quais são as necessidades não atendidas e dores tão insuportáveis que levam os meninos a tirar a própria vida? Ao observar os números, surgem alguns sinais. Na Austrália, o índice de suicídios entre jovens do sexo masculino permaneceu estável durante o século XX, voltando a crescer a partir de 1963. Entre 1973 e 1987, na Austrália, o aumento dos casos de suicídio entre rapazes foi de 66% (na Nova Zelândia, o número chegou a assustadores 127%).[3] Em 1996, a Austrália ocupava o terceiro lugar no *ranking* dos países de Primeiro Mundo com maiores índices de suicídio.[4] Em 2001, na Austrália, o número de garotos suicidas era quatro vezes maior do que a quantidade de meninas suicidas.[5] É possível que as dificuldades de relacionamento com os meninos aumentaram tanto, que as pessoas não pararam para se perguntar por que toda uma geração parece tão propensa a se matar.

Ao analisar ainda mais os números, descobrimos que os garotos que vivem em áreas rurais e isoladas são os mais propensos:[6] cerca de 50% dos jovens suicidas australianos não viviam nas cidades.[7] O aspecto trágico dessas estatísticas afeta a todos nós. Quando escrevia este capítulo, alguns amigos choravam a perda do filho caçula, vítima de suicídio. Dois dias antes, um colega dele da escola também tinha se matado, e ainda não fazia um ano da morte do filho do nosso vizinho, pelo mesmo motivo.

> *Quais as necessidades não atendidas e dores tão insuportáveis que levam os meninos a tirar a própria vida?*

"A mente suicida é bastante concentrada na própria ansiedade e depressão", explica o psicólogo australiano Bill O'Hehir. "Não é um processo racional e por isso a ajuda de um profissional tem tanta importância. Em geral, as pessoas afirmam que não notaram nenhum sinal, mas, se soubessem para onde olhar, veriam que esses sinais eram numerosos. O suicídio não ocorre apenas para chamar atenção: do ponto de vista do suicida, é porque todo o resto falhou."[8] Pode haver um fato que desencadeia a iniciativa, como separação dos pais, histórico na família, abuso sexual ou físico, rompimento de relacionamentos ou fracasso na escola. Às vezes, fatores como o desemprego também podem conduzir ao suicídio, pois sem trabalho, e conseqüentemente sem renda, aumenta a probabilidade do garoto viver à beira da sociedade, com menores chances de estabelecer um relacionamento afetivo de longa duração ou de viver com independência.

É muito comum não percebermos os pedidos de socorro. Quando os meninos se mostram difíceis, a nossa tendência é tentar resolver a situação mantendo-os sob controle, ao invés de abordar a verdadeira causa da angústia que vivem. Precisamos ajudá-los a se abrirem e a falarem sobre as suas ansiedades e decepções sem medo de parecerem fracos. Muitos jovens preferem morrer a enfrentar uma grande dificuldade.

Os pais também precisam ser orientados para captar os sinais de alerta. De acordo com Bill O'Hehir, algumas pistas são a piora do desempenho escolar, depressão, saída ou expulsão da escola, tentativas anteriores de suicídio e perda de interesse pelos amigos, por roupas novas e falta de cuidado com o corpo.

Entre os sintomas físicos da depressão podemos citar dores de cabeça, perda de apetite, falta de concentração, irregularidade no sono e perda de entusiasmo pelo trabalho, pela família e pelos *hobbies*.[9]

A depressão na adolescência atinge garotos mais novos do que nas gerações anteriores, com chances de novas incidências na vida adulta. É importante ressaltar que a depressão quase sempre está acompanhada de sinais de ansiedade, de instabilidade emocional, de abuso de bebidas ou do surgimento de doenças sérias, situações que às vezes mascaram o quadro depressivo.

Uma das dificuldades dos pais, professores e médicos é identificar a depressão quando os meninos parecem ter apenas problemas na escola ou passam por uma fase de desânimo ou tédio. A tendência é considerar esses sinais "coisas de adolescente" e não perceber a depressão que se instalou.[10]

Especialistas alertam que alterações súbitas de humor podem não ser tão positivas quanto parecem: podem significar que o garoto resolveu "voltar do fundo do poço" mas também que decidiu pelo suicídio. O essencial é aprender a observar os meninos com mais exatidão, sem assumir que está tudo bem apenas porque eles estão dizendo isso. Em caso de dúvida, os pais devem procurar ajuda profissional.

ESTÍMULO E IMITAÇÃO

Embora alguns adolescentes apresentem maior tendência ao suicídio, profissionais da educação e da área da saúde se preocupam cada vez mais com o poder das influências externas. Diversos estudos comprovam o perigo de se divulgar suicídios, seja em ficção ou em noticiários. Essa exposição causa efeitos negativos pois minimiza o tabu que envolve o tema e acaba mostrando o suicídio como uma solução "natural" para acabar com as dificuldades da vida ou a depressão.[11] Um exemplo é o aumento de 17,5% dos casos de suicídio entre jovens de 15 a 19 anos depois que a televisão alemã mostrou um adolescente jogando-se embaixo de um trem.[12]

Conversei com um religioso que trabalha em um hospital e que também confirmou a tendência. Na opinião dele, houve um aumento na propensão dos adolescentes à auto-agressão. Um dos aspectos mais trágicos foi que a maioria dos jovens não imaginava que a conseqüência desses atentados não era sempre a morte. Em alguns casos, os resultados foram ferimentos e queimaduras seríssimos. Hoje, a cobertura dos casos de suicídio entre adolescentes ganhou um cuidado bem maior, a fim de desestimular as imitações. Evita-se o sensacionalismo e a divulgação de detalhes que podem glorificar a atitude.[13]

> "Para mim, um garoto saudável tem impulsos emocionais, intelectuais e agressivos, mas é capaz de controlá-los com a ajuda dos colegas e dos orientadores mais experientes. Quando conseguimos canalizar essa energia de forma criativa, construímos algo maravilhoso. A primeira coisa é reconhecer que esses impulsos existem. Em seguida, temos de criar uma comunidade que permita o uso positivo dessa energia. Os meninos precisam se sentir inseridos em um grupo que se preocupa com eles."
> *Pastor Dave Smith, do* Fight Club.[14]

A IMPORTÂNCIA DAS ESCOLHAS REAIS

Ao conversar com homens e garotos, é muito importante que os adolescentes percebam que existem muitos aspectos positivos na vida de um homem adulto. Esses adolescentes precisam ser ativamente *estimulados* a explorar e a compreender o que isso significa. Sem informações precisas e estímulos positivos, os adolescentes têm pouca idéia do que os aguarda no futuro e muitas vezes se prendem desnecessariamente a estereótipos destrutivos. A orientação adequada é essencial para que eles percebam a diferença entre um modo saudável e um nocivo de lidar com as próprias emoções e com a sexualidade.

Os adolescentes precisam sentir que não estão sozinhos diante das dificuldades. É importante ajudá-los no estabelecimento de objetivos positivos para suas vidas e mostrar a eles que existem adultos capazes na retaguarda, que os apoiarão se necessário, mas sem nunca tirar-lhes a iniciativa. Se ninguém em casa ou na escola acredita na capacidade desses meninos, por que eles deveriam acreditar?

> *O melhor modo de aprender como ser um homem bem-sucedido é conviver com um deles.*

As escolas e a comunidade precisam dar mais apoio e atenção aos adolescentes, seja por meio de programas e atividades que eles apreciem e que também os inspirem a desejar a transição para a vida adulta. No livro *Boy Troubles*, Jennifer Buckingham enfatiza a grande influência do ambiente doméstico e da família na adolescência desses garotos e no processo para se tornarem adultos saudáveis.[15] Não podemos ignorar a importância da imagem masculina positiva na vida dos meninos. O melhor modo de aprender como ser um homem bem-sucedido é conviver com um deles. Os garotos não podem seguir esse caminho para a vida adulta sozinhos, ou com a sensação de que precisam se desculpar por serem homens.

Filhos e mães

ALIMENTO PARA O FUTURO

O relacionamento de um garoto com a mãe é bem diferente da sua relação com o pai. Embora as mães saibam disso (pelo menos em teoria), muitas vezes parecem não ter consciência dos aspectos essenciais que elas trazem para a vida de seus filhos. A mãe pode, por exemplo, criar um espaço seguro para o desenvolvimento do menino.

O relacionamento entre mãe e filho é de proximidade desde o início, pois, além de propiciar a "morada" inicial (o útero), logo ao nascer é junto da mãe que o bebê encontra seu primeiro alimento. Para a maioria dos meninos, a mãe representa o centro de referência no início da vida.

A maioria das mães não poupa esforços para alimentar e cuidar dos filhos. As muitas iniciativas, como preparar a comida, lavar as roupas, fazer carinho, dar beijos e ler histórias antes de dormir, têm um valor imenso. Isso não significa que as mulheres devam se tornar escravas do fogão ou do tanque, mas é importante que tenham consciência da importância dessas tarefas. Durante muito tempo, o valor para os meninos desse tipo de "alimento" ficou de lado. Agora que os pais também assumem um papel mais ativo no cuidado com os filhos, os garotos têm chances de desfrutar de um estímulo ainda maior.

Nas entrevistas que fiz, foi surpreendente como o afeto recebido das mães na infância marcou vários homens. Um dos aspectos mais significativos para essa memória se refere ao alimento. Doug, 52, lembra de sua mãe assando bolos para ele e seus irmãos quando estava de folga, e como isso os reconfortava durante as ausências maternas. Morris, 61, também tem recordações similares: "As sobremesas e os doces que ela preparava só vinham para a mesa quando estavam perfeitos". Também chamou minha atenção o destaque dado para as visitas de amigos e familiares: muitos entrevistados gostavam de lembrar das refeições e das risadas, do acolhimento e da hospitalidade representados por suas mães.

Desnutrição afetiva

Outro aspecto que se destacou durante as entrevistas foram as impressões deixadas quando essa dedicação não ocorria de forma verdadeira. Nesse caso, muitos definiram sua sensação como de tristeza, isolamento e alienação. Ficou claro que eu era uma das raras, senão a única pessoa, com quem falavam sobre o assunto. Esses e outros relatos ganharam ainda mais força porque as emoções envolvidas foram guardadas em segredo.

"Mamãe parou de trabalhar durante dez anos para cuidar de nós. Fisicamente ela estava conosco, mas emocionalmente não. Não faltava nada, mas ela não estava feliz com o papel." *Cameron, 32.*

"Minha mãe não era de expressar emoções. Uma vez eu estava brincando em um riacho e um garoto jogou uma pedra. Fiquei assustado porque o ferimento sangrou muito e corri para ela. Ela me deu um tapa no rosto por causa do 'mau comportamento'." *Lawrence, 33.*

"Minha mãe nunca demonstrava afeto. Eu sempre a amei, mas ela parecia uma fortaleza inacessível, cercada de muralhas que eu jamais conseguiria ultrapassar." *Craig, 58.*

"Não lembro de abraços ou carinhos da minha mãe. A única proximidade de que me lembro foi quando eu era pequeno: estava indo para a escola e pedi para ela amarrar meus sapatos." *Morris, 61.*

Para algumas mulheres, não é fácil assumir o papel de mãe – o que não é nenhuma surpresa, porque a maternidade pode ser bastante demandante. Mas essa dificuldade só foi reconhecida recentemente, permitindo às mulheres uma menor sensação de culpa. Criar meninos pode ser ainda mais difícil, sobretudo para mães com pequena experiência com garotos (tão diferentes das meninas). Em geral, os garotos tendem a ser mais ativos e gostar mais de correr riscos do que as meninas. Alguns têm dificuldades para ficar quietos ou se manter arrumados e limpos. Mas mesmo os que manifestam tanto vigor e desejo de ampliar os limites precisam de amor. Garantir esse terreno afetivo é uma das principais contribuições que uma mãe pode dar.

> "Minha mãe é tudo para mim e acho que os meus amigos acham o mesmo. Ela sempre esteve presente quando eu tinha algum problema, não resolvendo as coisas para mim, mas me orientando. As mãe moldam o caminho para que os garotos cresçam."
> Lance, 23.

SEM APOIO

Embora as mães enfrentem dúvidas bastante concretas, freqüentemente elas acatam as opiniões de familiares, amigos e parceiro quanto ao modo de educar os filhos, o que pode resultar em um afastamento. Algumas se mostram desconfortáveis por demonstrar ou receber afeto de seus filhos, e inseguras caso o garoto revele sensibilidade ou não saiba lidar com algumas situações, com medo de "mimá-lo". Nesse momento, começam a pressionar o filho para que pratique um esporte ou se destaque na escola, mesmo que essas exigências contrariem os pendores naturais da criança. Também é comum "sair de cena" e deixar os meninos "serem meninos", na esperança de que a não reprovação do comportamento inadequado contribua para "virarem homens". Mães que se afastam dos filhos não têm idéia das conseqüências desse ato: sensação de abandono, carência de carinho e atenção maternos. Mas como elas poderiam saber, se foram educadas achando que meninos e homens são naturalmente fortes e autoconfiantes?

"Lembro que um dia uma gangue me agrediu e eu corri para casa. Eu estava chorando, porque eles tinham me obrigado a comer pimenta. Ao me ver em lágrimas, minha mãe trancou a porta e disse que eu só entraria depois de enfrentar os garotos. Avisei que eles eram três e eu estava sozinho, mas não adiantou. Tive de voltar e brigar com um deles. As circunstâncias não tinham importância: não era permitido demonstrar nenhum sinal de fraqueza. Afinal, eu era um homem." *Craig, 58.*

Eu lembro de quando tinha cerca de 7 anos e ouvi meus pais conversando com alguns amigos que haviam mandado os filhos para um colégio interno. O caçula, que tinha mais ou menos a minha idade, ficou tão desesperado que tentou fugir – mas os pais o enviaram de volta, porque a instituição era respeitada. Os meninos tinham de tomar banho frio o ano todo e qualquer desrespeito às regras resultava em castigos severos. O pobre garoto foi obrigado a dar voltas no pátio sob o frio do inverno porque tentou pegar a mão do irmão quando o grupo estava na igreja. É assustador achar que a mera tentativa de uma criança de procurar conforto tenha conseqüências tão drásticas. Sem dúvida, foi uma lição terrível, impossível de ser esquecida.

Me recordo de ter pensado que, no lugar dele, eu teria morrido. Não me ocorreu que muitos garotos provavelmente achassem o mesmo. Muitas vezes, os meninos são colocados em situações terríveis apenas porque as pessoas acham que isso os fortalece, sem perceber quantos garotos podem ser destruídos nesse processo.

Talvez tenha sido pelo desejo de oferecer o melhor a seu único filho que a mãe de Rowan, uma mãe solteira, o mandou para uma escola militar aos 16 anos. "Não sei o que ela estava pensando", afirma Rowan, 41. Ele não desapontou sua mãe: enfrentou o desafio e chegou a integrar as tropas de elite. Agora que abandonou a vida militar, precisou de ajuda profissional para lidar com o preço que essa opção teve em sua vida.

Meu garoto

Algumas mães seguem o caminho oposto e tentam suprir todas as necessidades dos filhos. Essa situação é especialmente comum entre mães solteiras ou com parceiros distantes ou ocupados demais para dividir a criação dos filhos. Nesses casos, a tentativa de compensar a ausência paterna não ajuda em nada: os meninos naturalmente querem a proximidade da mãe, mas precisam de espaço para agir por conta própria. Não importa o quanto o garoto ame a mãe, o excesso de contato pode sufocar o seu desenvolvimento.

Depois de dar à luz um menino e alimentá-lo nos primeiros anos de vida, algumas mães têm dificuldade em dar espaço ao filho. Mas permitir que o menino descubra a própria existência é bem diferente de abandoná-lo. Algumas mães tentam controlar a existência do filho, seja por se sentirem responsáveis ou pela falta de apoio do pai. Cada vez mais, os educadores e profissionais da saúde acreditam que as mães não podem substituir os pais de seus filhos. Se for um pai ausente, elas precisam contar com o apoio de outras figuras masculinas positivas.

"O erro que cometi, além de querer traçar o caminho do meu filho, foi tentar também dar todas as direções. Hoje lamento, porque acredito que deveria ter olhado para os lados, em vez de ficar lamentando a ausência do pai do meu filho quando ele era adolescente. Eu tinha dois amigos, pessoas boas e de relacionamento platônico, que teriam me ajudado se eu tivesse pedido. Mas eu achava que tinha de controlar tudo, ser uma supermulher. Achava que qualquer envolvimento enfraqueceria minha força como mãe." *Celia Lashlie, autora e mãe solteira.*[1]

Quase todos os homens que eu ouvi concordaram que os garotos precisam da presença materna, mas que também têm necessidade de conviver com modelos masculinos positivos para compreender como se tornar homem.

"Não é fácil aprender a ser homem. Algumas lições são claras, mas sempre há algumas dúvidas. As lições mais importantes sobre a vida precisam ser explicadas e demonstradas por homens mais velhos. Acho que os homens, em sua maioria, têm cicatrizes porque tiveram de aprender isso sozinhos." *Kieran, 58.*

LIMITES DEFINIDOS

A presença masculina ajuda os garotos a entenderem o conceito de limites, além de apoiar as mães no desempenho de seu exigente papel. Algumas vezes, essas mães são as únicas responsáveis pela educação dos meninos, sobretudo quando eles ainda são pequenos. Mães sobrecarregadas podem se frustrar com essa situação e recorrer a uma postura "linha dura" para controlar os filhos, porque não compreendem a dinâmica mais ampla que se oculta atrás dessas questões. Para alguns garotos a fórmula funciona, porém para outros, esse caminho só estimula a rebeldia, dificultando ainda mais o trabalho das mães.

Na hora de estabelecer a disciplina, as mães precisam se conscientizar da sensibilidade dos meninos – ainda que eles não revelem esse aspecto. As meninas também são castigadas, mas como são estimuladas a expressarem o que sentem, esses sentimentos são levados mais em conta. Mesmo no início da fase adulta, muitos garotos são bastante sensíveis. Kieran, 58, foi expulso de casa aos 19 anos. Embora não culpe a mãe, ao olhar retrospectivamente, ele tem consciência do trauma causado pela necessidade de se virar por conta própria tão cedo.

> *Ser o "pequeno homem" na vida da mãe é uma pressão grande demais para um garoto.*

Quando se sentem pressionadas, algumas mães exageram nas reações, justamente porque não conseguem compreender como é a vida dos meninos. Outras podem partir para abusos. "As pessoas acham que quem abusa de crianças são os homens, mas onde eu cresci eram as mulheres", conta Lawrence, 33, que define sua mãe como uma pessoa "cruel, descontrolada e sádica". "Os pais ficavam de lado enquanto as mães gritavam e batiam nas crianças. Ainda vejo isso nas ruas ou em transportes públicos. Acho que a sociedade precisa encarar esse problema sem demora."

Os pais não precisam chegar a esse ponto para educar seus filhos. Quando os orientam corretamente, preservam a segurança da criança e estimulam o seu amadurecimento. "Minha mãe desempenhou um papel mais firme porque meu pai era um pouco alheio", explica Matthew, 27. "Mas, apesar do rigor em relação a nós, ela sempre demonstrou amor, afeto e apoio."

O HOMEM DA CASA

Quando os pais não estão presentes na vida dos filhos, é maior a pressão sobre as mães e as crianças. Com freqüência, quando um casal se separa ou o pai morre, as mulheres passam a procurar conforto nos filhos – afinal, mesmo sendo crianças eles são homens, e homens são fortes.

Ser o "pequeno homem" na vida da mãe é uma pressão grande demais para um garoto. Ainda que não aparente, ele terá de lutar contra a opressiva sensação de responsabilidade e de desamparo que caracterizam essa situação. Consciente das expectativas, o menino fará o máximo para compensar a solidão e a dor maternas. Quanto maior a dificuldade apresentada, mais o garoto se esforçará para agir corretamente, a não ser que fique claro que não é essa a expectativa.

"A maioria das mulheres que cuidam de filhos sozinhas não contam com o apoio adequado e por isso as necessidades não satisfeitas delas são projetadas nesses filhos", acredita Rowan, cujos pais se separaram quando era pequeno. "Dá para dizer que aos 5 anos eu estava praticamente 'casado' com a minha mãe, com exceção do aspecto sexual. Ela dedicava todo o afeto para mim. Eu recebia muito carinho, o que era bom, e ela se sentia melhor. Muitas mulheres nessa situação acham que não precisam de outro marido porque têm um 'homenzinho'. Quando eu tinha 12 anos, ela se casou de novo e de repente as demonstrações de afeto pararam, o que foi muito difícil. É muita pressão para um garoto." Rowan não culpa sua mãe, mas na idade adulta tomou consciência dos problemas. "Minha mãe morreu há oito anos e desde então venho conversando com familiares. Ela tinha casos com outros homens da família. Descobri que, durante anos, eu fui a compensação pelos 'pecados' do meu pai e do meu avô."

Soren, 56, tem certeza de que, mesmo que algumas mulheres tentem compensar a sensação de perda às custas dos filhos, não é justo que os meninos fiquem com essa missão. "Eu estava com 9 anos quando meu pai se matou. Eu não tinha como escapar da minha mãe." Ele lembra da mãe como uma mulher dura e inflexível. "Eu praticamente cresci sozinho. Vivia sofrendo e tinha de aprender a sobreviver."

> *A mãe é a primeira mulher que um homem ama e é com ela que ele recebe as primeiras lições sobre o mundo feminino.*

Ainda que não peça ajuda diretamente, em geral a mãe envolve o filho em seus problemas e despeja sobre ele seu desespero – e o menino naturalmente percebe que ela está em busca do apoio dele. Quanto mais jovem, maior a sensação de desamparo, pois o garoto não conta com os recursos para lidar com questões tão complexas. A mãe o ajudaria muito se o libertasse dessa opressão.

Conversei com um garoto de 10 anos, Emil, que havia perdido o pai, vítima de câncer. Ao ver a terrível sensação de perda que tomou conta da mãe, o garoto tentou confortá-la, dizendo que a amava muito e que jamais se casaria. Apesar de se sentir tocada pelo gesto, a mãe teve a sabedoria necessária para libertá-lo do peso do luto: explicou que algum dia ele encontraria uma pessoa maravilhosa e que ela ficaria muito feliz em vê-lo apaixonado e pai de seus próprios filhos.

> "Quando eu era pequeno, meu pai teve um caso. Minha mãe arrumou as suas coisas e ele partiu. Num momento ele estava ali, no minuto seguinte não estava mais. Não lembro de vê-lo se despedindo dos amigos, nem de ninguém. Minha mãe ficou arrasada. Lembro de ir para a cozinha e encontrá-la chorando, tinha muita tristeza no ar. Essa tristeza fica dentro de você e vira amargura. É terrível para um garoto. Eu não tinha condição de lidar com tudo aquilo. Só queria ver minha mãe feliz." *Robert, 30.*

Novos relacionamentos

Lidar com a sexualidade da mãe pode ser bastante difícil para um garoto, depois que o pai se ausenta. As mães freqüentemente têm dificuldade para avaliar a confusão que surge na cabeça dos filhos quando eles presenciam uma seqüência de relacionamentos ou precisam aprender a lidar com alguém que está ali para ocupar o lugar do pai. Justin, 43, achou essa tarefa muito difícil. "A minha adolescência foi confusa por causa da presença de muitos homens. Acho que minha mãe teve vários parceiros, alguns com mais discrição do que outros. Quando não havia discrição, era pior. Olhando para trás, acho que não era saudável. Eu queria fugir de tudo aquilo." Justin também precisou lidar com a notícia de um estupro. "Minha mãe foi estuprada pelo dono da terra onde morávamos, lembro quando ela me contou. Eu tinha 14 anos e nenhuma idéia sobre o que fazer." Como se pode esperar, o garoto se sentiu pressionado e impotente, pois não tinha recursos para ajudar a mãe. Que garoto teria? Essas situações podem ter resultados trágicos para todas as pessoas envolvidas.

Primeiro amor

A mãe é a primeira mulher que um homem ama e é com ela que ele recebe as primeiras lições sobre o mundo feminino. Se houver um relacionamento sadio com a mãe, ele aprenderá muitas coisas importantes para a vida adulta. Por meio de carinhos, beijos e outros gestos significativos, aprende a desfrutar as delícias do contato físico, bem antes de se expressar sexualmente. Esse contato permite conhecer as nuanças do toque, o prazer e a satisfação de estar fisicamente próximo de alguém que se ama. O contato físico é importante para todos os seres humanos, principalmente para as crianças.

O apoio que uma mãe pode dar ao seu filho tem muitas facetas e deve incluir o espaço emocional, pois os meninos precisam saber que existe espaço para demonstrar ternura, confusão e vulnerabilidade. Ao criar um ambiente seguro para que o garoto se manifeste, a mãe permite que ele desenvolva um repertório emocional próprio. Sem isso, não raro a única emoção que ele aprende a expressar é a raiva.

Permitir que um garoto revele o que sente não é apenas necessário para garantir o seu bem-estar: é uma importante habilidade para a vida, pois, sem inteligência emocional, os meninos não saberão lidar com as muitas transformações do nosso mundo.

> *Um dos grandes dilemas que as mulheres enfrentam é que, ao mesmo tempo em que desejam estar presentes, temem que essa abertura emocional torne seus filhos fracos.*

Quando as mães não estão emocionalmente disponíveis, ou ignoram o que os filhos sentem, ou ainda tentam negar os seus sentimentos, estão anulando uma parte importante das crianças. Quando isso acontece, geralmente os garotos se sentem abandonados e desvalorizados, um sentimento que pode permanecer na vida adulta. Hoje com 32 anos e pai, Cameron ainda precisa enfrentar as conseqüências da ausência emocional de sua mãe. Ele admite que o resultado foi o temor em relação ao sexo oposto. "Sempre achei difícil confiar nas mulheres. Não sei como elas funcionam. É complicado lidar com a falta de objetividade delas, com as carências. Acho a convivência com elas algo muito difícil."

Mães desprovidas de maturidade emocional podem fazer dos familiares seus reféns. Por sua vez, os meninos percebem que o único meio de evitar conflitos é não contrariá-las. "Minha mãe tinha ataques e meu pai pedia para eu não incomodá-la", lembra Morris, 61. Em conseqüência, o menino desenvolveu uma dificuldade para lidar com autoridade (que permanece até hoje) e mesmo adulto ainda precisa lutar contra a própria passividade.

Freqüentemente, a mãe é a única pessoa com quem o garoto partilha seus medos e preocupações. Se ela se mostrar disponível e souber acolhê-lo, estará ensinando o filho a lidar positivamente com os desafios do cotidiano. Quando uma mãe proporciona esse nível de respeito emocional e de apoio, cria uma estrutura capaz de amparar o filho por toda a vida. "Eu sempre achei mais seguro dividir meus pensamentos com minha mãe", conta Tim, 25. "Até hoje, sei que se algo me perturbar posso contar com ela."

> *Além do amor materno, os meninos precisam de espaço.*

Um dos grandes dilemas enfrentados pelas mulheres é que, ao mesmo tempo em que desejam estar presentes, temem que essa abertura emocional torne seus filhos fracos. Mas isso não é exclusividade das mães. Em uma entrevista na rádio, o pai de um garoto de 5 anos, que tinha sido atacado por um cão, confessou que o outro filho, de 8 anos, havia testemunhado o ataque e estava "um pouco tocado". Por que tanta precaução para admitir que um menino dessa idade estava apavorado? Certamente tratava-se de um pai dedicado, mas a vulnerabilidade do filho o incomodava. Não queria admitir os sentimentos do menino – mas, se fosse uma menina, ninguém negaria a ela o direito de se sentir traumatizada. E quem não ficaria na mesma situação?

No livro *Raising Cane*, o psicólogo Dan Kindlon afirma que os meninos que não desenvolvem a inteligência emocional enfrentam mais dificuldades na vida, pois não sabem solucionar situações difíceis.[2] Está na hora de reconhecer que os garotos precisam desenvolver essa habilidade, e que isso não é uma missão exclusiva das mães. Não importa que o casal tenha se separado. O garoto necessita de uma figura masculina que lhe mostre um modo mais realista de encarar a vida. Os meninos precisam saber que em algumas vezes serão bem-sucedidos, mas em outras não.

> "No começo da adolescência, minha mãe me explicou sobre essa fase. Ela disse que eu poderia me sentir inseguro, constrangido ou não saber o que fazer na frente de outras pessoas, mas que não era para me preocupar porque isso acontece. Foi maravilhoso ter ouvido isso." *Doug, 52.*

ESPAÇO PARA RESPIRAR

Além do amor materno, os meninos precisam de espaço. Quando não encontram, o afeto que recebem das mães se transforma em opressão. "Nunca duvidei que minha mãe me amasse. Olhando para trás, porém, fica claro que esse amor era condicional", admite Nigel, 72. O amor opressivo se manifesta de várias maneiras: algumas mães pressionam emocionalmente seus filhos para mantê-los por perto, outras tentam controlar a vida deles, simplesmente direcionando como devem pensar ou agir.

> "Com freqüência, minha mãe apontava o que havia de errado em mim, e isso era muito doloroso. As mães precisam tomar cuidado com as palavras. Se elas resolvem atacar os filhos, dói muito, mesmo na vida adulta. Elas conseguem estragar seu dia." *Robert, 30.*

No livro *The Naked Husband*, Mark lembra como sua mãe reagiu no dia em que ele partiu para cursar a universidade. "Ela grudou no meu ombro em plena estação de trem e eu me senti como se tivesse de me livrar de um polvo."[3] Michael Gurian, terapeuta de família, compara esse comportamento a devorar a alma do filho.[4] O único modo de sobreviver a um relacionamento com essa intensidade é ser um bom garoto ou afastar-se, escondendo os sentimentos. Meninos desse último grupo freqüentemente se tornam adultos que não conseguem assumir compromissos ou doar-se emocionalmente. Muitos passam a vida tentando não decepcionar nem desafiar a mãe, ainda que ela se comporte de maneira invasiva ou inadequada.

NECESSIDADES DOS MENINOS

É uma boa notícia saber que hoje muitos meninos são educados para compreender e respeitar as necessidades femininas. No entanto, se um garoto mergulhar demais nessa visão de mundo pode perder a própria identidade. Eles precisam abrir seu caminho, compreender quem são e o que desejam conquistar. Esse é um processo complicado para um menino. Ele precisa se afastar da mãe, mas ao mesmo tempo garantir a aprovação dela, sendo o tipo de homem que ela deseja. Muitos garotos abrem mão de sua identidade para serem o que a mãe quer, pois acham que ela sabe o que é melhor para eles.

"Quando uma mulher tenta transformar seu filho no homem que ela considera ideal, subtrai do garoto uma parte essencial do que ele realmente é", alerta Joe Tanenbaum, autor do livro *Male and Female Realities*. "Em meus estudos e no atendimento diário, percebi que os meninos criados sobretudo pela mãe aprendem a adaptar seu comportamento ao padrão dela. Para isso, em geral abandonam algum atributo masculino normal, mas que as mulheres desaprovam. Em conseqüência, se transformam em homens que costumam saber como agradar o sexo oposto, mas parecem incapazes de identificar o que realmente apreciam. Com freqüência, têm dificuldades para se relacionar com outros homens e cultivam poucos amigos do sexo masculino."[5]

> *Quando uma mulher tenta transformar seu filho no homem que considera ideal, subtrai do garoto uma parte essencial do que ele realmente é.*

A situação se complica quando a mãe se apega demais ao filho, o que impede que ele se relacione de fato com o pai, enfraquecendo o contato entre os dois. Algumas mães que se comportam desse modo às vezes não percebem que estão afastando pai e filho. Outras fazem do filho um troféu: depois de concluir que o marido não era o homem ideal, dedicam toda a atenção ao garoto, às vezes como uma maneira de encobrir as próprias desilusões. Embora o menino possa apreciar o tratamento de príncipe que recebe, a falta de preparo para a vida real tende a fazer dele um adulto que não se satisfaz com nada. A não ser que o garoto se liberte dos tentáculos maternos, mesmo depois de crescido, com esposa e filhos, ainda irá suspirar pela devoção cega que a mãe lhe dedicou.

RELATOS POSITIVOS E NEGATIVOS

Na fase de formação, existem muitas maneiras de ensinar a um garoto o que se espera dos homens e o modo como eles são vistos. Essas mensagens exercem um impacto direto na auto-imagem dos meninos e no que consideram ser seu papel na vida. Um dos episódios mais importantes em psicologia é a avaliação da experiência familiar. Aos olhos de um profissional, o modo como as pessoas contam passagens pode revelar muito – desde a imagem atribuída a algumas pessoas até o lugar a ser ocupado no mundo. Os relatos influem na expectativa de segurança, nas pessoas em quem confiar e na relação com a vida, além de dizer muito sobre as dinâmicas dos relacionamentos.[6]

As mães desempenham um papel central na narrativa familiar, porque em geral são elas que passam esses relatos adiante. Por meio desses "testemunhos" (e dos comentários que costumam acompanhá-los), os meninos captam o que as mães esperam e como encaram o mundo. Se eles ouvem que o pai é uma decepção ou um fracassado, dificilmente conseguirão admirá-lo, pois tenderão a vê-lo pelas "lentes" maternas. Relatos positivos ajudam os garotos a se preparar para a vida em um mundo imprevisível, enquanto os negativos os impedem de aprender sobre eles mesmos e sobre a vida.

> *Se os meninos crescem ouvindo que os homens não são confiáveis, podem crescer com vergonha de pertencer ao gênero e desenvolver pouco desejo de explorar a própria masculinidade.*

Depois de crescidos, geralmente os meninos mudam de opinião e podem se sentir traídos pelas imagens transmitidas pelas mães. Rowan, 41, lembra que a mãe sempre retratou seu pai como um homem ausente e de caráter duvidoso. Adulto, aproximou-se do pai e hoje se sente profundamente triste por ter mantido essa prevenção durante boa parte da vida. Kieran, 58, viveu uma experiência similar: seus pais se separaram quando tinha cerca de 5 anos, e ele passou a viver com a mãe. "Senti muita falta da influência maravilhosa que meu pai poderia ter exercido. Também lamentei não conhecer a grande generosidade dele, um aspecto que só me foi revelado um pouco antes da morte dele, vítima de câncer, quando eu tinha 23 anos e ele 59."

Às vezes, os relatos destrutivos são sobre homens em geral. Se os meninos crescem ouvindo que os homens não são confiáveis, podem se envergonhar de serem homens e conseqüentemente desenvolver pouco desejo de explorar a própria masculinidade. Nessa situação, é natural que tentem compensar a imagem ou que recorram à raiva ou à rebeldia. Mas nem todas as mensagens negativas chegam pela boca das mães. Uma amiga se surpreendeu quando o filho lhe revelou que não queria ser um garoto. Ao tentar compreender os motivos, descobriu que o menino havia visto imagens de atrocidades cometidas por soldados na guerra do Iraque, que o chocaram tanto a ponto de estimular um sentimento de culpa. Minha amiga explicou-lhe que ser homem é positivo, e que, como tudo na vida, existem pessoas boas e más. Assim, o menino pode continuar a descobrir o que é ser um garoto, sem peso na consciência.

As mães precisam tomar cuidado com as mensagens inconscientes que também transmitem imagens negativas sobre as mulheres. Mães que vivem relacionamentos de desrespeito ou dominação levam o filho a concluir que assim é que o sexo oposto deve ser tratado. Essa conclusão não afeta apenas os meninos, mas também as futuras parceiras, que correm o risco de receber o mesmo tratamento. Há muita influência no que se conta. Os relatos positivos inspiram e valorizam as pessoas, e as mães podem usá-los para construir imagens boas. Existem muitas maneiras de ensinar um garoto a se tornar homem, mas é importante que os meninos ouçam as mães falarem sobre os homens importantes de sua vida e os motivos dessa valorização. Assim, montam uma imagem construtiva do tipo de homem que desejam ser.

MÃES PRESENTES

As mães têm muitas qualidades especiais que podem partilhar com os filhos, e que os ajudam a construir a sua identidade no futuro. Mesmo quando o menino se afasta da família e não se sente mais confortável com a proximidade física, geralmente no início da adolescência, ainda precisa de amor e de apoio. Até os garotos que se mostram seguros e confiantes necessitam de afeto e de estímulo. As mães que entendem isso permanecem presentes também nessa etapa.

> "Se eu tinha um dia complicado na escola, bastava ouvir a voz da minha mãe ou perceber a presença dela para me sentir melhor."
> James, 19.

Na adolescência, os meninos preferem que a presença da mãe seja menos ostensiva – mas apreciam e valorizam iniciativas como preparar o seu prato predileto ou fazer algo de que ele goste. Ainda que não verbalizem, os meninos gostam de ser ouvidos e de ter com quem dividir suas preocupações, pois ainda precisam ter certeza de que a mãe os ama. Muitos têm dificuldade para se aproximar e conversar abertamente, mas podem se abrir durante uma atividade realizada juntos. É importante saber que o tempo partilhado em alguma tarefa ou atividade propicia a conversa.

> "Minha mãe exerceu grande influência sobre mim e teve um papel imenso na minha vida. Sempre estava envolvida com o que eu estivesse fazendo. Eu comecei a jogar beisebol e ela participava das partidas, chegou a ajudar nos treinos, coisas desse tipo. Ela tinha grande interesse pelo que eu fazia. Acho que teria dado conta das coisas se fosse de outro jeito, mas naquela idade não acredito que tinha idéia das conseqüências da presença dela para minha vida. O que eu realmente gostava era o fato de ela tomar aquelas iniciativas." *Sean, 20.*

A maioria das mães nunca saberá o quanto contribuíram para a vida dos filhos ou como o amparo proporcionado por elas foi valioso nos momentos difíceis. O importante é que elas ajudem a proteger os meninos, sem impedir que eles vivam. Apesar do pai distante e nada afetuoso, Doug, 52, lembra da mãe como uma pessoa "nobre, amorosa e ocupada". Foi a dedicação dela que o salvou de uma infância condenada a ser insuportável. Quando

Nick, 53, pensa na mãe, lembra que ela lhe revelou uma abordagem mais espiritual da vida e o apresentou ao mundo da arte, duas influências decisivas em sua vida adulta (Nick tornou-se cineasta). Ao olhar para trás, Neil, 34, agradece o apoio de sua mãe para desenvolver sua criatividade, o que o ajudou no seu cotidiano de profissional do mundo financeiro. Esses homens mostraram que as mães que compreendem as nuances da vida dos meninos, além de ajudar os filhos a terem identidade própria, os fazem apreciar a presença delas em suas vidas.

"Quando cheguei na adolescência, minha mãe começou a me levar ao teatro e coisas assim. Acho que ela via isso como um conceito europeu de me apresentar à sociedade. Eu achei maravilhoso entrar no mundo dos adultos. Muitas vezes eu não sabia o que dizer, mas foi ótimo o que ela fez. Não lembro da presença do meu pai quando isso acontecia. Mas adorei a iniciativa." *Doug, 52.*

Em busca do corpo perfeito

HOMEM DE VERDADE

Uma das formas encontradas pelos garotos para obter afeto e aprovação das pessoas é tentar se comportar como homens. Ansiosos para crescer, eles se agarram a qualquer coisa que os ajude a entender como é um "homem de verdade". Muitos recorrem à tradição – às imagens boas, más ou indiferentes, encontradas nas revistas masculinas e nos filmes de cinema, nos *games* e na televisão. Mas essa não é uma tendência somente dos adolescentes. Os homens adultos também se influenciam por propagandas, filmes e programas do tipo *reality*.

Cada vez mais aspectos da vida masculina (trabalho, vestuário, vida sexual) estão nas mãos dos profissionais de marketing, dos roteiristas e gurus da moda, que ditam como um homem deve se apresentar ao mundo para ser respeitado.

Nas gerações anteriores, o que se valorizava era a força masculina, um atributo útil para a defesa da família e da comunidade. E era o comprometimento do homem com esses ideais que garantiam o respeito da sociedade, o que de algum modo era um caminho mais direto.

Hoje a expectativa é bem mais ampla. A força ainda faz parte da fórmula, só que é mais importante *aparentar* ser forte. Como ressalta o estudioso Peter West, a massa muscular tornou-se a nova definição de masculinidade.[1] Muitos jovens entrevistados se preocupam com esse aspecto. Mitchell, 26, admitiu que a necessidade de ter uma aparência "adequada" o intimida. "Todos precisam ser fortes e musculosos, além de ter pênis grande. É assim que a masculinidade é definida. Se você não for assim, simplesmente não é homem."

> "Existe uma pressão para ter determinada aparência. Os garotos querem ficar com o corpo em forma de V para chamar a atenção das meninas e parecer mais fortes do que os outros. Eu me sinto bem como sou, mas gostaria de ser um pouco mais forte. Isso dá segurança e confiança, tem a ver com nossa imagem. Ser forte é importante para a masculinidade." *Sean, 20.*

Vivemos em um mundo no qual músculos fortes são importantes para que um homem transmita uma imagem ideal e ganhe atenção. Ter um físico forte sugere poder e controle sobre o destino, enquanto os que não apresentam o mesmo atributo são considerados inferiores. Essas percepções são reforçadas o tempo todo em programas de televisão a cabo, como *Extreme Makeover* e *The Biggest Loser*, que esclarecem dúvidas sobre o que é ou não aceitável em termos de aparência. A atração *Queer Eye for the Straight*

Guy chega a dar detalhes de como um homem deve ser e as mudanças necessárias em seu guarda-roupa, na sua alimentação e na sua casa, para conquistar o respeito da família, dos amigos e da sociedade. O programa avalia os homens com lente de aumento: o objetivo é mostrar como podem obter mais aprovação e afeto.

Alguns homens encontram seu caminho em meio a esse labirinto de expectativas e adotam rituais diários de beleza. "Poucos homens que conheço têm um bom emprego, ganham bem e receberam boa educação como eu. Usamos ternos sob medida, sapatos ingleses, cuidamos das mãos e das unhas, vamos às vezes ao pedicure e conseguimos consertar o que for, de carros a computadores. Seguimos pela vida com confiança em nossas habilidades. Tudo deriva de uma crença básica e na confiança em nós mesmos", afirma Lee, 48, profissional de tecnologia da informação. A dificuldade está no fato de que um número cada vez maior de homens não tem essa confiança: vêem em si mesmos falhas que não existem na realidade, ou ficam obcecados com os seus "defeitos".

"Acho que esse negócio de imagem funciona e afeta como você é visto pela sociedade. Eu sempre fui meio magrela, mas no sétimo ano da escola tive de me virar sozinho. Os garotos que me perseguiam eram maiores e o peso dava vantagem a eles. Depois disso, engordei para conseguir me proteger mais." *Joel, 20.*

Aparência certa

Atualmente, os meninos recebem mensagens o tempo todo de como o corpo de um homem deve ser. Até os bonecos de brinquedo de hoje enfatizam a aparência que um herói deve possuir. Assim como ocorre com as meninas e suas Barbies, os garotos se inspiram em personagens como Wolverine.

Como explicam os autores do livro *The Adonis Complex*, Katherine Phillips, Roberto Olivardia e Harrison Pope, nas últimas décadas o corpo dos heróis sofreu modificações para refletir esse novo ideal masculino. Até o boneco do herói Hans Solo, de *Guerra nas Estrelas*, relançado nos anos 70, deixou de ser um homem de corpo proporcional para virar uma figura sobre-humana, com bíceps imensos e cintura fina.[2] À primeira vista, pode parecer uma transformação inofensiva. Mas não é essa a opinião do doutor Harrinson G. Pope, chefe do setor de Psiquiatria Biológica do McLean Hospital, de Belmont, Massachusetts: "Os garotos são expostos a essas imagens desde pequenos, bem antes de ter condições de formar uma opinião independente sobre como um homem de verdade deve parecer".[3]

> "No mundo ocidental, vivemos em sociedades de capitalismo avançado, nas quais a criação do desejo e da necessidade é o principal propulsor do sistema socioeconômico. Mas, para criar a necessidade, é preciso criar a idéia de insatisfação. A mídia, o marketing moderno e outros fatores constroem e promovem um ideal de perfeição física em constante transformação." *Wendy Seymour, professora.*[4]

Esse foco acentuado no corpo masculino, ditado pela mídia, faz parte da vida dos meninos e homens adultos. Em um artigo publicado no *Sydney Morning Herald*, a terapeuta cosmética Dee Davies reconheceu que atualmente os homens se sentem pressionados como nunca para exibir a imagem "correta". Desde que o programa *Queer Eye for the Straight Guy* estreou na Austrália, em 2003, aumentou consideravelmente a presença masculina no salão de beleza da especialista. Mas o que chamou a atenção dela foi que o cliente mais jovem tinha apenas 13 anos.[5]

Fora do mundo dos salões, os cosméticos e artigos para cuidados com o corpo masculino respondem por uma importante fatia das vendas do setor em todo o mundo. Entre 1997 e 2003, a venda mundial de produtos de beleza masculinos aumentou 48%.[6]

É claro que homens de todas as idades têm o mesmo direito que as mulheres de obter informações sobre moda e cuidados com o corpo. Um estudo recente avaliou se revistas de diversos tipos (esporte, moda, saúde e bem-estar) deixavam seus leitores frustrados com o próprio corpo. A conclusão foi que as publicações sobre saúde e bem-estar geravam mais insatisfação, por causa da ênfase à forma do corpo e à exibição dos músculos. Embora nem todos os garotos tenham acesso a esse tipo de revista, a pesquisa revelou que, os que as lêem com alguma regularidade, tendem mais a se sentir descontentes com a auto-imagem – e passam a desejar consumir remédios e complementos artificiais a fim de "melhorar" a forma física, caso ainda não os tomem.[7]

"Ouvimos falar muito sobre os distúrbios alimentares entre as meninas. É importante falar do assunto, mas a história não está completa. Mesmo depois de muitas entrevistas, ainda recebo olhares incrédulos dos jornalistas quando abordo o problema em relação aos homens e garotos. Para a maioria das pessoas, trata-se de 'coisas de menina'." *Doutor Murray Drummond.*[8]

Assim como as meninas, os garotos também enfrentam distúrbios alimentares. Fala-se menos sobre isso e poucos pais percebem o problema porque, ao contrário das meninas, que fazem de tudo para emagrecer, os garotos investem o que for preciso para ganhar corpo. Em meio às preocupações com a obesidade, os pais (sem perceber o que realmente está acontecendo) ficam contentes ao ver o filho comer pratos imensos e passar horas na academia. É importante perceber que um interesse súbito por revistas sobre forma física ou mudanças radicais na alimentação nem sempre é positivo. Os pais precisam estar atentos ao que os treinadores sugerem para seus filhos para conquistarem o peso "certo", e devem sempre questionar essas "soluções".[9]

> *Ao contrário das meninas, que fazem de tudo para emagrecer, os garotos investem o que for preciso para ganhar corpo.*

QUANDO O HOMEM ODEIA SUA IMAGEM

Os distúrbios alimentares que não forem tratados na adolescência podem acompanhar os meninos pela vida adulta. Um número muito maior de homens do que imaginamos enfrenta o problema, e, em comparação com as mulheres, tendem menos a falar sobre a doença ou a procurar ajuda.

Atualmente nos Estados Unidos, cerca de um milhão de homens sofrem de distúrbios alimentares.[10] Na Austrália, os garotos e adultos do sexo masculino representam 10% do total de afetados por esse tipo de desequilíbrio. De acordo com o doutor Murray Drummond, especialista em homens, imagem física e distúrbios alimentares, esses dados não são precisos porque levam em conta apenas o universo dos que procuram tratamento no sistema de saúde.[11]

Entre os distúrbios que atingem homens adultos e garotos pode-se citar anorexia, bulimia, alimentação situacional e compulsão alimentar periódica. Talvez a ocorrência mais preocupante seja a dismorfia muscular, também conhecida como anorexia reversa ou bigorexia (compulsão pelo desenvolvimento dos músculos). Homens que sofrem do problema freqüentemente vão até as últimas conseqüências para atingir o tão desejado corpo em forma de V, em geral combinando dietas rigorosas com a prática exagerada de exercícios. Mesmo depois de atingir a "forma perfeita", os dismórficos ainda se envergonham da aparência. Ao olhar no espelho, não enxergam a cintura fina e os bíceps enormes, mas um corpo flácido e sem definição. Em vez de ostentar o corpo malhado, muitas vezes se esforçam para escondê-lo, às vezes usando vestes grandes demais ou várias camadas de roupas, mesmo no calor. Muitos acabam tomando esteróides ou outros anabolizantes voltados para o *body-building*, às vezes exercitando-se até oito horas por dia para manter a musculatura tamanho GG.

"Várias vezes vi pessoas desistirem de seus trabalhos ou de progredir na carreira por achar que a decisão poderia interferir na determinação de moldar um supercorpo. Vi pessoas chegarem a um ponto extremo." *Tony Doherty, instrutor de halterofilismo e de body-building.*[12]

A dismorfia muscular é praticamente um fenômeno masculino. "Acredito que o fato de o problema basicamente afetar os homens revela muito, pois os músculos são um símbolo de masculinidade",[13] explica a psicóloga Precilla Choi. Nem todo mundo que exercita o corpo corre esse risco, mas esse público demonstra mais vaidade em relação à imagem do que os demais. O instrutor Tony Doherty contou que seu desejo de adquirir um corpo musculoso começou na infância e ganhou força na adolescência. "Lembro que, quando tinha 13 ou 14 anos, vi Arnie no *Mike Walsh Show* ou em outro programa da época. Lembro de ter olhado para o corpo do cara e descoberto o que queria fazer na vida." Tony, apesar de dedicar a vida à prática de exercícios, diz que não é viciado – mas conta ter conhecido pessoas sem controle.[14]

Mesmo quando a rotina de exercícios envolve lesões, esses homens não relaxam o ritmo por medo de perder o que conquistaram. Com freqüência, o trabalho, os relacionamentos e a vida social ficam ameaçados, conforme a dedicação ao esporte e a preocupação com a alimentação tomam conta de toda a existência. Em casos extremos, esses homens chegam a abandonar o trabalho e os relacionamentos para se dedicar aos "treinos", e muitos evitam comer em restaurantes que não servem "os alimentos certos".

Um estudo entre os freqüentadores de 23 academias de Boston revelou que os afetados pela dismorfia, além de insatisfeitos com o corpo, consideravam-se menos saudáveis do que os demais.[15] O diagnóstico do problema pode ser especialmente difícil, pois os doentes não aparentam nenhuma enfermidade e alimentam-se bem, além de aparentemente fazer "o que todos os homens fazem". Para solucionar esse problema é preciso contar com uma educação mais eficiente, a fim de que os professores, pais e familiares se conscientizem dos sintomas e do tratamento disponível para essa doença.

"No que se refere à cultura, o que deve preocupar é que cada vez mais rapazes são escravos da aparência. Em muitos casos isso não chega a ser uma doença, mas uma postura que exerce um impacto imenso no modo como eles se enxergam e nas atitudes que tomam."
Doutor Murray Drummond.[16]

Aos olhos das mulheres

Nem todos os rapazes e homens chegam ao extremo, mas muitos se sentem infelizes com a aparência e têm uma imagem totalmente irreal sobre o que atrai as mulheres. Um estudo feito com austríacos, franceses e norte-americanos revelou que os homens perseguem uma aparência musculosa e forte. Nos três países, o peso masculino apontado como ideal foi cerca de 12,7 quilos acima do peso dos entrevistados, que acreditavam que as mulheres preferem homens com cerca de 13,6 quilos a mais do que eles. No entanto, ao entrevistar as mulheres desses três países, ficou claro que elas preferem homens com corpo normal, e muitas confessaram não sentir nenhuma atração por físicos marombados.[17]

"Existe uma forte relação entre o corpo malhado e a atração sexual. Basta olhar a revista *Men's Health*: o cara da capa sempre é musculoso e atlético, e causa impacto tanto em homens heterossexuais quanto em gays. A primeira impressão envolve o tamanho dos músculos do peito, mas em seguida aflora a questão sexual. Tudo se relaciona com o que o corpo é capaz de fazer."
Doutor Murray Drummond.[18]

Embora a maioria das mulheres ainda prefira homens com físico normal, a preocupação masculina com o "corpo perfeito" continua forte. A possibilidade de conquistar essa aparência é estimulada pela atuação da bilionária indústria do *fitness*, que vende produtos que vão de suplementos alimentares a equipamentos de ginástica. A indústria da moda também entra em ação, oferecendo trajes esportivos ou casuais para complementar a imagem ideal.

O constante fluxo de anúncios e matérias também deixa claro que para conseguir o sonhado corpo, os homens precisam de ajuda profissional. Isso significa contratar um *personal trainer* ou recorrer aos instrutores das academias. Não há nada errado em se exercitar e manter a forma, desde que essas atividades não afetem a vulnerabilidade das pessoas.

HOMENS NO ESPORTE

Com a enxurrada de dinheiro despejada no mundo esportivo, o setor hoje é um grande negócio. Os grandes atletas são celebridades e ostentam uma vida cheia de *glamour*: as portas se abrem para eles como pessoas que fazem dinheiro, e com freqüência são vistos ao lado de políticos e astros de cinema. Perseguidos pela mídia, eles são presenças constantes em capas de revistas e noticiários de jornal. Destacar-se no mundo esportivo não faz de uma pessoa apenas um atleta reconhecido, mas, em alguns casos, a transforma em ídolo. Conscientes de tudo isso, freqüentemente os esportistas recorrem a dietas rigorosas ou ao uso de drogas para manter o *status*.

Muitos dos distúrbios alimentares surgidos a partir do interesse pelo esporte começam cedo. Linda Smolak, professora de Psicologia no Kenyon College, Ohio, acredita que um dos motivos que leva os garotos a desenvolver problemas desse tipo é o desejo de se dedicar a esportes não compatíveis com seu tipo físico.[19] Mas há quem procure a atividade esportiva justamente para perder peso.[20] Em modalidades como remo, *body-building*, corrida, luta, dança, natação, ginástica e equitação, ser "pequeno" é um pré-requisito.[21]

À primeira vista pode não parecer um problema sério, mas vale lembrar que em 1997, dentro de um período de dois meses, três lutadores universitários de instituições da Carolina do Norte, Michigan e Wisconsin morreram por ter perdido peso muito rápido.[22] Os três recorreram a medidas extremas e tiveram paradas cárdio-respiratórias. Mais uma vez, a pressão para que eles parecessem masculinos se revelou destrutiva demais. "Muitos homens têm a percepção de que enfrentar a dor física faz parte do papel do homem, e por isso a opção por esportes que exigem muito parece bastante masculina",[23] explica o doutor Murray Drummond. Mas o trágico é que homens e garotos estão morrendo por perseguir esses "objetivos" masculinos.

> *Em algumas das profissões tidas como essencialmente masculinas, como a carreira nas forças armadas, se observa alta incidência de pessoas com distúrbios alimentares.*

Em determinados esportes, os atletas enfrentam uma pressão oposta: precisam ganhar corpo. Alguns esportistas acabam forçando a alimentação até chegar ao peso desejado, às vezes ingerindo refeições com cerca de 10 mil calorias. O rápido ganho de peso pode afetar os músculos, as articulações e os órgãos vitais, sobretudo o coração.[24]

A história do esporte está cheia de exemplos de exageros fatais. Nas Olimpíadas de 1976 e 1980, muitos nadadores da Alemanha Oriental tomaram medicamentos e suplementos para ampliar o corpo e melhorar o desempenho. Atualmente, cerca de vinte deles sofrem de câncer no pâncreas, tumores no fígado ou problemas cardíacos, e muitos tiveram filhos com anomalias.[25]

Em algumas profissões tidas como essencialmente masculinas, como a carreira nas forças armadas, observa-se uma alta incidência de pessoas com distúrbios alimentares. Em um estudo realizado em 1997, quase a metade dos 4.800 integrantes da marinha norte-americana na ativa demonstrava sintomas de distúrbios alimentares: 2,5% sofriam de anorexia, 6,8% de bulimia e cerca de 40% de problemas não especificados. O estudo também revelou que todos se sentiam mais ansiosos por causa da aparência física do que em relação a índices indicadores de bem-estar, como peso, altura, etc.[26]

Um grupo de controle de peso militar norte-americano relatou que seus integrantes apresentavam comportamento bulímico de duas a cinco vezes mais do que os civis. Esses militares recorriam a expedientes como o vômito provocado, a prática exagerada de esportes ou o uso de sauna quatro vezes mais do que os civis.[27] Todos esses comportamentos excessivos deixam o corpo sob pressão e podem deflagrar uma série de problemas, como fraturas, cansaço mental e danos irreversíveis ao coração e aos rins.

> "O modo como os homens foram educados não ajuda a lidar com os distúrbios alimentares. Não fomos programados para sermos 'problemáticos'. Não procuramos ajuda, pois os homens não fazem isso. Descobri um dado interessante: só buscam tratamento os homens que contam com uma presença feminina forte em suas vidas, como mãe, irmã ou mulher." *Doutor Murray Drummond.*[28]

NO EXTREMO

Garotos ou homens adultos que se desesperam por causa da aparência tendem mais a recorrer a medidas radicais para atingir a imagem perfeita. A pesquisa da *National Drug Strategy*, realizada em 1993, indicou que cerca de 44 mil australianos com mais de 14 anos tinham usado esteróides sem orientação médica.[29] Uma pesquisa que avaliou quatro escolas particulares da Nova Gales do Sul revelou que um terço dos alunos do sexo masculino, com idades entre 16 e 18 anos, pensava na possibilidade de tomar anabolizantes no futuro.[30] Ficou claro que os usuários, em sua maioria, são jovens e começaram a usar esse tipo de suplemento por volta dos 17 anos.[31]

Embora a maioria dos homens e garotos tome anabolizantes por causa da preocupação com a aparência, o doutor Murray Drummond acredita que o problema é mais sério. "O que percebi entre os adolescentes é uma falta de compreensão do que é realmente a masculinidade. Eles acham que se trata de força, poder e dominação porque não sabem ser masculinos de outra maneira. Acham que quem parecer grande e forte está garantido, e ficam fixados em dominar os 'mais fracos', como gays, mulheres e garotos menores."[32]

O uso inadequado de esteróides, além de prejudicar a saúde, traz sérias conseqüências psicológicas. Foram identificados traços comuns entre os usuários dessas substâncias e o aumento da violência e da paranóia em seu comportamento. O estudioso Harrinson G. Pope e seus colegas documentaram vários casos de homens que não tinham histórico de desequilíbrio psiquiátrico ou tendência criminosa e que se tornaram violentos após o uso de esteróides. Alguns exemplos são o de um agente carcerário de 32 anos que atirou na coluna de um balconista, o de um professor de 24 anos que acabou o noivado e colocou uma bomba embaixo do carro da ex-noiva, e o de um trabalhador de construção civil de 23 anos que assassinou um rapaz que pedia carona.[33] O problema é tão sério que na Inglaterra foi formada a *Steroid Abusers' Wives Association*.

> *Em uma pesquisa, 17% dos homens assumiram que trocariam três anos de vida pelo peso desejado.*

Em uma pesquisa realizada em 1997 pela revista australiana *Psychology Today* sobre satisfação com a imagem, 43% dos homens declararam-se descontentes (no estudo realizado em 1972, o número foi de 15%).[34] Em outro estudo, diante da pergunta "Quantos anos de sua vida você daria para chegar ao peso que deseja?", 17% apontaram três anos e 11% se mostraram dispostos a abrir mão de cinco anos.[35]

Quando perguntei aos entrevistados se estavam se sentindo pressionados a apresentar determinada imagem, a resposta afirmativa foi mais forte entre os homens de até 50 anos. Nesse grupo, mesmo os que não se disseram pressionados ressaltaram a importância da boa aparência para a vida profissional e social. Como Daryl lembrou, ninguém gosta de ser notado pelo aspecto negativo. Os homens solteiros se mostraram mais preocupados em parecer atraentes para as mulheres, mas os que mantinham algum relacionamento também atribuíram importância à boa imagem, como forma de se mostrarem interessantes e bem-sucedidos. Em todas as faixas etárias, a maior preocupação entre os entrevistados era o tamanho do estômago, seguido do tamanho do pênis, do cabelo e do peito.

> "A prova do sucesso é o fato de minha noiva querer me mostrar para todo mundo. Acho que confirmo que ela fez uma ótima escolha." *Evan, 27.*

HOMENS COM DISTÚRBIOS ALIMENTARES

O doutor Murray Drummond acredita que os distúrbios alimentares estão aumentando entre os homens. "Estamos desenvolvendo uma mentalidade inflexível em relação ao corpo. Segundo essa mentalidade, é excelente ter um físico malhado, enquanto quilos a mais são vistos como sinal de fracasso."[36]

De acordo com o *Better Health Channel*, cerca de 17% dos

homens australianos fazem dieta, 4% têm bulimia. 3% sofrem de compulsão alimentar e 10% são anoréxicos.[37] É difícil ter um panorama completo porque os homens tendem mais a ocultar o problema do que as mulheres, e a sociedade está menos treinada a identificar essas anomalias entre os indivíduos do sexo masculino.

Aparentemente os homens acreditam que essas doenças são difíceis de ser derrotadas. "Ainda que a porcentagem de homens com esses problemas seja baixa em comparação com as mulheres, as perspectivas não são animadoras para ninguém. Acredita-se que apenas 20% dos homens e 50% das mulheres tenham êxito",[38] conta Helen Fawkner, da Melbourne University, que estuda a imagem física.

Nos últimos anos, alguns homens famosos revelaram sofrer de distúrbios alimentares. Elton John teve bulimia[39] e Daniel Johns, ex-integrante da banda Silverchair, declarou-se anoréxico.[40] O futebolista australiano Mark Harvey sofreu de bulimia no início da carreira: "Foi quando eu comecei a treinar. Estava um pouco mais gordo e os outros faziam piadas. Acho que isso me apavorou", conta. A doença teve início quando ele engordou vários quilos enquanto se recuperava de uma fratura na perna. Uma noite, depois de uma bebedeira, ele vomitou. Ao se pesar na manhã seguinte, percebeu que tinha perdido entre 1 e 2 quilos. Sem querer, descobriu uma maneira eficiente de controlar o peso.

A obsessão de Mark com o seu peso só aumentou. O atleta envolvia o corpo em sacos de lixo sob a roupa pra correr sob temperaturas de 30 graus e passava horas em frente ao aquecedor para "derreter" os quilos a mais. Para ele, o desejo de agradar os fãs era só o que importava. "Quando eu corria na frente de 80 mil pessoas, queria parecer perfeito. Além disso, inconscientemente eu achava que se não estivesse no peso correto, não seria capaz de jogar bem."[41] Mark só procurou ajuda quando notou sangramentos na boca e no ânus. Hoje, recuperado, o atleta incentiva os homens a não esconderem a doença, até pouco considerada "coisas de mulher". Como outras vítimas, Mark não percebeu que estava doente. Quanto mais informações tiverem sobre os distúrbios, mais facilidade os garotos e homens terão para procurar tratamento.

Geralmente, os homens com problemas de peso ou que não gostam da sua aparência estão recorrendo a regimes absurdos ou a intervenções cirúrgicas, ao invés de buscar orientação profissional.

Embora pareça ainda que a cirurgia estética é um "assunto de mulher", não há dúvidas de que aumentou o número de homens que procuram esses procedimentos. Apesar da pouca disponibilidade de dados sobre esse aspecto na Austrália, há estimativas de que, para cada nove australianas, um homem recorre à cirurgia estética por ano.[42]

De acordo com o cirurgião plástico Alf Lewis, de Sydney, o tipo de cirurgia que os homens buscam depende da idade. Segundo sua experiência, no caso dos pacientes masculinos com menos de 35 anos, as cirurgias mais comuns são a redução do peito e do nariz. Na faixa entre 35 e 55 anos, a preocupação são as pálpebras e o corpo em geral, principalmente a "barriga de cerveja". Os mais velhos também recorrem à redução do peito e das pálpebras e ao *lifting* facial.

Os motivos para procurar um cirurgião vão desde o desejo de melhorar o corpo, de recuperar a auto-estima, após o final de um casamento ou de outro relacionamento, até a busca de um corpo ideal, que não pode ser conquistado com dietas e exercícios.[43]

Com o aumento da concorrência no mercado de trabalho e a valorização da juventude, a cirurgia estética surge também como uma opção interessante para homens determinados a manter as chances de carreira.

> Geralmente, os homens com problemas de peso ou que não gostam da sua aparência estão recorrendo a regimes absurdos ou a intervenções cirúrgicas, ao invés de buscar orientação profissional.

A beleza do corpo masculino sempre foi valorizada, desejada e admirada na arte, na literatura e nos esportes, desde a Grécia e Roma antigas até os nossos dias. Mas, mesmo que idealizada e freqüentemente associada à imagem divina, a representação era próxima do aspecto real. Hoje, mesmo sabendo que a forma apresentada como ideal é exagerada, muitos homens acreditam que é possível (e desejável) atingi-la. Como a silhueta feminina, o corpo masculino tornou-se decorativo e serve para vender qualquer artigo, de *jeans* a atletas. Nas revistas, modelos masculinos cada vez mais jovens são usados para estimular o interesse das leitoras e manter as vendas em alta.

A indústria do *body-building* também contribui para disseminar essa visão unidimensional do homem. Como ressaltou o acadêmico Peter West, as revistas específicas abordam a rigidez do corpo masculino, com seus músculos de aço e a vocação para *iron man*. "Mas o físico dos homens, como o das mulheres, não é rígido. A carne é macia, ainda que 'endurecida' artificialmente. Essa retórica não se sustenta diante da realidade."[44]

"As coisas mudam rapidamente. Como aconteceu com as mulheres, o corpo dos homens tem sido alterado e comercializado e isso traz conseqüências reais. Cada vez mais meninos e homens querem parecer atléticos e musculosos, mas é perigoso atingir a clássica forma de V sem acompanhamento adequado. Os meninos estão dedicando mais tempo a alterar o corpo, e não é por saúde, e sim por causa da aparência." *Doutor Murray Drummond.*[45]

Quando os homens são vistos como objetos, começam a se enxergar da mesma forma. Essa tendência ficou clara para uma amiga, diretora de teatro. Nos últimos anos, ela percebeu que os jovens atores a assediam, usando roupas que destacam todos os contornos do seu corpo, na esperança de se sobressair.

Na essência das questões masculinas em relação ao corpo está o desejo de se sentir valorizado e útil. O mercado de trabalho impôs essa necessidade, depois a explorou e a usou para diminuir e desumanizar o homem. "O antigo modelo mostrava o homem como parte de um sistema social mais amplo; dava um contexto e prometia que as contribuições sociais eram o preço para ser admitido no mundo adulto", explica Susan Faloudi. "A cultura do ornamento não oferece essa compensação. Construída ao redor da celebridade e da imagem, do *glamour* e da diversão, do marketing e do consumismo, é um portão cerimonial que não leva a lugar algum."[46]

A vulnerabilidade masculina

CAPACIDADE DE SE PROTEGER

Nem sempre o que os homens aparentam coincide como sentem a vida – mas, ainda assim, continuamos insistindo que eles são fortes e resistentes em qualquer situação. No livro *Joe Cinque's Consolation*, Helen Garner conta como a estudante de Direito Anu Singh planejou o assassinato do marido Joe Cinque, em Canberra, em 1997, após uma festa na casa do casal. Embora alguns convidados tenham ouvido rumores, ninguém falou com Joe sobre o assunto. Após a partida dos convidados, Anu serviu um café com Rohypnol e, quando o marido caiu inconsciente, aplicou uma dose de heroína que supostamente deveria ser fatal. Mas Joe não morreu. Acordou na manhã seguinte e perambulou pela casa. À noite, Anu ofereceu outro café com sonífero e injetou outra dose de heroína. Não se sabe como, o marido sobreviveu. A melhor amiga de Anu, Madhavi Rao, viu Joe jogado na cama, inconsciente, mas não fez nada, mesmo sabendo que o corpo estava repleto de Rohypnol e heroína.

Só por volta do meio-dia do domingo, quando uma grande quantidade de vômito escuro começou a escorrer da boca de Joe, que Anu Singh pediu ajuda aos paramédicos – sob nome falso e com informações pouco precisas sobre a localização de Joe.[1] O horror dessa história é que, além de envolver uma morte prolongada e desnecessária, várias pessoas sabiam dos planos da jovem esposa e nada fizeram. Se fosse o contrário e o jovem ameaçasse matar a esposa, os conhecidos teriam agido com a mesma indiferença? Por que ninguém o alertou? Terá sido por constrangimento, desinteresse ou porque se esperava que ele, sendo um homem, conseguisse se proteger?

POR CONTA PRÓPRIA

Com freqüência, os homens são deixados sozinhos para enfrentar situações perigosas (de violência urbana a casos de emergência), pois se acredita que eles consigam se virar sem ajuda. Por isso, muitos se ferem e outros acabam morrendo.

Para a maioria das pessoas, a vulnerabilidade dos homens é um assunto incômodo, pois nega tudo o que aprenderam sobre a força e a resistência masculina. Porém, reconhecer que os homens também podem ser vulneráveis em algumas situações não compromete a capacidade deles: apenas atesta a sua condição de seres humanos.

Os homens são capazes de grandes atos de bravura, mas, em alguns momentos, também precisam de ajuda e proteção. Muitas vezes, exigimos dos homens um comportamento infalível, que é a imagem que a sociedade nos ensinou sobre eles, e não os vemos como eles realmente são.

Muitos entrevistados reclamaram da pressão para parecerem fortes o tempo todo. Stan Dale conta a experiência de um amigo transexual que teve problemas com o carro. Quando o problema aconteceu, o rapaz estava em trajes de *drag queen*, e, para seu alívio, dois homens pararam para ajudar. No mês seguinte, o amigo de Stan voltou a enfrentar problemas com o carro, mas na ocasião estava vestido com trajes masculinos. Como ninguém parou para prestar ajuda, ele entrou em contato com um serviço de atendimento. Ao ouvir uma voz masculina, o atendente bradou ao telefone que aquilo não era uma oficina mecânica.[2]

O PERIGO DO DESCONHECIDO

Apreciem ou não o fato, nem sempre os homens sabem resolver uma situação. Os homens, principalmente os mais jovens, correm mais riscos que as mulheres no que se refere a homicídios e outras ocorrências (com exceção da violência sexual). Em 2003, 67% das vítimas de homicídio na Austrália eram homens. As vítimas com idade entre 15 e 24 anos foram as mais atingidas por assaltos à mão armada, enquanto as com idade entre 25 e 44 anos apareceram, sobretudo, em casos de homicídio. Enquanto as mulheres estão propensas a sofrer ataques de pessoas conhecidas e em geral dentro de casa, 46% dos homens vítimas de assalto foram atacados por estranhos, e 70% dessas ocorrências aconteceram em localizações não residenciais.[3]

"O que sabemos sobre a violência é que, na maioria das ocorrências, as vítimas são homens." *Ray Lenton, terapeuta de família.*[4]

Ao pensar em todos os jovens que conhecemos ou sobre os quais lemos notícias nos jornais, percebemos a quantidade de rapazes que se tornaram vítimas apenas pelo fato de estar no lugar errado na hora errada. Meu sobrinho foi atacado quando voltava da escola e hoje luta para se recuperar de fraturas cranianas e outros ferimentos. Enquanto escrevia este capítulo, um jovem de vinte e poucos anos foi agredido por um grupo na saída de um restaurante. Uma multidão se reuniu para ver a agressão, mas ninguém fez nada para ajudar, mesmo depois que a vítima caiu inconsciente. Quatro dias depois, o jovem, que se casaria no final do ano, morreu por causa dos ferimentos.[5]

Embora boa parte dos homicídios e agressões graves contra os homens venha ao conhecimento do público, o mesmo não acontece quando se trata de violência sexual ou casos menos graves. Muitos homens sequer fazem ocorrência, pois acreditam que o esperado em uma situação assim é que eles sigam em frente, e por isso as estatísticas sobre violência contra homens permanecem subdimensionadas. Apenas agora começamos a ter idéia da vulnerabilidade masculina diante da violência, inclusive sexual.

No final dos anos 70, quando eu trabalhava em Londres, entrevistei um jovem candidato a uma vaga. Tudo sobre aquele rapaz era impressionante, com exceção das explicações evasivas sobre os motivos para ter deixado o último emprego. Finalmente, ele admitiu que tinha sido violentado pelo chefe. Lembro do meu choque ao descobrir que os homens também são vítimas de violência sexual.

> "Quando a violência sexual envolve um homem, não tomamos conhecimento. Não queremos saber que os homens podem ser

física, mental e emocionalmente vulneráveis. Desde meninos, somos ensinados a ter em mente a fragilidade das meninas, mas ninguém diz nada sobre a vulnerabilidade masculina. Você é que vai ter de descobrir sozinho." *Tony, 26.*

Na Austrália, nos doze meses anteriores a abril de 2002, foram registradas 4.800 ocorrências de violência sexual contra homens, mas quase nada saiu na imprensa.[6] O desconhecimento da sociedade em relação à vulnerabilidade masculina perpetua essa fragilidade. Os homens não são estimulados a tomar conta de sua segurança, nem sabem o que fazer caso se tornem vítimas. A não ser que comecemos a oferecer apoio apropriado para as diversas formas de violência, inclusive a sexual, esse tipo de agressão continuará a acontecer. Na Irlanda, em uma pesquisa realizada com três mil adultos escolhidos ao acaso, 3% dos homens tinham sido vítimas de estupro, enquanto 28% sofreram abusos. Dos 98 homens que revelaram ter sido assediados, apenas um havia feito ocorrência policial.[7]

"Parece haver uma falta de compreensão de que os homens podem ser vítimas dos mesmos males que as mulheres. Acho que muitas vezes eles são prejudicados pelos mesmos estereótipos – o de iniciador sexual, de causador da violência, de ser forte e estar no controle das coisas, com muito mais capacidade de defesa do que as mulheres." *Mairi Eadie, advogada.*[8]

Embora em alguns países já se reconheça que homens e mulheres podem sofrer violência sexual, isso não acontece na Escócia.

"Um forte estigma acompanha esse tipo de crime, empurrando a sujeira para debaixo do tapete e desestimulando as vítimas a revelar o ocorrido", conta a advogada Mairi Eadie, autora de uma pesquisa sobre os impactos dessa legislação desatualizada, que não reconhece que um homem pode ser estuprado por outro homem. "Muitas pessoas com as quais conversei durante a pesquisa achavam que o estupro masculino é pior, por causa da falta de apoio e dos desafios causados à identidade sexual." Mairi citou o caso de um rapaz que foi dopado e violentado por um conhecido. Ao fazer a ocorrência do crime, o oficial de polícia sugeriu que a vítima saísse da cidade ou procurasse vingança. O rapaz decidiu seguir com sua vida – e será que ele tinha realmente outra alternativa?[9]

Não são essas as atitudes que uma vítima gostaria de enfrentar. "Alguns homens conseguem lidar com ataques violentos, como é o caso de algumas mulheres também", comenta Mairi. "Mas outros não conseguem se defender, por causa do medo. Alguns são incapazes de lidar emocionalmente com o que aconteceu, e outros ainda se sentem envergonhados e humilhados. A única diferença é que as mulheres têm apoio, enquanto os homens freqüentemente encontram suspeitas, acusações e até descrédito.[10]

DENTRO DE CASA

Não é apenas nas ruas que os homens correm riscos: muitos são vítimas de violência dentro de casa. Um artigo publicado no *Times* revelou que o número de vítimas de violência doméstica do sexo masculino aumentou quase um terço nos últimos anos, chegando a cerca de 150 mil casos, o que corresponde a 34% de todos os casos de violência doméstica registrados na Inglaterra.[11] Uma das dificuldades para compreender a extensão desse problema é o fato de que as agressões ocorrem a portas fechadas. E, como acontece com muitas mulheres nessa situação, muitos homens vítimas de abuso têm medo de falar, pois ao contrário da maioria das mulheres, correm ainda o risco de encontrarem descrédito ou de serem ridicularizados.

Se um homem chama a polícia, é provável que se torne alvo de interrogatório. Uma edição do programa de tevê inglês *Dispatches*, veiculado em janeiro de 1999, revelou que 25% dos cem homens entrevistados, vítimas de violência, tinham sido presos quando procuraram ajuda da polícia (quando os oficiais chegaram ao local, deduziram que a vítima era o agressor), e 89% acharam que os policiais não levaram o caso a sério.[12] Mas, aos poucos, o quadro está mudando: na Austrália, algumas delegacias contam com profissionais especializados em violência doméstica e mais preparados para lidar com esse tipo de situação.

> "Os homens que sofrem abusos geralmente subestimam a importância do fato e acham que não vale a pena contar o ocorrido, quanto mais fazer uma ocorrência policial. É o que acontece com maridos submetidos a um longo histórico de violência doméstica, protagonizada por suas mulheres, ou o testemunho de atos de agressão em casa, na escola ou na comunidade quando crianças." *Professor Sotirios Sarantakos.*[13]

Embora geralmente os homens sejam maiores e mais fortes do que as mulheres, no que se refere à violência doméstica isso não importa muito. As mulheres compensam a menor força física usando armas ou atacando o marido nos momentos de menor possibilidade de defesa, como durante o sono. As armas escolhidas variam de facas e martelos a panelas. Alguns homens também relataram ter sido vítimas de beliscões, mordidas e pontapés, além de socos e puxões de cabelo. Casos mais extremos envolveram queimaduras com água fervente, punhaladas, ameaças de golpes de machado ou vidro moído misturado com a comida. Alguns homens ficaram seriamente feridos, outros morreram.

> Todos os dias, vários homens sofrem violência dentro de suas casas.

Parece inconcebível que muitos homens sofram violência diariamente dentro de suas casas. "A grande maioria das pessoas encara esse problema com descrença e relutância. Mesmo nas sociedades modernas, os padrões vigentes afirmam que os homens são fortes e as mulheres são fracas, e essa crença não combina com a idéia de que esposas abusem de seus maridos. Primeiro, elas são frágeis e não conseguiriam atacar um homem. Além disso, como uma esposa agiria com violência em relação ao marido, que a ama e a protege até com a própria vida, se for preciso?", comenta Sotirios Sarantakos, professor da School of Humanities and Social Sciences, da Charles Sturt University. "As pessoas têm dificuldade em acreditar que até as frágeis esposas conseguem atacar seus parceiros se tiverem força para isso. Também acham complicado compreender a existência de outros tipos de abuso, como o psicológico, social, etc., que não exigem força física e em geral causam tantos danos quanto o abuso físico."[14]

"A violência já existia quando conheci minha mulher. A família dela contava com uma triste história de violência e tentativas de suicídio. Ela queria escapar daquilo tudo, se sentir amada. Talvez nós dois tenhamos me colocado no papel de cavaleiro armado, capaz de salvá-la daquela família desequilibrada. Havia muita emoção e muita raiva dentro dela, e sempre tentei entender os motivos para poder ajudar. Por causa da inabilidade dela em lidar com a vida, evitei ao máximo ter filhos. Com o passar do tempo, meu sogro e eu começamos a conversar sobre nossas experiências de vida ao lado de mulheres abusivas. Os relatos eram quase idênticos. Essas conversas ficaram mais freqüentes com o passar do tempo. Nós dois havíamos nos submetido a casamentos impossíveis por causa de nossas idéias sobre fidelidade e da nossa formação católica. Você sabe, casamento tem de ser para sempre." *André.*

O abuso doméstico não tem limites de sexo ou posição social. Algumas vítimas famosas foram Abraham Lincoln, John Wayne e Humphrey Bogart.[15] Em resposta à necessidade de prestar apoio a essas vítimas, foi criada a organização inglesa *ManKind* – que, além de acolher e aconselhar, conta com dois abrigos para acomodar os homens que procuram ajuda. O diretor da instituição, Stephen Fitzgerald, revelou que os homens que recorriam ao socorro da *ManKind* contavam em média com seis anos de abuso mental e psicológico dentro de casa.[16] O executivo inglês Mike Kenny, 30, foi vítima de um relacionamento abusivo e fundou a *It Does Happen*, também voltada à prestação de apoio a homens em situação similar. Na primeira quinzena de existência, mais de vinte mil usuários visitaram o *site*.[17]

É difícil identificar a extensão do problema. Diversos estudos, incluindo o realizado pelo professor Bruce Headey, da University of Melbourne, afirmam que os homens têm a mesma probabilidade de serem vítimas da violência doméstica do que as mulheres, e que experimentam o mesmo tipo de dor e de danos nessas situações. Após um estudo sobre vítimas de violência doméstica da Inglaterra e dos Estados Unidos, a partir de 1972, o professor John Archer, presidente da *International Society on the Research of Aggression*, estimou que 40% das vítimas eram homens. Outros estudos, incluindo os realizados pelo doutor Michael Flood, da Australian National University, questionam se os casos realmente são tão numerosos.

> "É grande a resistência a que se denuncie a violência doméstica, pois as pessoas tendem a ver a questão como um problema que cada um deveria resolver. Até bem pouco tempo, era território de ninguém, porque se achava que só as mulheres eram vítimas. Mas os homens também podem ser vítimas, e raramente o caso deles é tratado de forma justa. Gostaria de ver as estatísticas sobre o número de homens que se manifestam e saber o que a justiça decidiu nesses casos. Em teoria, cada caso deveria ser tratado por sua especificidade, não importando o sexo." Vaughan, *ex-funcionário de tribunais australianos*.

O que fica claro é que a violência doméstica em relação ao homem é uma realidade, e que os números desse tipo de agressão são maiores do que dizem as estatísticas. Além de hesitar em admitir o problema, os homens temem não receber o apoio e as condições para levar a queixa adiante. Na Austrália, alguns serviços de auxílio às vítimas oferecem apoio e acolhida a quem os procura. A dificuldade é que, enquanto a sociedade não reconhecer a existência desse tipo de abuso e não informar os homens sobre como agir em caso de agressão, esse tipo de violência continuará a ser mantido em segredo.

"Minha mulher sempre procurou alguém, qualquer pessoa, para culpar quando as coisas não davam certo. Ela e suas irmãs foram ensinadas pela mãe a odiar os homens, a culpá-los pelos fracassos de suas vidas, sem jamais assumir as responsabilidades pelos próprios atos. Eu tinha de tomar cuidado o tempo todo. Nunca fui contra os direitos das mulheres, mas qualquer relacionamento deve se basear no respeito entre as partes. É humilhante admitir que se vive esse tipo de problema, porque ninguém quer lavar a roupa suja fora de casa. Antes de casar namoramos quatro anos, mas a convivência é diferente. Durante anos, várias vezes fiquei trancado do lado de fora de casa e sofri agressões físicas e verbais. Ela costumava acordar no meio da noite, batendo nas minhas costas com os punhos fechados." *André.*

A violência contra os homens não se restringe a um grupo etário específico. Pode atingir vítimas relativamente jovens, nem sempre em situações domésticas. Um estudo entre universitários australianos revelou que 40% haviam sido agredidos fisicamente pelas namoradas, e 29% descreveram a agressão como grave.[18] A violência não afeta apenas a vítima, mas atinge familiares e amigos, alterando a vida de todos. Na Austrália, desde que Reg e Sue Price fundaram a *Men's Rights Agency* no início dos anos 90, um terço dos telefonemas recebidos vieram de mães, irmãs, novas parceiras ou amigas das vítimas.[19]

> A violência não afeta apenas a vítima, mas atinge familiares e amigos, alterando a vida de todos.

MOTIVOS PARA FICAR

O motivo pelo qual muitos homens permanecem em relacionamentos abusivos são os mesmos das mulheres. Muitos ainda amam as parceiras e esperam que a situação melhore. Outros ficam porque estão com a auto-estima demolida, ou não têm para onde ir, ou ainda por causa dos filhos. Até escrever este livro, eu desconhecia a existência da violência doméstica contra o homem. Mas, conforme alguns amigos começaram a se abrir, soube do caso de uma mulher que bate no marido com freqüência; de um amigo que finalmente encontrou forças para sair de um casamento fisicamente violento, e do caso do irmão de uma amiga, que permanece em um relacionamento abusivo por temer pela segurança dos filhos. Fiquei chocada ao encontrar esse tipo de violência tão perto de casa, e descobrir a dor e o pânico que a família e os amigos da vítima suportam. Como se trata de um tabu, o sentimento predominante era de desamparo.

Um dos motivos pelos quais muitas pessoas não levam a sério a violência doméstica contra os homens é a crença de que as mulheres só agridem em caso de defesa, o que não é confirmado pelas pesquisas. Em um estudo realizado no Canadá, por exemplo, 62% das mulheres que recorreram a pequenos gestos violentos (agressões como jogar objetos, empurrar, arranhar ou bater no parceiro) reconheceram que não estavam agindo para se defender.[20] Mulheres abusivas admitem que agridem os parceiros por raiva, com o intuito de dominar ou controlar a situação, por ciúme ou por não conseguir lidar com a falta de comunicação. Elas mesmas admitiram que, em geral, a iniciativa de agressão parte delas.[21] "Os homens vítimas dessas agressões, e que ainda vivem com as suas mulheres, se sentem impotentes e traumatizados, e por isso sem coragem de encarar o problema de forma lógica e construtiva para encontrar uma solução. Essa imobilidade estimula as mulheres abusivas a manter ou a intensificar o sistema de dominação", conta Sotirios Sarantakos.[22]

> "Um dos piores casos que vi foi o de um homem que tinha sido forçado a viver em condições primitivas num cômodo no fundo do quintal. Ele tinha de pedir permissão para a mulher para entrar em casa para cozinhar, tomar banho e até usar o banheiro."
> Vaughan, ex-funcionário de tribunais australianos.

Essa violência afeta os homens tanto psicológica quanto fisicamente, criando problemas para o seu desempenho no trabalho ou na vida social. Em alguns casos, os danos afetam a saúde. Um homem vítima de violência doméstica declarou que estava afastado do trabalho há mais de três anos, em conseqüência dos abusos. Em um estudo realizado na Austrália sobre o assunto, cerca de

40% dos homens assumiram problemas emocionais, e quase 35% citaram conseqüências como depressão ou tristeza.[23]

"É preciso estar envolvido, seja na condição de vítima ou de agressor, para compreender a violência", conta Luke, principal personagem do romance de Matt Condon, *The Pillow Fight*, que aborda a brutal realidade da violência doméstica a partir da perspectiva masculina. "Nada do que ele fazia bastava para Charlotte. Por mais que ele se esforçasse, ela não se contentava. Ele chegou à exaustão e queria saber se o aumento das exigências um dia teria fim",[24] conta.

> "Eu não fazia objeção quanto a procurar um terapeuta, mas minha esposa era paranóica em relação ao assunto. Era a questão do controle que voltava a aflorar. O especialista sugeriu que eu fizesse um diário com o registro dos abusos, mas com freqüência eu a perdoava e não incluía um monte de coisas. A medida ajudou, porque consegui olhar para trás e ver claramente o que estava acontecendo. Depois de três anos, percebi que tudo piorava e a violência tinha aumentado. Nunca fui contra a liberação feminina, mas é preciso haver respeito dos dois lados. Passamos mais de vinte anos juntos." *André.*

> *Um dos motivos pelos quais muitas pessoas não levam a sério a violência doméstica contra os homens é a crença de que as mulheres só agridem em caso de defesa.*

JOGOS MENTAIS

Nem todos os abusos praticados por mulheres têm natureza física, pois muitas recorrem aos danos psicológicos. Para isso, humilham o parceiro com freqüência, destroem os seus objetos pessoais, fazem mau uso do dinheiro da família, controlam o contato com familiares ou amigos, tratam o parceiro como a um estranho, o prendem dentro ou fora de casa, usam o sexo como arma ou fazem acusações falsas.

Alguns homens me contaram que eram proibidos de visitar familiares e amigos, o que os afastava de qualquer tipo de apoio. Uma das armas mais fatais desse tipo de violência é usar os filhos como "reféns": as ameaças de prejudicar as crianças ou afastá-las do pai podem ser muito eficientes em um processo de dominação. "As mulheres abusivas freqüentemente ameaçam retaliar a iniciativa de separação ou a busca de ajuda junto às autoridades, alegando que 'os filhos é que vão pagar a conta'", conta Sotirios Sarantakos.[25]

> "Acho que nós subestimamos a violência das palavras. Acredito que a dor psicológica pode ser maior do que os danos físicos. Muitas vezes, as mulheres dizem coisas terríveis e os homens não conseguem responder à altura. Acho essa luta verbal bastante difícil." *Justin, 43.*

Enquanto escrevia este livro, diversas pessoas próximas me contaram casos de amigos e familiares que permanecem em relacionamentos onde há abuso. Alguns homens tornaram-se praticamente escravos em casa, sujeitando-se a bancar gastos excessivos ou sendo afastados de usufruir dos bens do casal. "Os homens que sofrem abusos não contam o problema para as autoridades e não se sentem confortáveis em comentar o caso com outras pessoas.

Em vez disso, ficam no relacionamento o tempo que conseguirem suportar a violência até conquistar alguma independência. Às vezes, esperam os filhos crescerem um pouco para conseguirem resistir aos atos da mãe abusiva – ou, ainda, até que os filhos saiam de casa", conta Sotirios Sarantakos.[26]

Para quem observa de fora, a situação de violência doméstica contra os homens pode parecer improvável ou até risível. Para quem está envolvido, entretanto, a sensação é a de viver um pesadelo. Depois de perder a auto-estima, esses homens não contam mais com energia emocional para se posicionar. Vivem em constante estado de pavor pelo que pode acontecer, e muitas vezes começam a acreditar na veracidade das acusações terríveis que recaem sobre eles.[27]

Quanto antes reconhecermos as diversas situações nas quais um homem pode se sentir vulnerável, mais rapidamente chegaremos a medidas capazes de conter essa fragilidade.

"Um dia, depois de novas agressões da minha mulher, meu sogro veio me visitar. Olhei para aquele senhor frágil e idoso, mas inteligente e digno, alguém que eu realmente apreciava, e confessei que não agüentava mais. Conforme ele me olhava, nós dois sentíamos lágrimas nos olhos. De repente, caiu a ficha de que eu não queria acabar como ele. Não podia permitir que eu também ficasse como ele." *André.*

A AUTO-IMAGEM MASCULINA

Quando retratamos os homens como perigosos e pouco confiáveis, eles passam a agir como se essa fosse a expectativa habitual em relação a eles. Em uma entrevista de rádio, ouvi um rapaz contar que estava saindo de uma biblioteca em uma hora de bastante movimento e viu uma criança que havia se perdido de sua mãe. O rapaz não quis voltar para a biblioteca para procurar a mãe, pois perderia a criança de vista, mas também não ousou se aproximar do menino. Preferiu ficar atento, mas imóvel, até a volta da mãe.

Quando a postura adotada é a de encarar os homens como predadores, é difícil que eles se sintam realmente de bem consigo mesmos.

"Odeio esse negócio de que os homens são predadores, é uma coisa terrível. É como estar cercado de areia movediça: quanto mais você se move mais afundará. Por isso, você se cala e não expressa o que sente, joga os sentimentos para dentro. Não é uma coisa boa." *Doug, 52.*

"A sensação de que posso ser considerado um perigo sempre me incomoda quando estou sozinho com uma mulher em um lugar público, não importa a hora do dia ou da noite, seja em um elevador, na rua ou nas instalações de uma empresa. Nunca caminho atrás de uma mulher. Reduzo o passo ou mudo o caminho, ou até mesmo passo na frente. Se estou em um elevador ou em qualquer lugar parecido, prefiro não começar uma conversa, nem fazer nenhuma expressão, para evitar mal-entendidos. Se alguém comentar algo, aí sim eu respondo com gentileza. Não tenho idéia se as mulheres realmente se sentem ameaçadas nessas situações, mas acho que preciso reduzir as chances de criar problemas." *Allan, 54.*

GERAÇÃO SUICIDA

Conforme começamos a compreender as vulnerabilidades masculinas, fica claro porque o problema de suicídios entre homens exige mais atenção. Além das forças externas, os homens também são vítimas dos demônios internos. A Finlândia lidera o *ranking* de suicídios masculinos entre os países do Primeiro Mundo, seguida pela Austrália, pela Nova Zelândia e pelo Canadá.[28]

Homens entre 25 e 44 anos merecem atenção especial, pois hoje representam quase a metade dos suicidas australianos.[29] Na década de 80 e no início dos anos 90, quando esses homens estavam na adolescência, os índices de suicídio explodiram. Agora, na faixa etária dos 30 e poucos anos, esse mesmo grupo recorre a esse expediente com mais freqüência do que as gerações anteriores, o que lhes valeu o apelido de "geração suicida". De acordo com o doutor Harrinson, co-autor de um estudo sobre suicídio na Austrália, o ano de nascimento pode fazer diferença quanto às probabilidades. "O perturbador é que, de acordo com os números, quanto mais recente o nascimento, maiores as chances de suicídio, e maior a probabilidade de que essa medida extrema seja tomada ainda na juventude."[30]

> *O ano de nascimento pode fazer diferença quanto às probabilidades de suicídio.*

Para os estudiosos, a elevação dos casos nesse grupo etário pode estar relacionada à combinação de vários fatores, como o aumento do uso de drogas, a redução das oportunidades no mercado de trabalho e a maior instabilidade dos relacionamentos afetivos. Outro fator possível é que a depressão não tenha sido identificada nesses rapazes durante a adolescência, perpetuando o problema até a casa dos 30 anos. Entre os homens, as questões relacionadas à depressão ou ao suicídio são ainda mais problemáticas, porque eles resistem em procurar ajuda. Muitos preferem se anestesiar da dor com bebidas ou drogas.

É grande a relação entre depressão e suicídio masculino. Reconhecer que os homens ficam deprimidos é o primeiro passo para identificar as necessidades que precisam ser atendidas. Homens deprimidos entram em situação de risco. Eles também têm uma cota de responsabilidade, pois em geral necessitam de ajuda externa até para reconhecer que estão deprimidos. Eles precisam perceber que não há problema em assumir a própria dor.

"A maioria de nós segue a vida, desejando que ninguém perceba nada. Achamos que, se conseguirmos manter as aparências, tudo ficará certo, ainda que por dentro o desespero seja imenso."
Rowan, 41.

Em um artigo publicado no *Sydney Morning Herald*, Richard Jinman relatou sua luta contra a depressão. "Quando eu estava com 29 anos, meu pai perdeu a luta contra o câncer e eu comecei a ficar sem rumo. Tinha explosões de raiva e uma paralisante sensação de desespero, que me impediam de sair de casa e até de telefonar para alguém. Comecei a beber, mas nunca tentei me matar. Depois de três anos vivendo na montanha-russa, uma namorada desesperada me deu um ultimato e eu finalmente procurei ajuda."[31] Precisamos de mais homens como Richard para começar a eliminar o preconceito que cerca o problema.

> "Li em algum lugar que 70% dos que integram a geração suicida são homens. Não fiquei surpreso. Isso tem a ver com a confiança de cada um e no quanto se sente confortável na própria pele. Muitos homens não se sentem confortáveis porque seu papel se modificou. Antes era bem mais fácil, além de mais seguro. Hoje, é bem mais complicado. Acredito que o maior desafio, para mim e para os outros homens também, seja: quando sabemos que basta? Ou quando podemos dizer que devemos nos contentar em sermos bem-sucedidos ou não." *Alex, 35.*

Muitas vezes, é a incapacidade de procurar ajuda que coloca esses homens em um grupo de risco. Se eles abusam do uso de drogas e do álcool, a relutância em reconhecer o problema pode se complicar ainda mais pelo fato de que, quando finalmente buscam apoio, o álcool e a droga mascaram a depressão – e o problema continua lá. "Somos péssimos na hora de reconhecer a depressão masculina", afirma Graham Martin, presidente do *Suicide Prevention Australia*. "Os homens não vão ao médico e, quando vão, muitas vezes ouvem que não há motivos para se preocupar. No trabalho não costumam comentar o que os aflige. Preferem recorrer à bebida, à violência ou a atos impulsivos, como o suicídio."[32] Por isso, muitos morrem sem necessidade. Muitos teriam chances de levar uma vida plena e satisfatória e, quando morrem, muita coisa morre com eles também.

A nova realidade dos relacionamentos

O QUE ELES QUEREM

Os relacionamentos são um assunto que confunde a maioria das pessoas. O que me surpreendeu ao conversar com alguns homens foi a ternura demonstrada por eles ao abordar o tema. Muitas mulheres consideram o sexo masculino como forte e desprovido de emoções, mas não percebem que os homens também querem ter relacionamentos consistentes. E, como as mulheres, muitos se sentem confusos, magoados ou traídos.

Apesar de vivermos com mais liberdade sexual e individual do que as gerações anteriores, ainda persistem frustrações e desapontamentos entre os sexos. Mais do que nunca, temos consciência de nossas necessidades – mas atendê-las, porém, é outra coisa. Nas revistas e jornais não faltam artigos sobre o universo feminino, as suas conquistas, os seus gostos, e também o que apreciam ou detestam em um homem.

Sabemos que as mulheres querem ser valorizadas, acolhidas e compreendidas pelos homens. Mas o que eles esperam? Ouvimos dizer que eles gostam de sexo (muitos são até obcecados), mas será só isso? Quando perguntei o que eles esperavam dos relacionamentos, nenhum citou sexo. Falaram sobre "receber apoio e carinho", "ter alguém para partilhar a vida", "buscar apoio", "verdade, honestidade e amizade", "lealdade, afeto e amor", "admiração e perdão", "objetivos, ambições, esperanças e valores comuns", "amiga, alma gêmea, guia e parceira", "companheira e namorada".

> *Muitas vezes, as mulheres também não percebem que os homens têm uma grande necessidade de afeto.*

Essas respostas diferem bastante dos estereótipos atribuídos aos homens. Ainda que nem todos admitam, a maioria deles anseia por relações de afeto e pela partilha de experiências. "Na verdade, os homens, como as mulheres, precisam desesperadamente de afeto", afirma o psicólogo Bill O'Hehir. "Eles querem expressar suas ansiedades e seus medos."[1] Como os homens, em sua maioria, escondem as emoções, raramente o que eles sentem é levado em consideração. Muitas vezes, as mulheres também não percebem que os homens têm uma grande necessidade de afeto e isso prejudica os relacionamentos de várias maneiras. Quando as mulheres discordam do parceiro, tendem a tratá-lo de uma maneira bem diferente do que tratariam uma amiga na mesma situação, por exemplo. Nesse segundo caso, provavelmente tomariam todo cuidado para evitar mágoas, mas com os homens a tendência é agir de forma mais dura e direta. Muitos entrevistados declararam que esperam *gentileza* das parceiras.

Não falaram em cumplicidade, mas em uma postura menos defensiva em caso de divergência de opiniões.

"É muito bom estar perto de alguém a quem se respeita." *Jason, 22.*

SEM AMARRAS

Não estou afirmando que as mulheres não são amorosas com os companheiros. Elas são capazes de grande afeto, mas o modo como externalizam esse sentimento às vezes sufoca os parceiros. "Existe um conflito profundo na essência da relação entre os dois sexos", explica o psicoterapeuta Roger Horrocks. "Há o desejo de proximidade, de estar junto, mas também o pavor de ser amarrado novamente."[2] Embora raramente falem sobre isso, muitos homens acham que a afetividade feminina vem acompanhada de algumas condições. Alguns entrevistados citaram várias vezes o desejo de serem compreendidos, de partilhar os momentos com a parceira. "As mulheres nunca querem que as coisas fiquem como estão", reflete Evan, 27.

"É engraçado que muitas mulheres em geral se sintam atraídas exatamente pelas coisas que vão passar vinte anos tentando mudar, como o senso de humor ou o modo deselegante de se vestir do parceiro." *Adam, 44.*

Quando perguntei como as mulheres poderiam demonstrar afeto pelos parceiros, os entrevistados falaram em "saber ouvir", "apoiar", "aceitar" e "levar em conta as emoções, necessidades e a identidade *deles*". Talvez o comentário mais forte tenha sido o de Rowan, 41, que declarou que as mulheres precisam se amar primeiro para poder se doar com generosidade para quem as cerca, pois a cobrança nunca é uma boa base para um relacionamento.

"As mulheres que conheci se preocupavam demais com minhas emoções, queriam saber como eu me sentia, para onde ia o relacionamento. Elas precisam de mais leveza e menos inquietações." *Jason, 22.*

Novos níveis de compreensão

Com a ênfase de nossa sociedade no modo como as mulheres encaram o mundo, é tentador que elas queiram encaixar os homens nos seus ideais, ao invés de tentar compreendê-los e de encontrar pontes para superar as diferenças. Pedir a uma mulher para adotar uma abordagem mais inclusiva desafia essa forma de pensar predominante, sobretudo porque hoje o que é "masculino" costuma ser visto como negativo (até a palavra "masculino" às vezes tem sentido pejorativo).

Esperar das mulheres uma postura mais aberta em relação ao sexo oposto é fazer o mesmo pedido que está sendo colocado para os homens. Quase todos os homens que entrevistei, independentemente da idade, instrução ou renda, concordaram que a atitude em relação às mulheres precisa mudar, e que elas têm direito ao mesmo tratamento e às mesmas oportunidades oferecidas aos homens. A pergunta é: será que a sociedade evoluiu o bastante a ponto de o mesmo valer também para os homens? O escritor

Warren Farrel concorda: "O desafio para as mulheres será o de adotar a mesma abertura em relação às experiências e fraquezas masculinas que costumam ter em relação a outras mulheres".[3]

> Com a ênfase de nossa sociedade no modo como as mulheres encaram o mundo, é tentador que elas queiram encaixar os homens nos seus ideais, ao invés de tentar compreendê-los e de encontrar pontes para superar as diferenças.

As muitas conquistas que as feministas trouxeram às mulheres merecem aplauso, não só pelo que já foi conquistado, mas porque essas escolhas podem ser bem mais valiosas do que muitas mulheres acreditam. Se pudermos levar esses avanços adiante, conseguiremos ampliar a liberdade masculina também. Os resultados seriam impactantes, porque quando os homens encontram espaço para se expressar, o relacionamento e a sociedade recebem um impulso positivo.

Para isso, precisamos ir além da questão da diferença entre os sexos, a fim de usufruir e compreender plenamente o que homens e mulheres têm a oferecer uns aos outros e para a coletividade. Como a escritora Helen Garner afirmou, uma das dificuldades dos relacionamentos contemporâneos é que perdemos a capacidade de expressar nosso apreço pelo outro de formas não só adequadas, mas também positivas e inspiradoras.[4] Talvez seja a hora de criar uma nova linguagem para expressar a profundidade de nossa admiração e amor, recorrendo a maneiras mais abertas e criativas de construir e vivenciar os relacionamentos.

Os homens são todos iguais?

Quando os aspectos do relacionamento afloram, muitas mulheres se queixam de que os homens são todos iguais. Porém, apesar da conveniência para a mídia e a publicidade em categorizar o sexo masculino como "fortões" ou "beberrões", há bem mais sutilezas do que a crença popular acredita. Ao retratar os homens com imagens tão simplistas e incompletas, ficam de fora as muitas nuanças que surgem quando damos espaço para eles se abrirem e se revelarem. Quase todos os entrevistados começavam seu depoimento alertando que "não era um homem típico". Só depois de ouvir esse alerta várias vezes, consegui compreender que eles queriam ser vistos como indivíduos. Quando entenderam que era isso o que eu estava fazendo, revelaram-se abertos e dispostos. Fiquei maravilhada com a disposição deles, a riqueza de suas experiências de vida e a profundidade de suas emoções.

Sinais confusos

Grande parte da atual insatisfação das mulheres em relação aos homens se baseia na crença de que eles não entendem o que elas querem – e muitos concordam com essa queixa. Porém, se as mulheres forem realmente honestas, muitas irão admitir que não sabem claramente o que necessitam, com exceção do fato de que procuram um homem para preencher os espaços de suas vidas que parecem vazios. Muitos homens querem fazer esse papel de herói, mas não sabem mais como fazer isso porque hoje os heróis ficaram desatualizados e perderam a importância.

Com o aumento da falta de comunicação entre os dois sexos, caem as chances de os homens atenderem às expectativas femininas. Rowan, 41, acredita que boa parte do desencanto dos dois sexos se deve às muitas expectativas presentes nos relacionamentos. Para Tim, 25, a comunicação pode ser a chave. Kieran, 58, concorda: "Com muita freqüência, os homens precisam descobrir as coisas sozinhos ou assumem que suas preferências coincidem com as das mulheres, o que é raro".

> Com o aumento da falta de comunicação entre os dois sexos, caem as chances de os homens atenderem às expectativas femininas.

Hoje, o desafio masculino dentro dos relacionamentos não é mais uma questão de gênero, pois as pessoas estão bem mais concentradas nas próprias necessidades. Por mais fantasioso que possa parecer, um relacionamento satisfatório envolve encontrar alguém com poderes de satisfazer nossas necessidades como em um passe de mágica. Achamos que basta encontrar "a pessoa certa" e tudo está resolvido. Em um artigo publicado na revista *Psychology Today*, psiquiatras e profissionais especializados em relacionamentos sugerem outra realidade: afirmam que a compatibilidade total não existe. "Uma relação real envolve a colisão entre minha condição humana e a sua, com tudo o que há de bom e de ruim nisso", explica o psicoterapeuta Terrence Real.[5] Isso significa que as atuais expectativas de um sexo em relação ao outro são elevadas demais? O psicólogo Frank Pittmam acredita que sim. "Nada gerou mais infelicidade do que a idéia de alma gêmea."[6]

Mas alguém está satisfeito?

Em um relacionamento, quando as necessidades de uma pessoa são ignoradas ou desconsideradas, a frustração não demora a aparecer. As mulheres geralmente não escondem o fato de que suas necessidades não estão sendo atendidas, mas o que muitas talvez não percebam é que os homens se sentem exatamente na mesma situação. Eles só não contam com os mesmos recursos para expressar o descontentamento. Com muita freqüência, os entrevistados abordaram a falta de compreensão das parceiras em relação às necessidades masculinas.

"Do mesmo modo como os homens estereotipam as mulheres, elas os estereotipam também." *Matthew, 27.*

"As mulheres precisam ouvir e compreender mais os homens e se concentrar no que eles são e não no que exteriorizam." *Lance, 23.*

Embora muitos homens admitam não ter a mínima idéia dos anseios femininos, algumas mulheres presumem que sabem tudo sobre o sexo oposto – e os homens percebem isso. "A maioria delas não tem idéia do que é pensar e sentir como um homem, todo o desafio da competição, o universo masculino, etc.", ressaltou Evan, 27. Edward, 71, explicou: "Minha esposa tem 84 anos e acha que sabe tudo de mim, mas ela não tem como saber como minha cabeça funciona". As "certezas" sobre quem são os homens e como eles pensam ou sentem as coisas podem ser prejudiciais aos relacionamentos. No livro *Men, Mateship and Marriage*, o autor Don Edgar concorda:

"Só seremos capazes de responder adequadamente ao outro se tivermos noções dos sentimentos e pensamentos dele".[7]

Como vimos, se os meninos não forem educados para escutar as próprias emoções ou compreender os sentimentos alheios, sentirão falta de inteligência emocional e dos instrumentos para lidar com as demandas de uma relação consistente. Essa falta de compreensão vale para ambos os sexos, pois garotas criadas com uma visão exclusivamente feminina do mundo têm também dificuldade para apreciar as diferenças entre homens e mulheres e, mais ainda, para procurar modos de conectar essas duas percepções.

> *Muitas vezes, as mulheres falam da dificuldade em manter os relacionamentos e do pouco que recebem em troca. Poucas percebem que a pressão sobre os homens é a mesma.*

E EU NESSA HISTÓRIA?

Junto com o desejo de felicidade plena dentro dos relacionamentos surgiu uma obsessão pela auto-satisfação. Se isso for levado ao extremo, a satisfação das necessidades individuais deixa de ser importante para ser o único item da agenda. O problema é que, quando alguém se torna tão auto-centrado, sobra pouco espaço para as necessidades do parceiro. Conforme as expectativas crescem, aumenta a pressão sobre o parceiro para que ele resolva todas as carências, em uma dinâmica que só aumenta a demanda sobre as duas partes.

Muitas vezes, as mulheres falam da dificuldade em manter os relacionamentos e do pouco que recebem em troca. Poucas percebem que a pressão sobre os homens é a mesma. A seu modo, eles também se dedicam a satisfazer a parceira e têm consciência de como é comum ver seus esforços caírem por terra. Existe uma diferença imensa entre tentar agradar uma pessoa e ser obrigado a mantê-la 100% feliz. Muitas vezes, as mulheres assumem essa segunda incumbência. É interessante que muitos homens com os quais falei admitiram fazer o mesmo, mesmo sem sucesso.

> É desgastante viver um relacionamento em que tudo é discutido sempre.

A BUSCA DA SATISFAÇÃO

Com a atual configuração dos relacionamentos, nos quais cada parte chega munida de uma conta bancária, interesses, identidades, trabalhos e aspirações próprias, os relacionamentos se tornaram "permanentemente negociáveis", explica Don Edgar. "A manutenção das identidades individuais, em vez da inserção na condição do parceiro, traz mais satisfação porém cria mais fragilidade", alerta o especialista.[8] É desgastante viver um relacionamento em que tudo é discutido sempre. Nossa determinação em viver a "vida perfeita" pode causar uma grande pressão em todos os envolvidos. É fácil esquecer que a crença da satisfação plena em um relacionamento é um conceito recente.

"Sinceramente, as garotas que acreditam na *Cosmopolitan* e em todas aquelas bobagens vivem em um mundinho de fantasia. Elas não se comportam como realmente são, mas tentam imitar a

Britney Spears. Acho que estão procurando alguma coisa e nem elas sabem o que é." *Joel, 20.*

Os entrevistados mais velhos abordaram com freqüência as altas expectativas dos filhos e o quanto estes se sentiam frustrados por isso. No passado, os relacionamentos eram mais centrados nos filhos, na família, na comunidade e em formas de contribuir para o mundo externo. Com a chegada da obsessão pelo "eu", as necessidades dos outros ficaram em segundo plano. Um dos aspectos mais inúteis da disputa entre os sexos é a discussão para ver quem sofre mais – uma "paranóia" que impede que as pessoas abandonem seus interesses individuais, geralmente exagerados.

> *Em uma época em que a imagem é o mais importante, sobra pouco espaço para a ternura, o respeito e a compreensão.*

Quando olhamos para dentro, começamos a observar tudo e todos que nos cercam, tentando identificar como se refletem em nós. Os programas do tipo *sitcoms*, a televisão e as revistas enfatizam o tempo todo a importância dessa avaliação. Em uma época em que a imagem é o mais importante, sobra pouco espaço para a ternura, o respeito e a compreensão.

Parte da obtenção de aprovação passa pela capacidade de se "vender" adequadamente. E hoje, além das mulheres se mostrarem de determinada forma, os homens também têm de corresponder às imensas expectativas do sexo oposto.

"Se pensar bem, você verá que precisa ser aquele homem da Renascença. Uma versão contemporânea do Mr. Big do *Sex and the City*: bastante masculino mas ao mesmo tempo irretocável. A imagem impressiona mas não é muito realista. São poucos os homens que leram bastante, que tocam instrumentos e que são fortes, mas esse é o modelo. As expectativas em relação aos homens têm muitos desses elementos. É preciso ganhar dez vezes mais do que os outros, ser incrivelmente bem apessoado e nem pensar em ficar calvo. Não parece muito coerente ser Conan, o bárbaro, em um instante e no momento seguinte virar um exemplo de sensibilidade." *Alex, 35.*

A COMPRA DA FELICIDADE

Além de procurar a realização nos relacionamentos, precisamos acreditar que é possível "ter o outro por inteiro". A enxurrada de informações sobre tudo, da vida dos famosos a cuidados com o jardim e os *reality shows*, pode trazer mais pressão para as pessoas, que precisam se acomodar nessas fantasias maiores do que a vida. Embora poucos homens admitam, essa pressão os incomoda.

"A vida moderna sugere que você pode ter tudo – e, se não conseguir, é porque fracassou. É como se o fato de você não ter ainda casa, e outras coisas que sonhou, indicasse que tudo deu errado", explica Alex, 35. "Mas aonde leva tudo isso? Depois que as coisas acontecem, você percebe que nem sabe se realmente queria aquilo."

> *O choque de valores nos relacionamentos atuais é mais intenso do que nas gerações anteriores porque as possibilidades se multiplicaram.*

O crescimento das ambições materiais pode afetar os relacionamentos. No passado, as mulheres se queixavam de serem levadas pelas ambições masculinas, mas hoje os homens sentem o mesmo.

Depois de anos em uma carreira altamente exigente, Lloyd, 42, quis reduzir o ritmo, mas encontrou resistência por parte da esposa, também uma profissional ocupadíssima, que não queria abrir mão do padrão de vida que tinham. Mas o caso dele não é único. Um grande número de entrevistados se declarou refém das ambições da esposa. Jack, 41, acabou aceitando uma promoção porque a mulher havia decidido redecorar a casa. Embora não quisesse a mudança, aceitou para agradar a parceira – portanto, fez o que os outros esperavam que fizesse. O choque de valores nos relacionamentos atuais é mais intenso do que nas gerações anteriores porque as possibilidades se multiplicaram. Mas o que os homens devem fazer? Algumas pessoas diriam que Jack e Loys foram fracos ao se submeter aos desejos das esposas, mas, se fosse o contrário, sentiriam pena ao ver as mulheres com tão pouco poder de decisão.

> "Tudo o que aparece nas revistas e nos jornais realmente afeta a vida das pessoas – e os homens escutam demais o que as namoradas dizem." *Lance, 23.*

O que aconteceu com a química?

O PESO DA EMOÇÃO

As questões emocionais constituem uma das principais fontes de frustração nos relacionamentos. Com freqüência, as mulheres se angustiam ao conversar com o parceiro sobre o futuro da relação. Mas qual o problema? Será que os homens não fazem questão de cuidar do relacionamento? Muitos entrevistados falaram sobre o desespero de ver que seus sentimentos não eram levados a sério. Ao mesmo tempo, vários deles se declararam pressionados pela ansiedade emocional da parceira.

"As emoções femininas costumam predominar. Essa é a base dos relacionamentos nos dias de hoje: o que *elas* sentem." Joel, 20.

"O fato de ter sido criado em um lar sem espaço para a fragilidade afetou os primeiros anos do meu casamento. Eu tinha muita dificuldade para demonstrar afeto, pois achava que essa ausência era normal." Craig, 58.

Homens educados para desconsiderar o que sentem em geral enfrentam dificuldades para lidar com as muitas emoções que surgem em um relacionamento a dois. Porém, a maioria das mulheres não entende esse processo, nem tem idéia de como as explosões emocionais femininas apavoram os parceiros (o que não significa falta de amor). Recentemente, ouvi uma conversa entre dois rapazes de 20 e poucos anos, um deles perdidamente apaixonado pela namorada. Ao falar sobre a garota, o rapaz fez uma pausa e acrescentou: "O único problema é ouvir declarações de amor a cada meia hora". O diálogo dá uma idéia da sensação de asfixia que muitos homens sentem nos relacionamentos amorosos.

As mulheres só conseguirão ajudar os parceiros se compreenderem que a educação masculina costuma envolver um "treino" para o silêncio. Muitas se sentem magoadas ou frustradas diante da inabilidade masculina em lidar com as emoções e consideram os homens criaturas insensíveis. "Os homens são famosos por apresentar reações deslocadas ou inadequadas", explica o psicólogo Alon Gratch. "Quando se sentem envergonhados, tentam minimizar o problema por meio do silêncio, da negação ou da comunicação indireta."[1] Como poucas mulheres compreendem o funcionamento dessa dinâmica, concluem que os homens mentem ou "escondem" o que sentem, o que gera desespero.

> "Acredito que, algumas vezes, os homens não conseguem satisfazer os critérios femininos. Se não demonstram emoções, são acusados de insensibilidade; se demonstram, ouvem que pre-

cisam crescer. Se não se cuidam são considerados desleixados; se se preocupam com a aparência são chamados de efeminados." *Mitchell, 26.*

"A amizade é o principal ingrediente de um bom relacionamento, além do respeito ao espaço do outro, mas não é isso que se espera. Se sua namorada está estudando e você sai com os amigos, ela reclama porque você não telefonou, mas se você telefonar, ela vai acusá-lo de atrapalhar os estudos dela. Não tem saída." *Lance, 23.*

Em resumo, as mulheres vivem em um ambiente de diversidade emocional bem maior. Como a maioria dos homens nunca teve oportunidade de explorar as próprias emoções, essas sutilezas se transformam em fonte de confusão. Assim, o choro das parceiras causa pânico: eles não sabem que, para elas, expressar o que sentem é algo natural. Desde pequenas, foram estimuladas a prestar atenção aos sentimentos próprios e alheios, e a partilha dessas emoções é um modo feminino de criar proximidade. Tudo seria bem mais fácil se as mulheres soubessem como os parceiros se sentem diante dessas manifestações emocionais. "Eu sempre ficava sem reação diante da tristeza dela", admite Mark no livro *The Naked Husband*.[2] Muitos homens sentem o mesmo quando as parceiras revelam insatisfação, porque têm consciência da própria impotência – e poucas coisas os incomodam mais do que ver alguém que apreciam em uma situação na qual não podem ajudar.

> *Sempre que um homem fracassa na tentativa de "ler" a parceira, predomina a sensação de desencanto e de incompreensão.*

TENTANDO ACERTAR

Quando os homens reagem às explosões emocionais femininas, em geral tentam consertar a situação. Eles não compreendem que, se a parceira está estressada com uma situação no trabalho, não significa que ela quer acabar o casamento, ou se ela vive recebendo críticas maternas não quer dizer que está prestes a agredir a própria mãe. As mulheres se sentem melhor quando conversam sobre suas aflições, enquanto os homens são educados para resolver as coisas – ou seja, o que conta é a ação e não a conversa. "Os homens não entendem por que as mulheres ficam em uma situação de desconforto", explica Toby Green, psicóloga especializada em relacionamentos. "O grande desafio masculino está em perceber que eles não precisam se sentir impotentes ou insensíveis diante do universo emocional das parceiras."[3] Sempre que um homem fracassa na tentativa de "ler" a parceira, predomina a sensação de desencanto e de incompreensão. Algumas vezes, as mulheres podem concluir que o marido ou o namorado simplesmente não as amam.

> "As mulheres gostam de falar sobre elas mesmas e parecem adorar a partilha e a interpretação das emoções das outras. Acho muito difícil participar disso." *Nigel, 72.*

Se todos forem um pouco mais cuidadosos, o relacionamento pode ficar mais fácil. "Quando as pessoas próximas reagem de forma diferente, parece que perdemos a firmeza e começamos a andar sem segurança", comenta Deborah Tannen, professora de Lingüística.[4] Mas muitas mulheres não percebem que os homens se sentem igualmente frustrados com a própria incapacidade de compreender os anseios femininos. Para superar essas diferenças, elas precisam ajudá-los. Blake, 42, concorda: "Os homens vêem as coisas de uma maneira bem diferente e por isso cabe às mulheres explicar o que elas esperam e quais seus desejos". A dificuldade começa quando nem elas sabem o que querem. "Os homens se sentem confusos, porque às vezes a expectativa feminina é encontrar a situação totalmente solucionada, mas em outras não", alerta o psicólogo Bill O'Hehir. "Outras vezes, as mulheres não sabem se querem mesmo solucionar a situação até conversar abertamente sobre o problema."[5]

"A complexidade fundamental das mulheres é o mais difícil de compreender. Em geral, os homens têm relacionamentos mais simples entre si e o mundo fica bem mais fácil." *Trevor, 30.*

"Acho que as mulheres são de lua. Os homens estão sempre do mesmo jeito. Essas transformações as tornam interessantes mas complicam as coisas, porque temos de ajustar nosso comportamento o tempo todo para agir da maneira adequada." *Craig, 58.*

Você sabe o que quer?

Quando perguntei aos entrevistados sobre seus relacionamentos, muitos admitiram que não sabiam quais eram as expectativas da parceira. Muitos citaram os esforços que faziam para agradar as mulheres e a frustração quando isso não acontecia. "Acredito que, se os homens soubessem como atender às necessidades femininas, adorariam satisfazê-las", conta Toby Green.[6] Mas, como alertou Tim, 25, para a maioria dos homens os desejos femininos constituem um mistério absoluto. "Quase todos acham muito difícil saber o que elas querem, já que nem sempre elas são diretas. Por isso, muitas vezes eles tentam consertar algo que não é o que as incomoda", conta. Já para Joel, 20, "muitas mulheres estão mais preocupadas com o que as amigas pensam. Elas querem que você corresponda às expectativas e aí você precisa se comportar de uma forma que não é natural".

Demonstrações de afeto

Muitos homens se esforçam para dar sinais de dedicação, nem sempre compreendidos porque são interpretados por meio de lentes femininas. "Para um homem romântico, o amor é uma devoção", explica Irma Kurtz. "Ele não quer grandes realizações ao lado da amada, mas sim fazer as coisas para ela. Espera que a parceira mantenha seu mistério e um toque de distanciamento."[7] Irma Kurtz acredita que, se observarmos o que os homens fazem pelas mulheres, poderemos compreender o significado que se esconde em gestos simples e às vezes práticos.

Como os homens demonstram afeto? "Eu levo flores para minha namorada, atendo aos pedidos dela, mostro o quanto ela é especial.

Gosto de desenhar e às vezes faço retratos dela", conta Joel, 20. Já os gestos de Blake são mais "pé no chão": "Se o marido traz dinheiro, cuida da casa e do carro, a protege e se preocupa com ela, traz flores de vez em quando, significa que ama a parceira". Harrison, 65, aprecia o romantismo mas se sente tentado a encontrar demonstrações mais criativas. "Acredito que as flores agradam sempre e algumas vezes recorri a elas. Preciso admitir que, em geral, o resultado é bom. Mas às vezes acho que é muito previsível e tento arriscar, só que nem sempre sou compreendido." Ray declara seu amor por Sue tentando agir de modo "protetor, afetivo e atento, além de ouvi-la e ajudá-la". Para ele, demonstrar afeto envolve sair da própria zona de conforto e tolerar amigos, familiares, atividades e gostos que não aprecia.

"Os homens não gostam de ser pressionados a agir dessa ou daquela maneira. O que importa é fazer as coisas com carinho. Você não deve ser obrigado a fazer gestos especiais para demonstrar afeto", comenta Jason, 22. Craig lembrou que algumas vezes as mulheres destroem os planos masculinos quanto a demonstrações especiais, tentando organizar tudo. Ele ressalta que é importante ter liberdade para expressar os sentimentos do modo e no momento em que quiserem, a fim de não parecer que falta sinceridade. "Às vezes levo flores, mas aí ela pergunta porque isso é tão raro e acaba com a afetividade do meu gesto."

> *O amor dos homens pelas parceiras pode se manifestar de maneiras inesperadas. Muitos se preocupam com a segurança delas quando saem à noite ou viajam sozinhas.*

Muitas vezes os homens se esforçam, mas as parceiras não valorizam os gestos românticos e não vêem as iniciativas como gestos de carinho. Os parceiros se frustram quando isso ocorre. É muito importante para um homem zelar pela proteção do lar e pela segurança da parceira, mas freqüentemente as mulheres não vêem ali nenhum gesto de amor porque acham que cabe aos parceiros fazer isso mesmo. Ao olhar mais de perto, vemos que essa dinâmica é bem parecida com o que ocorre com as tarefas que os maridos executam em casa. Consertar aparelhos, desentupir a tubulação ou arrumar cercas não são atividades glamurosas, mas para os homens revelam o comprometimento com a casa e a família.

"Nós demonstramos nosso afeto nos preocupando com as condições do carro dela, checando a quantidade de ar nos pneus e o funcionamento do radiador, para que ela não enfrente nenhum problema com isso." Lee, 48.

O amor dos homens pelas parceiras pode se manifestar de maneiras inesperadas. Muitos se preocupam com a segurança delas quando saem à noite ou viajam sozinhas. Essas preocupações às vezes parecem divertidas, mas algumas mulheres vêem sinais de controle porque não sabem de onde surgem os impulsos. Há alguns anos, eu estava prestes a começar em um novo emprego e um amigo aposentado telefonou para me desejar boa sorte. Em seguida, começou a falar sobre o melhor caminho para chegar no novo emprego. Na época, fiquei impressionada com as sugestões dele sobre os itinerários para ir e voltar, pois não era um local de acesso complicado. Hoje, vejo o quanto ele estava preocupado com todos os aspectos da nova etapa da minha vida. Gordon já morreu e lamento que foi preciso uma década para que eu compreendesse quanto amor havia naquelas sugestões de percurso.

EMOÇÕES MASCULINAS

A dificuldade para compreender os desejos femininos em muitas situações não significa ausência de sentimentos profundos. Quem disse que a forma usada pelas mulheres para demonstrar afeto é a mais adequada? As reações das pessoas variam de acordo com as expectativas e zonas de conforto de cada uma. Se as mulheres só conseguem encarar a vida a partir de uma perspectiva totalmente feminina, não se sentirão à vontade para atuar de outra forma. Com muita freqüência, nossa maneira de expressar afeto recebe influência dos filmes e das propagandas, deixando pouco espaço para os gestos espontâneos.

Todos os dias, somos bombardeados por atitudes exageradas que as pessoas fazem para, teoricamente, demonstrar afeto. Mas será que realmente queremos que as nuanças de nossos relacionamentos sejam ditadas pelas demandas do consumismo ou estamos dispostos a descobrir espaços mais genuínos para o encontro dos universos feminino e masculino? Existem sinais bem mais profundos do que a oferta de flores ou de perfumes caros. Quando eu era pequena, lembro que meu pai trazia pequenos mimos para minha mãe (um doce da preferência dela, um livro usado encontrado em um sebo), repletos de afeto e de atenção.

Para explorar a fundo essas possibilidades, as mulheres precisam aprender mais sobre as sutilezas masculinas. Quais gestos pequenos eles apreciam? Assim que começarem a explorar esse território, um novo mundo se abrirá. Elas irão compreender e decifrar as sutilezas da formação emocional masculina, para enfim descobrir que os parceiros não são desprovidos de emoções.

Os homens também sentem mágoas e incompreensão – e, assim como as mulheres, esperam gestos de carinho. Eles apenas expressam menos essas necessidades. Depois de uma vida acostumados a manter os sentimentos a portas fechadas, a mudança não ocorre de uma hora para outra. A postura contida dos garotos os torna tímidos e vulneráveis quanto aos sentimentos depois de adultos. Expressar o que sentem é algo novo e perigoso.

"A maioria dos homens é ensinada pelos pais que as emoções, sobretudo as mais intensas, devem ser escondidas ou então ficar fora das discussões. Por isso, muitos demonstram o que sentem de formas sutis, que não exigem muito investimento emocional: um abraço, um beijo na face ou flores." *Trevor, 30.*

HOMENS TÍMIDOS

A timidez masculina no que se refere às emoções se revela sob diversas formas. Alguns se sentem desconfortáveis diante de questões que envolvem sentimentos e, por isso, fazem piadas ou mudam de assunto. Recebem o rótulo de "insensíveis", mas na verdade estão evitando os riscos de expor o que sentem. Outros são mais preparados para pisar no terreno novo, mas o processo exige cuidado. A timidez essencial, comum em muitos homens em relação às emoções, às vezes fica clara no modo como presenteiam as parceiras. A maioria das ofertas de presentes ocorre de forma suave, discreta, como se não fosse nada de grande importância. A explicação para esse comportamento é que dessa forma, eles não se sentirão expostos ou decepcionados se a iniciativa não agradar. E, quando olhamos mais de perto, vemos a profundidade das emoções envolvidas nesse tipo de gesto.

"Não é verdade que os homens não têm sentimentos", afirma o terapeuta norte-americano Michael Gurian. "O que acontece é que falta firmeza para exteriorizá-los."[8] Esse espaço necessário depende de uma maior compreensão das necessidades masculinas. A grande dificuldade dos homens é que muitas das crenças sobre suas emoções e outros aspectos de suas vidas se baseiam em pouco mais do que piadas e estereótipos. Com o tempo, muitos se tornaram tão isolados que aumenta a dificuldade para se abrir. Porém, como alerta o psicólogo Alon Gratch, quando encontram uma oportunidade, eles "sempre revelam um ser instável e incrivelmente vulnerável".[9] Essa foi exatamente a minha experiência com as entrevistas. O tempo todo me surpreendi com a profundidade emocional e a honestidade dos homens (de todas as idades) com os quais falei, a maioria deles desconhecidos.

"Com os homens, isso de simplesmente aparecer para tomar um chá não existe. A gente combina de se encontrar, toma umas cervejas e assiste a uma partida de rúgbi. Tem de haver uma proposta, um objetivo para estar juntos. Por isso, muitos homens passam bastante tempo sozinhos." *Tony, 26.*

"A maioria dos meus amigos são mulheres. Os homens são menos ativos nas iniciativas de reunir as pessoas e por isso ficam bastante sozinhos. Em geral, não falam muito sobre banalidades, a não ser de esportes. Não temos muitas desculpas para formar laços de contato, a não ser o esporte." *Craig, 58.*

As mulheres podem não perceber, mas muitos homens invejam o que chamam de "capacidade para a felicidade" feminina, a idéia de liberdade e a segurança das mulheres. No convívio feminino, os homens encontram um respiro para a sensação de competição que predomina na vida da maioria deles. Por isso, tantos homens apreciam a companhia feminina e valorizam as amigas. Um amigo me explicou uma vez que "quando estou com outros homens, sempre predomina a sensação de competição". Por isso, para eles é bem mais difícil se descontrair na presença de outros homens: eles se refugiam na disputa para não revisitar a vergonha que sentiram na infância quando tentavam revelar ternura.

"Eu considero muito importante me apresentar como uma pessoa forte, emocional e fisicamente, mais ainda nesse último aspecto." *Mitchell, 26.*

Essa necessidade de se provar forte o tempo todo obriga os homens a adotar papéis extremamente limitados nos relacionamentos, eliminando a afetividade necessária para todos. O psicólogo Steve Biddulph vai além: "A maioria dos homens não tem uma vida. Eles apenas aprenderam a fingir".[10] Trata-se de uma conclusão bastante séria, e similar ao depoimento que ouvi de um amigo, que admitiu que só agora, com cerca de 40 anos, sente que pode ser ele mesmo. Nunca saberemos quantos homens jamais sentiram essa liberdade, em qualquer etapa da vida.

> "As mulheres entendem pouco e mal se interessam pelas dificuldades da vida dos homens." *Lawrence, 33.*

CONTRIBUIÇÃO FEMININA

Os homens precisam de ajuda para entender as mulheres. Mas o que me chamou a atenção durante as entrevistas foi a constante queixa de incompreensão por parte delas. Alguns admitiram que se sentiram tão confusos com essa situação que optaram por permitir que a parceira tirasse conclusões erradas. Muitos homens escolheram a estratégia da resistência mínima, por sentirem que são menos articulados que as mulheres na hora de lidar com relacionamentos pessoais. Esses entrevistados reconheceram que se sentem oprimidos nas discussões e garantiram que a parceira precisa ter a última palavra. "Na escrita, alguns homens são incrivelmente emocionais e até poéticos, mas na hora de verbalizar parecem tímidos e até desajeitados, sobretudo diante de uma mulher ocupada em exteriorizar cada coisa que acontece", explica Irma Kurtz.[11] Em geral, os homens consideram as mulheres mais hábeis na comunicação e na exteriorização dos sentimentos, o que muitas vezes os leva ao silêncio. Ao falar sobre a namorada exigente, um dos pacientes do psicólogo Alon Gratch admitiu: "Ela acaba com minha capacidade de responder".[12]

"Acredito que, por causa da maneira como a maioria dos homens reage, sobretudo no que se refere à emoção, damos a impressão de sermos unidimensionais e quase previsíveis. Acho que com freqüência é mais fácil reagir da forma esperada do que dar explicações." *Tim, 25.*

É importante que as mulheres percebam que os homens não se julgam ouvidos nos relacionamentos. O problema faz parte da abordagem: além de serem mais articuladas, as mulheres também captam mais nuances e adoram detalhes. Os homens, por outro lado, tendem a levar as coisas ao pé da letra. O modo como as mulheres abordam as coisas pode gerar confusão e ainda deixá-los inseguros, porque acham que as próprias palavras são usadas contra eles.

"Sob vários aspectos, conversar com uma mulher é igual a falar com o chefe. Se você está falando com outros caras, em geral se trata de um fato descompromissado. Não precisa se preocupar em dizer coisas que podem ser cobradas de você mais tarde." *Alex, 35.*

> *É importante que as mulheres percebam que os homens não se julgam ouvidos nos relacionamentos.*

Mais abertura

O modo como muitas mulheres se expressam em geral não contribui para a melhora do relacionamento. Não se trata de pedir que deixem de se expressar, mas que tentem compreender melhor as dinâmicas entre os universos feminino e masculino. A psicóloga Toby Green descreve o efeito de muitas mulheres sobre os parceiros como uma "ruptura da psique masculina".[13] Ela não orienta ninguém a concordar com o que o parceiro faz ou diz, mas alerta que eles experimentam as mesmas inseguranças.

Com freqüência, as mulheres não conseguem ver a verdadeira vulnerabilidade que se oculta no outro e partem para a discussão com todas as armas e determinadas a vencer a disputa. Diante disso, os homens recuam – e esse passo freqüentemente aumenta a determinação das mulheres em resolver a questão e por isso elas aumentam a pressão. É assim que tentam forçar uma abertura, que não ocorre, e todos se frustram. Talvez seja importante retomar um comentário bastante comum entre os entrevistados, que disseram preferir mulheres mais abertas e menos combativas. "Algumas mulheres podem achar que os homens são tão alheios que parecem indiferentes, o que é mentira. Também é mentira que todos são rudes", afirma Rowan, 41.

> *O modo como muitas mulheres se expressam em geral não contribui para a melhora do relacionamento.*

Conviver com um parceiro que parece alheio pode ser desafiador, pois grande parte dos sentimentos dele permanece presa sob a superfície. Minhas conversas com garotos e homens mostraram que ficar calado não é uma escolha, mas um recurso para evitar ferimentos. O psicoterapeuta Roger Horrocks descreve esse processo como uma castração. "Os homens castrados só funcionam do pescoço para cima. Seus corpos foram mortos e as emoções não estão disponíveis. Para eles, é difícil chorar, mostrar-se caloroso, amar."[14] O resultado é que a emoção dentro desses homens se solidifica e eles chegam a um ponto no qual não fazem questão de liberá-la.

Tom Wingo, personagem central do *O Príncipe das Marés*, é desse tipo. "Eu achei que tinha sido uma vitória não me tornar um homem violento, mas nem isso é verdade. Minha violência era subterrânea, oculta. Meus silêncios e os longos isolamentos viraram coisas violentas. Minha ausência de vícios se manifestou no terrível inverno de olhos azuis. Meu olhar ferido era capaz de transformar em gelo a tarde mais ensolarada e agradável."[15]

Esse estado glacial é extremo, e quando as emoções finalmente são liberadas, muitas vezes isso ocorre na forma de uma violenta explosão. Com muita freqüência, essas erupções surpreendem amigos e colegas. Algumas vezes, tanto silêncio leva os homens a perder todos os limites, o que os torna perigosos aos demais e para si mesmos. Isso fica claro quando se tornam viciados em trabalho, se envolvem em atividades de alto risco ou em empreendimentos ousados. Em casos mais extremos, o congelamento dessas emoções pode resultar em colapsos ou suicídio.

Todo mundo perde quando um homem se cala. Com freqüência, as mulheres se sentem tão frustradas por se sentirem diante de uma muralha intransponível que tentam forçar ou manipular o parceiro a sair dela. Os homens percebem essas tentativas e se sentem chantageados, o que é esperado uma vez que ninguém gosta de se sentir manipulado. O psicólogo clínico Alon Gratch oferece uma via mais positiva e sugere que as mulheres passem a observar atentamente o que faz um homem falar ou recorrer ao silêncio. "Embora um homem talvez não fale sobre sua essência emocional, se você ouvir com atenção irá perceber comprovações indiretas dessa essência em tudo o que o parceiro diz – ou deixa de dizer."[16]

"Com freqüência, existe um lamento imenso em relação a todos os anos perdidos com a morte emocional. E pode haver também uma raiva por essa situação ter sido imposta ou exigida." *Roger Horrocks, psicoterapeuta.*[17]

Os homens e o sexo

O QUE MUDOU?

Com freqüência, o único lugar em que os homens encontram espaço para expressar suas emoções é na cama. Em conseqüência, as mulheres tendem a achar que é tudo o que eles querem. Os homens têm um grande prazer com a atividade sexual, seja sem compromisso ou dentro do casamento. "Existe tempo e espaço para os dois, basta não deixar que um tome o lugar do outro", explicou Ray, 50. Evan, 27, tem uma opinião diferente: "Não é porque você costuma se hospedar em um hotel cinco estrelas que um menos sofisticado não sirva". Trevor, 30, concorda: "Existem ocasiões para interações que envolvem menos sentimentos e podem ser igualmente satisfatórias, mas apenas sob o aspecto físico".

Hoje o sexo ficou bem mais acessível do que no passado e tanto homens quanto mulheres têm mais oportunidades de se relacionar com parceiros diferentes. A liberação sexual atual pode ser positiva. Muitos homens aprovam a maior honestidade que envolve o assunto e a maior transparência das mulheres quanto a desejar ou não o sexo. Mas isso não significa que a distinção entre sexo casual e dentro de um relacionamento estável tenha desaparecido. Muitos homens e mulheres também aprovam a oportunidade de se certificar da afinidade sexual antes de assumir um compromisso mais firme.

> "Sim, a pressão sobre os homens aumentou. Mas era isso o que tinha de acontecer! Acho que antes tudo se resumia a 'vamos lá, pronto, acabou', e ninguém pensava em prazer mútuo ou amor. Acho que os homens da minha geração foram mais orientados nesse aspecto e é isso o que se espera de nós. Também é o que nós mesmos esperamos." *Matthew, 27.*

Com mais liberdade, surgiram pressões novas. Quando perguntei aos entrevistados se eles sentiam-se na obrigação de apresentar um desempenho sexual melhor, a maioria concordou – mas também conseguiu identificar os benefícios da mudança. "Acho que significa que existem menos restrições: as pessoas estão mais livres para escrever o roteiro da própria vida, escolher as experiências e assim viver vidas mais consistentes e significativas", comenta Doug, 52. Craig, 48, opina: "A liberação sexual destacou a importância do verdadeiro prazer sexual, sobretudo para as mulheres. Acho que mais mulheres hoje desfrutam do próprio corpo". Na opinião de Rowan, 41, essas mudanças também foram positivas: "Agora podemos nos dedicar a amar!"

> "Acredito que a liberação sexual pode levar as pessoas a se concentrar no aspecto sexual já no início do relacionamento. Por

isso, quando passa o entusiasmo, elas olham para o outro e descobrem que não têm tanta afinidade assim, e algumas vezes o relacionamento permanece mesmo assim, sem destino." *Greg, terapeuta.*

NECESSIDADE DE INTIMIDADE

Embora algumas experiências sexuais sejam pouco mais do que encontros fortuitos, muitos homens desejam um contato verdadeiro. Mas isso nem sempre é fácil, porque o que se costuma esperar é *performance* sexual. Essa ênfase constante na mecânica do sexo pode gerar confusão. A familiaridade instantânea proporcionada pela liberação sexual às vezes pode ser confundida com a verdadeira intimidade, resultando em relacionamentos rasos e disfuncionais. A maioria das mulheres quer ser amada e respeitada, e se preocupa com o comportamento do parceiro na manhã seguinte. O que raramente se pergunta é se os homens têm o mesmo tipo de preocupação.

"Não estou namorando nesse momento. Ou você tem uma namorada e tem contato físico ou está sozinho e não tem nada. Eu estava desesperado por esse contato. Alguns amigos procuram prostitutas, mas não consigo. Fui com eles e fiquei nas massagens. Ajudou, mas ainda assim é horrível." *Tony, 26.*

"Tive muita dificuldade de entrar em novos relacionamentos depois do fim do meu casamento. Muitas mulheres parecem querer apenas contato físico ou material, como se não houvesse real interesse pelo ser humano." *Craig, 58.*

Às vezes, o que esperamos de um relacionamento é bem diferente do que aquilo que encontramos. "O respeito pelo outro parece ser um acaso", observa Nigel, 72. Quando as emoções não entram no jogo, as mulheres passam a ser pouco mais do que objetos de desejo dos homens, como trocar de carro ou conseguir um emprego melhor. É interessante notar que, ao conversar com homens considerados bem-sucedidos, o tom usado para falar de suas casas confortáveis, dos altos salários e das belas parceiras era o mesmo.

> "Eu ocupava um cargo executivo e as coisas iam bem. Minha segunda mulher era 9 anos mais jovem. Eu achava ótimo ter uma mulher bonita, me sentia sortudo." *Ryan, 50.*

O que as mulheres nem sempre percebem é que muitas vezes os homens se sentem intimidados nos relacionamentos por achar que o poder sexual está com as mulheres. Assim, por mais que se esforcem para se aproximar das parceiras, um certo nervosismo pode inibir o contato. Muitas vezes, esse processo começa cedo. "Como os meninos são mais orientados a perseguir o corpo feminino do que vice-versa, eles se sentem menos valorizados. Por isso muitos se exibem para o sexo oposto, como forma de compensar essa desigualdade", explica Warren Farrell. "Quanto maior a beleza da mulher, maior o preço que o homem precisa pagar – e ganhar."[1] As mulheres hoje são retratadas como poderosas, donas do próprio destino e mais dispostas a cobrar desempenho dos parceiros. "Como muitas não dependem financeiramente dos homens, a situação acentuou a consciência masculina em relação a sua reputação financeira", conta David, 36.

ANSIEDADE PELO DESEMPENHO

Como os homens e os garotos podem reagir à nova imagem feminina? As mulheres lutaram muito para serem levadas a sério e, em muitas áreas, tiveram êxito. Em uma época em que os homens também são transformados em objetos nas revistas e *outdoors* todos os dias, não dá para culpá-los pela imagem unidimensional atribuída hoje às mulheres. Como explica Susan Faludi, "o *glamour* é considerado um atributo feminino, mas não expressa um aspecto inerente da feminilidade. É apenas uma fachada mercantilizada da feminilidade".[2] Embora a maioria dos homens consiga distinguir a fantasia da realidade, grande parte das imagens que eles encontram hoje são tão cuidadosamente preparadas por profissionais de marketing que fica fácil confundir as coisas.

> "Às vezes, eu me sinto bastante ofendido pelos anúncios que ostentam a sexualidade. Eu me sinto manipulado, porque não se trata de uma oferta: trata-se de dinheiro." *Justin, 43.*

Para os homens, as representações ousadas são ao mesmo tempo excitantes e intimidatórias. O que muitas vezes ninguém reconhece é que as representações cada vez mais gráficas, além de desumanizar a mulher, tiram o poder dos homens. "A pornografia inibe os homens, ao fazê-los se sentirem menos adequados em termos de tamanho do pênis e da *performance* geral", alerta o psicólogo Bill O'Hehir.[3] Além de achar que as mulheres são inatingíveis, eles acabam exagerando nas preocupações com o corpo e com o modo "correto" de expressar a sexualidade.

> "O que contém a essência da masculinidade está sendo extraído e engarrafado, para ser vendido de volta aos homens. Literalmente, no caso do Viagra." *Susan Faludi.*[4]

As revistas, com suas intermináveis matérias sobre desempenho sexual, não ajudam. Uma capa da *Men's Health* exibia uma chamada que prometia "ensinar a arte do sexo". Várias páginas ofereciam conselhos "românticos e picantes", capazes de transformar o leitor em um amante de primeira. A matéria envolvia todos os assuntos, de sexo em locais incomuns a técnicas para ampliar o tamanho do pênis, e alertava para os riscos de tomar Viagra após uma refeição farta. Entre as muitas posições sexuais, algumas estavam descritas com tanta confusão que o efeito era desanimador: "Deite de costas e apóie os ombros nos pés na cama, mantendo seus pés no chão e apoiando bem seu peso. A parceira deve se acomodar sobre você e apoiar-se sobre as próprias pernas. Mesmo que ela não seja do estilo amazona, dificilmente irá resistir a esse convite para uma cavalgada".[5]

O BOM SEXO BASTA?

Como ocorre com as mulheres, os homens precisam de boas informações sobre sexo – mas também precisam ser estimulados a usar a imaginação para expressar o que sentem e se divertir com o sexo, criando uma intimidade maior. Sem intimidade, mesmo a melhor experiência pode frustrar. O psicoterapeuta Roger Horrocks atendeu muitos homens e mulheres que, apesar de desfrutarem de grande satisfação sexual, procuravam ajuda por sentir "uma profunda sensação de vazio ou de ausência. Não que faltasse prazer em suas vidas, mas eles se ressentiam da falta de contato, de carinho e de afeto, o que impede uma satisfação plena enquanto adultos".[6] Don Edgar concorda: no livro *Men, Mateship and Marriage*, seu estudo sobre casais divorciados apontou que mais da metade se dizia satisfeita com sua vida sexual.

> "Acho que sexo é muito complicado, pois promete coisas que não cumpre. Você deseja intimidade no maior grau possível. Você se esforça para conseguir isso, mas quando chega lá não é bem assim." *Tony, 26.*

A verdadeira intimidade leva um relacionamento para bem mais do que o nível sexual. Também respeita o fato de que existem partes das pessoas que precisam ser preservadas, para que cada uma possa ser realmente quem é. Sem esse nível de intimidade e de respeito, o sexo pode se tornar uma experiência desesperada e desanimadora. No livro *The Naked Husband*, Mark, no meio de um caso entusiasmado, de repente percebe que: "Nós temos a aparência da intimidade sem ter a essência. Não posso abraçá-la com mais força, mas também não consigo me aproximar dela".[7]

"Fazer amor é algo muito próximo e íntimo. Pode ser assustador, porque não há como se esconder. Seu parceiro vê quem você realmente é." *Lee, 48.*

RELACIONAMENTOS MAIS PROFUNDOS

Sem uma linguagem que garanta a proximidade e a liberdade para permitir que ela se desenvolva, muitos homens ficam presos no jogo de conquista e *performance*. Os homens anseiam por essa proximidade, mas precisam da ajuda das parceiras para compreender que isso envolve mais do que prazer: exige expressões e sentimentos mais sutis. Nos momentos de intimidade, vemos o parceiro da forma mais vulnerável, mais real e podemos amá-lo por isso. Quando compreenderem o quanto a vulnerabilidade representa riscos para os homens, as mulheres apreciarão melhor o que esses momentos propiciam.

"Existe uma fragilidade real que os homens se esforçam para ocultar, porque revelar os sentimentos a uma mulher contraria tudo o que foi ensinado." *Craig, 58.*

As mulheres, em sua maioria, se sentem mais confortáveis com a intimidade porque aprenderam a lidar com isso desde meninas. Foram estimuladas a explorar e a aproveitar esses momentos, além de desenvolver um repertório próprio de gestos e de experiências que faziam sentido para elas. Do mesmo modo como a expressão feminina de intimidade pode ser mais diversificada, sua experiência com o próprio corpo pode ser igualmente variada, graças às muitas nuanças de expressão aprendidas durante a sua formação.

> "Houve uma crença de que o envolvimento em diversas atividades sexuais o deixava mais homem, embora ao olhar para trás fique claro que não é assim. Mas acho que, para aprender a lição, é preciso vivenciar um relacionamento que faça sentido." *Tim, 25.*

A verdadeira intimidade exige confiança. É um desafio para os homens, depois de uma vida tendo de provar a própria força, conseguir ser mais abertos e verdadeiros. "Fico impressionada que os homens se disponham a morrer por patriotismo ou enfrentar desafios físicos que causam danos ao corpo, mas fiquem horrorizados com a possibilidade de abrir o coração. Acho que preferem morrer", comenta Toby Green.[8] Primeiro é preciso construir uma base de confiança, para depois usufruir do profundo senso de apoio e de satisfação proporcionado por um relacionamento afetivo genuíno. Quando isso ocorre, os homens conseguem compreender a diferença entre fazer sexo e fazer amor.

> *O próximo passo para as mulheres consiste em conhecer melhor os homens, a fim de criar momentos de intimidade que atendam às necessidades emocionais masculinas.*

CRIAÇÃO DE INTIMIDADE

Ainda que muitos homens desejem mais consistência nos relacionamentos, poucos sabem como pedir isso. Em uma pesquisa realizada pela *Reader's Digest*, 31% dos homens disseram que gostariam que as parceiras fossem mais calorosas.[9] Um dos entrevistados declarou que gostaria de receber mais abraços da esposa – mas, apesar de estarem juntos há bastante tempo, nunca havia pedido claramente. O que reconforta é que os mais jovens se sentem bem mais à vontade para procurar e expressar essa demanda. Para eles, é mais fácil se aproximar das parceiras e se articular para exteriorizar as próprias necessidades.

"Não tenho dúvidas, nós precisamos das mulheres. Nós precisamos de amor e de apoio. Desejamos os corpos das mulheres, mas isso não basta: queremos amor." *Stan Dale.*[10]

Para as mulheres, o desafio é tentar compreender melhor os parceiros, ouvindo-os e tendo em mente que homens e mulheres partilham as mesmas necessidades e ansiedades. Quando isso for atingido, terão mais condições de criar a intimidade que os parceiros buscam, inspirando-os a encontrar meios de satisfazer também as necessidades femininas. Embora a medida não transforme um relacionamento do dia para a noite, pode ajudar a dar início ao processo.

Talvez um dos caminhos inclua doses maiores de paciência para ambos, evitando forçar situações ou tomar decisões em momentos de pouca tranqüilidade. A intimidade não envolve apenas a partilha dos momentos, nem quer dizer que um consiga decifrar o outro totalmente. A verdadeira intimidade precisa que a profundidade do significado de uma relação preencha as pessoas e motive os demais aspectos da vida, de forma a aumentar a capacidade de dedicação em tudo o que fazemos.

> "Eu tenho uma teoria sobre a necessidade que existe dentro de todos nós. Tem a ver com se sentir acolhido, de forma profunda e doce, como um bebê. Com alegria, com sabor e com música. Acolhido com longos caminhos por essa terra boa, com emoção. Meu palpite é que precisamos mais desse acolhimento do que costumamos receber." *Kent Hoffman*[11]

Os melhores relacionamentos são uma diversidade de possibilidades que inspiram homens e mulheres a irem para além de suas preocupações, desentendimentos e percepções limitadas, de modo a provar da verdadeira intimidade. Isso não significa que os relacionamentos sejam fáceis ou não exijam esforço. Vale lembrar que, apesar das diferenças, a química entre os sexos permanece. Essa combinação, às vezes misteriosa, continua a nos surpreender e a nos mover para novas direções. "Para o bem ou para o mal, o cupido está sempre rondando", lembra a escritora Helen Garner, "eliminando as amarras dos dogmas, nos fazendo rever posturas e crenças e mostrando que o mundo é mais rico e mais promissor do que costumamos acreditar".[12]

Quando tudo desmorona

FIM DE RELACIONAMENTO

Quando as relações começam a se desintegrar, os homens muitas vezes têm a impressão de que estão destruídos. Embora a maioria jamais demonstre, nesses momentos a vulnerabilidade é grande. Durante uma separação, o homem raramente se abre com alguém, mesmo quando a situação está bastante grave e a necessidade de conversar é imensa. Muitos preferem manter a dor e a confusão para si, pois acreditam que, até nessa hora, precisam aparentar força.

Quando o casamento termina, Mark, no livro *The Naked Husband*, admite que "o pior é que ninguém jamais saberá o que aconteceu esta noite. Não vou contar sobre essa briga nem para meus amigos mais próximos. Esse é meu objetivo agora: esconder a verdade dos outros".[1] Quando se calam sobre o fim do relacionamento, em geral as coisas só pioram. Infelizmente, a falta de disposição em partilhar aspectos essenciais impede que as feridas cicatrizem.

"Não gostamos de nos expor, acho que é um mecanismo de autodefesa. Quando isso acontece e o relacionamento fracassa, a dor é maior." *Craig, 58.*

Existem bons motivos para tanta reserva. Muitos homens se sentem feridos, magoados, envergonhados ou chocados demais para dividir os sentimentos com os amigos. Em grande parte da vida adulta (e antes dela), o silêncio foi a principal maneira de sobreviver no mundo. Mas, embora a estratégia possa funcionar no ambiente profissional, em casa esse comportamento costuma ser desastroso porque as mulheres não toleram esse tipo de silêncio e esperam mais do relacionamento.

O aumento das separações coincide com um momento de grande confusão em relação ao papel masculino. Não que os homens queiram voltar no tempo: eles desejam descobrir o que fazer para terem vidas consistentes e atingir o amor e o respeito sonhados. "O desgastado caminho que os homens seguiram, durante séculos, na condição de seres dominantes hoje está cortado por obstáculos que eles não compreendem e para os quais não existe mapa", reflete Morris, 61, após anos de experiência como terapeuta.

Novas referências

Hoje, as relações humanas se tornaram tão descartáveis quanto qualquer outro produto. As estatísticas mostram que, quando as coisas começam a dar errado, a tendência é a separação. Na Austrália, a maioria dos divórcios ocorre por iniciativa das mulheres e não em decorrência de abuso ou adultério, mas a partir da percepção de que resta pouco em comum com o parceiro. Não se trata mais de assumir que a partida da esposa está relacionada a atos de maior gravidade.

Quando a realidade parece menos atraente do que os projetos, os homens tendem mais a permanecer no relacionamento do que as mulheres. "Os homens apostam na indiferença, porque foram educados para agir assim. Não importa se a sensação é de depressão, tristeza ou solidão, ou ainda de tédio, raiva ou desinteresse, eles vão levando",[2] conta o psicoterapeuta Roger Horrocks.

Mas não podemos culpar os homens por seguir em frente sem dizer uma palavra: a sociedade não quer lidar com homens em dificuldades, porque é mais conveniente para todos se eles mantiverem a aparência de que está tudo certo. Mas o fato é que, admitam ou não, eles ficam tão arrasados quanto as mulheres com o fim de um relacionamento. Como lembra Steve Biddulph, "a solidão masculina é algo que as mulheres raramente compreendem".[3]

NÃO PODE SER VERDADE

Quando uma mulher comunica que deseja terminar o relacionamento, em geral o parceiro se surpreende porque não foi capaz de ler os sinais de alerta. Essa incompreensão não ocorre por falta de inteligência, mas sim porque nem sempre ele acompanhou a trajetória emocional da parceira. Ao contrário dos homens, quando as coisas começam a dar errado, as mulheres procuram ajuda de outras pessoas. Ao conversar sobre o problema com familiares e amigos, conseguem compreender melhor o que sentem e organizar as decisões. Elas não deixam de expressar ao parceiro os sentimentos, mas o fazem com menos detalhes – o que deixa os homens com uma visão reduzida da situação.

"Tudo o que ela sentia passou pela análise e interpretação dos amigos dela, da mãe, da irmã. Ela dedicou horas a remoer e a avaliar em detalhes o relacionamento", explica o acadêmico Don Edgar.[4] Como a maioria dos homens não tem acesso a esse nível de debate sobre os aspectos com problemas – e também por causa da maior dificuldade em captar nuances –, com muita freqüência eles se sentem surpreendidos e traumatizados quando o fim é anunciado. Quanto maior o grau de reserva emocional, maior o choque.

Quando o rompimento ocorre, o homem enfrenta a perda do lar e da segurança proporcionada pelo relacionamento. Em geral, como a mulher é quem se dedica a manter os contatos com amigos e familiares, freqüentemente o parceiro se vê desprovido também desses laços. Se for incapaz de expressar as muitas emoções que tomam conta dele, a sensação é de desabamento. Como o terapeuta de família Peter Jordan alerta, na separação o homem não perde apenas a pessoa mais próxima, mas também se afasta da pessoa com mais habilidade para ajudá-lo a lidar com tal situação.[5]

De repente, esses homens deixam de contar com uma relação para a qual se dedicavam; com uma pessoa que lhes proporcionava acolhimento e segurança e com a qual muitas coisas eram divididas. Deixa de existir a parceira que conhecia os vários aspectos de sua vida, os seus gostos e desagrados, os seus amigos e familiares.

De acordo com a psicóloga Toby Green, os homens baseiam sua identidade nas "pessoas importantes" de suas vidas. "A idéia de bem-estar está sempre associada a outra pessoa, como uma corda salva-vidas."[6] Não é de se surpreender que, quando o assunto das entrevistas era a separação, os homens usassem definições como "arrasado", "traído", "abandonado" e "muito magoado".

HOMENS SOZINHOS

Para a maioria dos homens, o trauma da separação e do divórcio não passa rapidamente, mas leva anos para ser superado. Em 1985, quando Peter Jordan estudou as conseqüências da separação na vida dos homens, descobriu que eles se revelaram mais assustados do que as mulheres com a possibilidade de se sentirem vulneráveis, isolados e desamparados. "Os homens são tão dependentes quanto as mulheres, mas essa dependência é adequadamente oculta",[7] afirma. Como os recém-separados tendem a manter o desespero para si, os amigos e familiares acreditam que superaram a situação. Mas nem sempre é assim.

Com freqüência, quando um casal se separa a mulher já digeriu boa parte de sua raiva, tristeza e frustração associadas ao final do relacionamento. Por isso, a separação pode ser uma experiência libertadora, porque permite que ela toque a própria vida. O homem, por outro lado, só começa a pensar nas possibilidades depois que a parceira vai embora. É nesse momento que ele vai começar a lidar com a própria raiva, a tristeza e a frustração, até conseguir enxergar um horizonte com alguma clareza.

> *Os homens se mostram mais assustados do que as mulheres com a possibilidade de se sentirem vulneráveis, isolados e desamparados após uma separação.*

Infelizmente, é preciso que o relacionamento termine para que muitos homens comecem a valorizar o que perderam.[8] Não quer dizer que as mulheres não lamentem a decisão: estudos revelam que, no ano seguinte ao divórcio, muitos homens e mulheres acreditam que poderiam ter salvo o relacionamento se tivessem se esforçado mais. Um grande número de recém-divorciados passa por uma crise cerca de um ano ou um ano e meio após a separação, quando fazem um balanço das perdas e ganhos da decisão.[9]

No estudo realizado por Peter Jordan na Austrália, quase todos os homens entrevistados admitiram estar "claramente desgastados" com a própria situação. Entre um e dois anos após a separação, 55% disseram ainda pensar muito na ex-mulher; 49% admitiram que deveriam ter se esforçado mais para manter o relacionamento; 36% achavam que a separação tinha sido um erro e 39% acreditavam que jamais se recuperariam da experiência.[10]

> "O homem que viu seu casamento se tornar uma disputa pelo pagamento de pensão, sua casa se transformar em residência da ex-mulher e seus filhos serem tratados como crianças que precisam de apoio das pessoas que o condenam pela separação, psicologicamente tem a impressão de que passou a vida se dedicando a pessoas que o detestam." *Warren Farrell.*[11]

Durante a separação e o divórcio, a maioria dos homens tem a impressão de que tudo se volta contra eles. Muitos entrevistados falaram em se sentir "liquidados" pelas mulheres e pelos tribunais. Para Dan Jarvis, diretor do *Michigan Family Forum*, "o sistema pode destruir alguns casamentos que teriam salvação. Uma pessoa que entra com um pedido de separação às vezes está pedindo ajuda, mas, sem saber aonde ir, procura um advogado e se vê no meio de uma batalha".[12] A sociedade ainda não consegue compreender o significado do divórcio para os homens, o quanto os deixa fragilizados e desesperados, embora muitos tentem se recuperar sem sucesso.

> *Os homens hesitam em partilhar detalhes mais íntimos ou falar sobre o que os incomoda porque acreditam que a lealdade deve ser preservada.*

CONSEQÜÊNCIAS PARA A SAÚDE

A sensação terrível que os homens sentem após uma separação pode exercer um grande impacto sobre a sua saúde e o seu bem-estar. No estudo de Peter Jordan, 81% dos australianos declararam ter sofrido de insônia após o final do casamento; 70% assumiram que choraram; 63% contaram que a energia e o vigor se reduziram. Esses sintomas não se associam apenas ao desgaste, mas são comuns quando as pessoas enfrentam perdas ou mortes. Mesmo os homens que se declararam pessoas positivas antes da separação, reconheceram prejuízos para a sua saúde e a sua disposição após a separação. Entre os homens que procuraram ajuda, a maioria tende a recorrer a amigos ou a familiares e não a profissionais.[13]

A maioria dos homens hesita em partilhar detalhes mais íntimos ou falar sobre o que os incomoda porque acreditam que a lealdade deve ser preservada. "Fazer com que um homem fale sobre o que considera um erro da parceira é muito difícil", conta Toby Green. "Os homens acham que é deslealdade, que estão sendo traiçoeiros. Em geral, tomam o cuidado de explicar que 'essa é apenas a minha opinião', 'não que ela seja má pessoa' ou 'não quero prejudicar a imagem dela!'."[14]

"Quando meu casamento acabou, senti uma tristeza que nunca havia sentido na vida... Não conseguia parar de pensar nos bons momentos e que a perda disso deixava um vazio que não parava de doer. Minha vida melhorou com o casamento, mas depois da separação não consegui mais ter uma visão positiva da vida." *Bradley.*[15]

Após a oficialização da separação, muitos homens se sentem sozinhos, mesmo tendo sido ótimos pais ou maridos. Hesitam em procurar ajuda profissional porque não querem revelar as suas fragilidades, ou por considerar que o apoio psicológico destina-se somente às mulheres, ou por achar que essa opção não conseguiria ajudá-los.[16]

FERIDAS ABERTAS

No relatório de atualização organizado em 1996, Peter Jordan identificou um aumento de todas as reclamações físicas por parte dos homens divorciados. Muitos admitiram enfrentar problemas de insônia, dores de cabeça, perda de memória, baixa energia, cansaço excessivo e rigidez muscular, embora muitos já estivessem em novos relacionamentos.[17] Para lidar com os efeitos pós-divórcio, a psicóloga Toby Green criou a *Men's Room*, um grupo formado por homens e destinado a discutir as dores da separação.

Muitos homens que entrevistei reconhecem a existência dessas dores. "Apesar de ter sido eu quem pediu a separação, de contar com outra parceira e de saber que era o que tinha de ser feito, ainda hoje preciso me esforçar para lidar com a separação", conta Michael, 50, que permaneceu duas décadas em um casamento infeliz por desejo de proteger os filhos. "Perdi quase dez quilos e não sei quantas noites passei sem dormir. Eu me preocupava com o que vinha pela frente. Foi assim durante seis meses, depois começou a melhorar."

> *Depois da separação, muitos homens gostariam de voltar no tempo.*

Não é de se surpreender que os homens divorciados se revelem mais vulneráveis ao suicídio. Como explicou Alan Close, colunista do *Good Weekend*, "quando os homens se sentem desolados eles jogam o carro contra uma árvore, enquanto as mulheres comem chocolate, assistindo a um filme divertido na tevê".[18] Trata-se de uma generalização, mas na Austrália os homens separados constituem um grupo três vezes mais propenso ao suicídio.[19] Temos de reconhecer a terrível dor que muitos homens enfrentam durante os processos de separação e divórcio. É necessário encontrar maneiras mais positivas de ajudá-los a lidar com essa experiência. Se isso não for feito, eles continuarão a formar um grupo de risco.

Os homens e a saúde

ASPECTOS PREOCUPANTES

Embora a maioria das pessoas considere os homens como seres fortes, eles podem ser frágeis sob diversos aspectos, por exemplo na dificuldade que têm em cuidar da saúde e do bem-estar. As mulheres lidam melhor com a saúde pois estão mais sintonizadas com o próprio corpo, além de mais dispostas a procurar ajuda se percebem que algo não está bem. No caso dos homens, essa falta de atenção pode trazer conseqüências concretas.

Com freqüência, os homens ignoram os sintomas vitais porque não se sentem à vontade para falar do próprio corpo e porque preferem esperar que os sinais desapareçam naturalmente. Essa forma de agir pode trazer preocupações para as outras pessoas, mas, como o psicólogo Ronald Levant alerta, "depois de uma vida omitindo os sentimentos, os homens freqüentemente deixam de prestar atenção aos sintomas físicos de alguma doença. Embora não se importem em fazer exercícios para fortalecer os músculos, não acham graça em fortalecer a saúde".[1]

Um estudo realizado em vinte países demonstrou que os homens estão mais sujeitos a mortes prematuras do que as mulheres, independente da idade. "Ser do sexo masculino é o fator isolado mais decisivo para uma morte prematura", conta o pesquisador Randolph Nesse, da University of Michigan. "Se fosse possível deixar as taxas masculinas de mortalidade no mesmo nível das femininas, o benefício seria maior do que a cura do câncer."[2]

Os homens precisam de estímulo para valorizar a saúde e aprender a admitir quando estão doentes. Quando isso não ocorre, o risco se eleva. De acordo com o psicólogo Bill O'Hehir, a saúde masculina não é apenas um problema médico, mas sim social. "Trata-se de uma questão de estilo de vida, de atitudes, valores e papéis de cada sexo. É preciso reordenar tudo isso para evitar a destruição física e emocional."[3]

Ao conversar com os entrevistados sobre saúde, encontrei uma postura evasiva e vaga, como se o assunto não merecesse importância.

> *No caso dos homens, a falta de atenção com a saúde pode trazer conseqüências concretas.*

Em geral, os homens tendem mais a viver no limite e a correr mais riscos do que as mulheres, o que eleva as possibilidades de danos físicos. Embora esses impulsos estejam associados parcialmente à natureza masculina, também são produtos da educação. Poucas pessoas se surpreendem ao saber que, na Austrália, os homens são cinco vezes mais propensos a morrer por afogamento e têm três vezes mais riscos de sofrer acidentes de carro fatais.[4] Todos já ouviram falar de homens que saíram para pescar ou andar de barco sob condições pouco indicadas e acabaram mortos. Além disso, os homens constituem o grupo mais numeroso de vítimas de doenças comuns. Mas, apesar de tudo, hesitam em pedir ajuda – seja hospitais, médicos, psicólogos ou terapias de apoio.[5]

> *Embora a expectativa de vida masculina nos países desenvolvidos tenha se ampliado muito em relação a cinqüenta ou cem anos atrás, a distância entre as taxas masculina e feminina aumentou no mesmo período.*

Em 1995, a expectativa de vida média nos países desenvolvidos era de 78 anos para as mulheres e 70 para os homens.[6] Mas, ainda assim, a forma de vida escolhida por meninos e homens adultos mudou pouco.

Sabemos que os garotos correm mais riscos de sofrer ferimentos e de morrer, mas os estimulamos a serem ousados, enquanto as meninas são educadas para sempre ouvir as nossas recomendações de cuidados com a sua integridade física.

Em geral, os meninos apresentam mais problemas mentais, entre eles comportamento violento ou anti-social, mas isso também não altera as orientações educacionais que recebem. Preferimos deixar que a mitologia do "mundo masculino" esconda a realidade, aumentando os riscos dos meninos no esporte, na escola e na vida.

DE GAROTO A ADULTO

Os desafios que os meninos enfrentam muitas vezes permanecem na vida adulta. Quando avaliamos as situações que afetam os homens, podemos identificar os aspectos de maior risco. Doenças cardíacas, como infartos e aneurismas, ocupam a liderança do *ranking* de riscos para os homens, e nem por isso houve um aumento na prevenção desses males. Para um australiano na faixa dos 40 anos, o risco de apresentar uma doença coronária durante algum momento da vida é de um para dois.[7]

O segundo fator de mortes em homens é o câncer nos pulmões, seguido de doenças pulmonares graves, com enfisema e bronquite crônica, câncer de próstata e de intestino.[8] O câncer nos testículos atinge menos vítimas, mas tende a ocorrer em homens com até 33 anos, que em geral ignoram o risco.[9]

A osteoporose é outra doença que ataca um número significativo de homens – que, ao contrário das mulheres, têm poucos conhecimentos do problema e de seus efeitos. Talvez isso ocorra porque só recentemente a doença tenha sido reconhecida como um problema que afeta homens mais velhos. Acredita-se que, todos os anos, um em cada três idosos com mais de 60 anos apresente fraturas em decorrência da osteoporose. Aproximadamente a metade dos que sofrem de fraturas na bacia apresentam comprometimentos físicos que requerem cuidados especiais, e um em cada cinco morre em até seis meses após a fratura.[10] Novamente, poucos sabem disso. E esses homens não são apenas partes de estatísticas: são pais, maridos e avôs.

> *Depois de dedicar a vida à busca da independência, a maioria dos homens teme qualquer forma de dependência. Por isso, a ida ao médico só ocorre em caso de doenças graves.*

MOTIVOS DO DESCASO

Um estudo demonstrou que mulheres e homens não apresentam grandes diferenças quando o assunto é exercício físico ou qualidade da alimentação.[11] Mas o que explica o aumento dos problemas de saúde? A grande diferença está na hora de procurar um médico. Para muitos homens, a saúde não é um fator de preocupação.

Uma pesquisa realizada com moradores da região rural australiana revelou que, para muitos, a saúde não é um fator importante. Quase a metade dos entrevistados declarou que "nunca" ou "raramente" pensam na própria saúde, e um em cada dez disse se preocupar com a saúde apenas nos momentos de doença. Para muitos deles, basta estar em condições de trabalhar para se considerar uma pessoa saudável.[12]

Existem muitos motivos para esse descaso, inclusive a falta de livros sobre as condições masculinas. Em um estudo realizado na Austrália, uma busca na *Medline* para o período entre 1980 e 2002 encontrou 8 mil referências para o assunto "saúde da mulher" e apenas 179 para "saúde do homem". Uma avaliação mais minuciosa revelou que, desses artigos, cerca de 28% falavam sobre a Aids.[13] Para aumentar a consciência masculina sobre a fragilidade da saúde e estimular a procura de profissionais em caso de doenças, é preciso que as publicações abordem mais o assunto.

LONGE DOS CONSULTÓRIOS

Para muitos homens, procurar um médico é admitir fragilidade. Depois de dedicar a vida à busca da independência, a maioria dos homens teme qualquer forma de dependência. Por isso, a ida ao médico só ocorre em caso de doenças graves, o que, em muitos casos, impede o diagnóstico em estágio inicial. Esses homens não querem que a doença lhes extraia o que têm de melhor, embora em geral seja isso o que ocorre. Em certa medida, a hesitação em procurar ajuda pode ser mais compreensível no caso dos mais velhos, que cresceram em uma época em que não havia recursos para a assistência médica. Mesmo que no presente as suas condições financeiras permitam esse "luxo", a relutância predomina.

A necessidade de esperar pelo atendimento constitui outro grande motivo para evitar os consultórios:[14] não porque falta paciência, mas por causa da ausência no trabalho. Um estudo revelou que os homens que trabalham no comércio freqüentam menos as salas de espera, por causa das longas jornadas e da dificuldade em se ausentar, ainda que por pouco tempo.[15] Muitos homens também precisam se deslocar bastante para chegar ao trabalho, o que também desestimula a procura de ajuda médica. Além disso, em algumas profissões consideradas "masculinas", como as forças armadas, a imagem constitui um papel essencial. Muitos não querem comprometer a reputação de "imbatíveis" e por isso só marcam consultas quando for extremamente necessário – e, muitas vezes, tarde demais.

Consciente das atitudes masculinas diante do assunto, o *Cancer Research UK* escolheu o mês de junho para uma campanha de conscientização. O *site* da organização conta com um espaço exclusivo para quem quer partilhar suas experiências. O apresentador esportivo Russell Fuller, 29, foi o primeiro a contar sua batalha contra o câncer nos testículos, a fim de estimular outros homens a fazer o mesmo: "Em geral, os homens não gostam de falar do que sentem, e declarar que perderam os testículos, como aconteceu comigo, pode ser constrangedor. Mas eu sou uma pessoa bastante aberta e falar sobre o problema ajudou muito. Meus amigos e familiares deram apoio, fizeram algumas piadas e contribuíram muito para a minha recuperação".[16]

> *A hesitação masculina em procurar um médico pode estar associada à falta de experiência na busca de ajuda.*

Os profissionais da saúde descobriram, há algum tempo, que muitos homens não utilizam a estrutura de atendimento porque o público em geral é formado por mulheres e crianças, e a maioria do corpo de enfermagem é do sexo feminino. Apesar das medidas para contratar mais enfermeiros, os centros de atendimento ainda são um ambiente predominantemente feminino.[17]

A hesitação masculina em procurar um médico pode estar também associada à falta de experiência na busca de ajuda – ao contrário do que ocorre com as mulheres, sempre às voltas com consultórios e exames, sobretudo por causa da gravidez e dos cuidados com os filhos (sem falar nos exames de rotina, como o papanicolau e a mamografia).

O aumento da carga de trabalho dos médicos não contribuiu em nada para melhorar a situação. Em geral, os médicos têm cada vez menos tempo para dedicar aos pacientes, o que limita as chances de que um homem se acostume com a condição e se sinta confortável para expressar suas dúvidas.[18] Além disso, as mulheres tendem mais a fazer perguntas aos médicos durante as consultas do que os pacientes do sexo masculino.

A FAMÍLIA ACIMA DE TUDO

A pressão para ser um provedor também ajuda a manter os homens longe das consultas médicas. Phillip, 54, um carpinteiro prestes a se aposentar, contou que só procurou um médico depois de um ano de hemorragia intestinal. Admitiu que a situação o deixava nervoso e assustado, mas a pressão de trabalhar por conta própria, garantir a educação dos filhos e permitir a volta da esposa à universidade adiou a busca de ajuda. Para sorte de Phillip o pólipo era benigno, mas os médicos o alertaram que, se esperasse mais um ano para pedir ajuda, as complicações seriam bem maiores. Não se trata de um caso isolado: desde que comecei a pesquisa para a elaboração deste livro, soube de muitos homens que enfrentaram tumores, dores intensas e outros sintomas extremos por anos, antes de procurar ajuda, por medo de enfrentar o que viria pela frente.

> *Os homens precisam compreender que ficar doente não significa abandonar as pessoas.*

Em geral, homens que têm parceiras tendem a esperar menos para agir, justamente porque recebem pressão delas para cuidar da saúde. Em geral, as esposas não se limitam a insistir para que os maridos marquem uma consulta: elas não sossegam enquanto não encontram um tratamento adequado ou até que o problema seja resolvido. Quando o *Cancer Research UK* começou a analisar os telefonemas recebidos pela instituição, descobriu que a maioria das chamadas era feita por mulheres, também autoras de 40% das perguntas sobre câncer nos testículos.[19]

Se compreendermos o quanto os homens sentem necessidade de se julgarem úteis para as pessoas que amam, saberemos porque os problemas com a saúde parecem tão inconvenientes para eles. Os homens precisam compreender que ficar doente não significa abandonar as pessoas.

Essa tendência a subestimar ou ignorar a saúde costuma permanecer por toda a existência dos homens. Mesmo diante de um diagnóstico fatal, muitos optam pelo silêncio, em parte por causa do medo, mas também para evitar o sofrimento dos familiares.

Os homens preferem enfrentar sozinhos as batalhas envolvendo a própria saúde porque acreditam que é o melhor que podem fazer pelas pessoas que amam. Muitos não percebem que esse silêncio e essa hesitação em procurar ajuda em tempo hábil causam danos a todos. Se compreendessem isso, talvez se permitissem agir de maneira diferente.

> *Enquanto não encontrarem caminhos positivos de relaxar sem parecerem fracos, nem fracassados, os homens continuarão a represar o que sentem e a exigir demais de si mesmos.*

SOB PRESSÃO

O psicólogo Bill O'Hehir acredita que talvez o estresse seja o fator isolado mais comprometedor para a saúde dos homens.[20] Muitos sequer reconhecem que estão estressados e poucos tomam medidas para conter o problema. Em geral, uma mulher na mesma situação telefona para uma amiga, vai ao cinema, faz compras, marca uma massagem, acende velas, toma um longo banho, aplica cremes para cuidar do rosto e se instala na frente da televisão.

Homens estressados tendem a trabalhar mais, recorrem às bebidas alcoólicas ou outros estimulantes, aumentando ainda mais a pressão que suportam.

Com freqüência, os homens só param quando chegam em casa – em geral para cair esgotados sobre o sofá e dormir pesado. Embora esse estilo de vida demolidor tenha se tornado comum para muitos homens, raramente dá espaço para a preservação da saúde ou a manutenção de relacionamentos satisfatórios. Enquanto não encontrarem caminhos positivos de relaxar sem parecerem fracos, nem fracassados, os homens continuarão a represar o que sentem e a exigir demais de si mesmos.

Finalmente, a capacidade de cuidar da própria saúde envolve um grau de auto-valorização, que justifica o tempo e o esforço dedicados a cuidar de si. Mas, para estimular os homens a fazer isso, precisamos avaliar mais de perto as muitas mensagens captadas por eles desde a infância, que orientam para a obsessão pela perfeição.

Tomar a decisão por uma rota diferente não é fácil em uma sociedade que valoriza as pessoas pelo que elas têm e não pelo que são.

Enquanto os homens não conseguirem ser honestos em relação ao que realmente são, não será possível ter uma existência provida de significado. Os homens que vivem nessa prisão enfrentam o que Bill O'Hehir define como "sério estresse interior".

É preciso ampliar o conceito do que é ser masculino e adquirir a consciência de que, ao tomar conta da própria saúde, eles cuidam também das pessoas que amam.

Homens no trabalho

A VIDA PROFISSIONAL

O trabalho é um aspecto muito importante na vida dos homens em geral, mas grande parte da discussão sobre o assunto se concentra nos casos de profissionais bem-sucedidos e no poder que exercem. Embora estes sejam os que aparecem na mídia, eles representam apenas uma parte dos homens ativos no mercado de trabalho. Alguns atuam como industriais, advogados ou políticos, têm prestígio e influência, e são recompensados por seus esforços. Eles têm ainda a autoridade para tomar decisões e possivelmente são mais donos do próprio destino do que a maioria de nós.

Mas para cada um desses exemplos de sucesso, existem milhares de homens com muito menos influência, opções e recursos. São eles que trabalham nas linhas de montagem, dirigem ônibus e trens, garantem a segurança das ruas, consertam as estradas, os parques e edifícios públicos. Para esse grupo, o trabalho é uma necessidade e a prioridade está em preservar o emprego a qualquer custo. Não contam com o prestígio das carreiras mais tradicionais e, muito possivelmente, ficarão na mesma ocupação a vida toda. Não são pessoas ambiciosas e detêm pouco ou nenhum poder, mas a dedicação ao trabalho desses homens é igualmente valiosa para a sociedade.

Um dos fatores de pressão para os integrantes desse grupo é a necessidade de competir. Alguns homens são naturalmente competitivos no ambiente profissional, mas nem todos se comportam assim ou, pelo menos, não em um nível destrutivo. É importante esclarecer que a competição também afeta as mulheres e não é necessariamente negativa: sem esse espírito, as empresas não sobreviveriam. Quando bem direcionado, o ímpeto competitivo pode trazer energia ao local de trabalho, servindo como estímulo para os profissionais. Uma dose positiva de espírito competitivo motiva as pessoas a começar um novo dia, como é o caso de Matthew: "Meu trabalho tem altos e baixos, como tudo, mas as fases 'altas' chegam à estratosfera. Gosto de desafios, e meu trabalho oferece as sensações de vitória e de fracasso comuns no universo esportivo".

NECESSIDADE DE SUCESSO

O trabalho pode ser um bom canal para o desejo masculino de fazer as coisas acontecerem, mas o problema começa quando eles não sabem mais identificar o momento de "desligar". Hoje, muitos homens se concentram demais na esfera profissional, em detrimento de outros aspectos da vida. Porém, dedicar-se em excesso ao trabalho não significa que eles gostem desse estilo. Para a maioria dos homens, não se trata de uma escolha. As mulheres, por sua vez, também sentem as pressões da vida profissional e começam a compreender como funciona a relação de amor e ódio que muitos parceiros têm com seus empregos.

Porém, a diferença é que, no caso das mulheres, muitas interrompem as carreiras por algum tempo ou mudam de direção. Poucos homens têm essa opção. Apesar da maior flexibilidade dos papéis, os homens, em sua maioria, ainda atuam como provedores, seja porque precisam sustentar uma família ou porque é esse o papel que a sociedade os impõe.

> "Se um homem fala que deseja ficar em casa e não quer mais sair para trabalhar, as pessoas ficam horrorizadas. Espera-se que ele sempre esteja fazendo algo, mesmo que seja uma atividade que detesta, como o trabalho pesado. Também pode ser uma atividade que aprecie, mas desde que faça algo." *Alex, 35.*

PRIORIDADES

Embora nem todos os homens sejam movidos pelas necessidades da família, alguns fazem dessa demanda uma prioridade absoluta. Isso significa colocar comida na mesa e garantir uma moradia digna para a família. E para outros com mais recursos, significa pagar uma boa escola particular, viagens de férias, planos de saúde para a família e uma casa confortável em um bom bairro. Seja qual for o nível de rendimentos, a preocupação é garantir o bem-estar das pessoas queridas – ou seja, fazer o que consideram ser correto.

Para a maioria dos homens, trabalhar pesado não é uma escolha.

O desejo de ser um bom provedor não é coisa do passado. Quando duas pessoas com iguais perspectivas de carreira se unem, ainda se espera que o homem assuma a principal responsabilidade pela vida do casal. Raramente essa expectativa recai sobre a esposa, mesmo quando isso ocorre na prática. "Ainda hoje, predomina a crença de que o homem é o responsável pelo sustento, mesmo que na prática não seja mais assim. Daí a pressão para que o marido tenha um bom emprego e ganhe um salário alto", explica Tim, 25, profissional de marketing que se prepara para o papel fazendo MBA e trabalhando em período integral. Tony, 26, concorda: "Até na minha geração sinto pressão para garantir a segurança financeira da minha família. E, embora as mulheres hoje atuem no mercado de trabalho, ainda esperam que o marido seja o provedor".

> "Eu tive uma namorada que tinha uma irmã gêmea. Era tudo muito confuso, porque o namorado da irmã era um cara que já trabalhava e eu, na época, era estudante. A mãe delas era legal, mas dava uma importância enorme para os presentes que as meninas ganhavam dos namorados no aniversário e no Natal. Não sei exatamente o que ela queria, mas eu me sentia muito pressionado." *Mitchell, 26.*

Ainda que esse papel de provedor pareça desatualizado, a expectativa permanece real e forte. Os homens sabem que sua capacidade de oferecer determinado estilo de vida tem uma influência enorme no seu poder de conquista: não é apenas nos contos de fadas que o herói conquista o coração da princesa mais disputada.

Mesmo no caso de jovens preparadas, capazes e bem formadas, a primeira pergunta que a família faz quando o relacionamento se torna mais sério é sobre as chances de futuro promissor do namorado. Com medo de escolher o que realmente querem fazer e fracassar, muitos rapazes optam pela profissão que garanta mais dinheiro ou mais perspectivas de crescimento.

Não são apenas os familiares, as mulheres e seus pais que levam os rapazes a pensar assim. Existe a mesma pressão entre os próprios homens. Pode-se notar que é muito comum os homens, ao se apresentarem, mencionar a sua ocupação. Para muitos, a identidade se confunde com o cargo que ocupam, pois esse é um dos principais modos de avaliação de um homem.

> "A sociedade julga os homens o tempo todo. Toda aquela hierarquia que começa na escola primária continua por toda a vida. O dinheiro, os músculos e os cargos poderosos na carreira são o que definem tudo." *Blake, 42.*

> "Talvez o maior desafio para os homens seja desenvolver uma identidade independentemente do seu trabalho. Sem meu trabalho, quem sou eu? O que eu sou? O esperado é que os homens trabalhem o tempo todo, sempre. Eles mesmos se vêem como provedores. Conheço pouquíssimos "donos de casa" e não sei como eles lidam com a imagem deles na sociedade." *Nick, 53.*

Para Gore Vidal, as pressões a que os homens estão submetidos equivalem a condicionamentos sociais. "O que faz um sistema econômico como o nosso funcionar é o controle sobre as pessoas, fazendo-as ficarem em trabalhos que detestam. Depois que um homem tem esposa e dois filhos, ele faz qualquer coisa. Você manda e ele obedece."[1] Embora nem todos concordem com essa opinião radical, não se pode negar a existência das pressões que afligem os chefes de família.

> *Um bom salário torna interessantes trabalhos que, mal pagos, seriam intoleráveis.*

MAS O QUE VALE A PENA?

A pressão sobre os homens para que atuem como provedores é bastante incisiva e ajuda a compreender porque a visão masculina de trabalho é mais objetiva do que a feminina. Essa postura ajuda a suportar os anos dedicados ao batente. Para a maioria dos homens, o trabalho é uma troca: eles investem uma quantidade determinada de esforço e recebem de volta uma remuneração correspondente. O total de dinheiro que pode ser ganho ocupa um lugar de destaque nessa equação, já que a busca da satisfação pessoal é um luxo restrito a poucos.

"Embora goste do meu trabalho, eu o trocaria por mais tempo com minha família e meus amigos." *Kris, 35.*

Um bom salário torna interessantes trabalhos que, mal pagos, seriam intoleráveis. Uma amiga minha, que atua como consultora de empresas em fases de mudança, estava percorrendo uma conhecida fábrica de tijolos quando encontrou o profissional responsável por retirar os tijolos do forno. Além de ser uma atividade repetitiva e chata, o calor do ambiente era quase insuportável. Ela perguntou como ele agüentava e a resposta foi: "Esse trabalho me permite tirar férias com minha família três semanas por ano". Essa é a realidade de muitos homens em relação ao trabalho.

> "Para a maioria dos homens que atuam em atividades braçais, o trabalho é terrível. Mas por que eles trabalham, se não for pela família?" *Ryan, 50.*

Homens ricos também podem se sentir presos pelo trabalho, caso não tenham opção ou achem que as escolhas feitas não fazem sentido. Conheci, em um jantar, um bem-sucedido profissional de uma multinacional. Depois de diversos sucessos, que lhe renderam alguns milhões, ele havia assumido a responsabilidade pela gestão da empresa em diversos países. Durante o jantar, ele confessou que sua verdadeira paixão era a fotografia e que seu maior desejo era montar uma agência de imagens. Os únicos momentos em que havia entusiasmo na voz daquele homem, com mais de 60 anos, era quando falava sobre fotografias. Não consegui compreender se a pressão para continuar na empresa vinha dos familiares, colegas ou dele mesmo, mas ficou claro que ele se sentia obrigado a permanecer na empresa. Essa é a história de milhares de homens que, a não ser que sejam estimulados a procurar valor dentro de si, continuarão a enfrentar dificuldades para priorizar aquilo que realmente querem.

> "Trabalho com uma mulher na casa dos 50 anos. Ela é divorciada e está interessada em outro homem, mas é triste ouvi-la falando sobre o assunto. É claro que não está muito apaixonada: diz que ele é legal e também que é 'bem de vida', o que claramente a atrai. Isso me fez sentir muito mal, porque é como se tivéssemos de fingir a vida toda." *Tony, 26.*

ÓDIO PELO TRABALHO

Como poucos homens falam sobre as dificuldades que enfrentam no trabalho, com freqüência a família e os amigos não têm idéia de quanto é custoso para eles levantar todas as manhãs para trabalhar. Como as mulheres, muitos se sentem sufocados pelo papel que precisam desempenhar – zelar por uma casa, pagar financiamentos, permanecer estimulados e dedicados ao trabalho, mesmo quando tudo o que desejam é um pouco mais de tempo.

Além da situação desesperadora que alguns enfrentam, muitos se sentem culpados por querer uma vida profissional diferente, sobretudo se, na opinião dos outros, ocupam cargos que garantem reconhecimento e boa remuneração. Assim, a não ser que apareçam outras formas de trazer mais dinheiro para casa e desfrutar de mais *status*, a maioria permanece em empregos que detestam não durante alguns anos, mas por décadas. Eles continuam nesses empregos porque temem perder o respeito e a admiração da sociedade, caso uma nova opção não dê certo.

"Hoje as pessoas querem demais. Há algumas gerações, famílias grandes viviam em casas pequenas e estava tudo certo. Eu adoraria trabalhar menos ou ter essa alternativa." *Blake, 42.*

O desespero que os homens sentem em relação ao trabalho é mais comum do que se imagina. Além disso, com o tempo, ficou mais difícil sustentar uma família: as expectativas individuais se elevaram, tanto no caso dos homens, quanto de suas esposas e filhos, o que também contribui para essa opressão. "Tudo se tornou materialista demais", lamenta Blake, que se sente pressionado a manter o nível de vida a que a esposa e os filhos estão acostumados. Em mais de uma ocasião, Blake tentou conversar com a esposa sobre a possibilidade de redução das despesas, sem sucesso. Hoje, ele se sente preso a uma profissão que detesta.

Garotos e a vida profissional

Em geral, as mensagens sobre o que o mundo espera dos homens são passadas bastante cedo. No artigo "Men and Dangerous Work", o jornalista James Novak citou um diálogo que teve com o filho adolescente sobre a escolha profissional e as expectativas da vida adulta. "Às vezes, tenho medo de não conseguir um emprego que permita o meu sustento e o de meus filhos, mais tarde", admitiu o garoto. Parece difícil que um jovem sinta esse tipo de obrigação, mas James Novak afirma: "Meu filho está tomando contato com a principal questão enfrentada pelos homens, há tempos, no que se refere à própria sexualidade: 'Como posso ser considerado um homem se não tenho condições de manter a mim e a minha família?'"[2].

Os homens consideram o trabalho um fator de isolamento, não só por fazerem tarefas que não apreciam, mas por serem forçados a passar muito tempo longe dos familiares. Para os homens, a divisão entre vida profissional e vida familiar é relativamente recente. Até a Revolução Industrial, quando grandes grupos migraram para os centros urbanos, os homens trabalhavam perto de casa e mantinham contato com a família o tempo todo. Atualmente, para a maioria deles, não se trata de uma escolha. Sem dúvida, alguns recorrem ao trabalho para fugir da vida familiar, mas não é o caso da maioria.

"Eu trabalho só pelo dinheiro. Se alguém me pagasse o mesmo valor para cuidar da minha família, eu aceitaria a proposta."
Steve, 44.

Cameron, 32, contou que só quando seu filho nasceu, ouviu seu pai se lamentar por ter passado tanto tempo longe de casa. O pai de Cameron era um profissional graduado de uma empresa do setor financeiro e, embora jamais se queixasse, sentia muito por não ficar com a família. "Ele contou que desejava muito ficar conosco quando éramos pequenos, mas que precisava trabalhar até tarde por causa das exigências do cargo. O mais triste é que nós também sentíamos a sua falta. Lembro que nos sentávamos na mesa e ficávamos esperando a chegada dele, mas daí o telefone tocava e ele avisava que não viria. Mais uma vez, o jantar dele ia para o forno."

A VIDA NAS EMPRESAS

Apesar de tudo, muitos homens gostam de seus trabalhos. Sempre que identificam algo *tangível* em seus esforços, conseguem valorizar os resultados. Para quem tem uma rotina profissional rígida, porém, nem sempre há a sensação de que estão produzindo algo. Muitos se preocupam em manter a produtividade para não colocar o emprego em risco, pois sabem que o bem-estar da família depende deles. A ansiedade masculina no mundo profissional aumentou com a terceirização e a reestruturação das empresas.

Hoje existem várias questões novas a enfrentar, já que as regras antigas não valem mais. Fatores como tempo de casa ou dificuldade do trabalho, que antigamente garantiam muitos empregos, hoje contam pouco. No atual ambiente em mutação, diversos profissionais têm dificuldade em saber se estão seguros ou não, pois sequer as empresas sabem o que esperar dos seus colaboradores.

> "Espera-se que os homens sejam firmes, dêem conta de qualquer demanda e resolvam os problemas, mesmo quando essas questões não são do interesse do indivíduo." *Kieran, 58.*

Atualmente, a aparência física e a apresentação pessoal são mais importantes do que nunca, o que pressiona ainda mais os profissionais a tentar se adequar às expectativas. Essa valorização da juventude estreitou as oportunidades para os homens brilharem, pois quem atinge mais idade conta com muito menos espaço para crescer. Além disso, existe a necessidade de correr atrás das novidades tecnológicas, o que é mais um fator de pressão, principalmente para os que sustentam uma família. Um ótimo conhecimento do produto ou uma experiência profissional consistente não são suficientes: quem não se destacar em outras frentes, sobretudo no caso das habilidades técnicas, fica para trás. Nesse ambiente em transformação, em especial os pais de família têm consciência de que, não importa o que aconteça no trabalho, a hipoteca da casa e as despesas não esperam. Ainda que as esposas trabalhem, raramente há como honrar essas contas sem o salário do homem.

> "Fico preocupado quando vejo jovens ocuparem cargos altos logo cedo, porque o trabalho é bem mais exigente do que deveria ser. Assim, lá pelos 40 anos eles já estão fartos e a empresa acaba perdendo uma grande fonte de experiência." *George, 60.*

Se crescem preocupados com o trabalho, esses jovens se esforçam ainda mais para se adequar às demandas – mesmo que para isso fiquem mais tempo longe da família. Por isso, com freqüência os familiares se ressentem dessa ausência. Como os homens são educados para se calar, as pessoas que os cercam muitas vezes não sabem o quanto o trabalho se tornou penoso, e mais uma vez eles ficam sozinhos.

> "Com a idade fiquei mais cansado, o que não é uma novidade. Mas é algo que precisamos aprender a administrar no local de trabalho, e que pode causar problemas." *Kieran, 58.*

Com o aumento de poder das corporações, se intensificou a sensação de impotência dos profissionais que atuam nelas. Para os que precisam manter uma família, provar que estão "adequados" é bastante desgastante – e quem tem esse perfil, em geral está tentando superar aos colegas ou a si mesmo, dificultando ainda mais o processo. Muitos profissionais se sentem frustrados ou sobrecarregados ao conviver com superiores que forçam a equipe para além dos limites.

Tive um chefe que exigia demais de todos. Uma vez, eu o encontrei curvado sobre a mesa, em meio a uma dor terrível: ele havia sido operado no dia anterior, mas fizera questão de ir trabalhar. Quem chega a esse extremo pressiona os demais a fazerem o mesmo.

"Os 'homens corporativos' vivem e morrem em função das avaliações de desempenho", explica o psicólogo Alon Gratch. "O desempenho e a ansiedade pelo desempenho são partes essenciais da insegurança masculina."[3]

O EXCESSO DE TRABALHO

Quando se tornam viciados em trabalho, os homens tendem mais a serem manipulados pelo sistema e a manipular os outros. Embora alguns acreditem que estão contribuindo para transformar o mundo de alguma forma, muitas vezes se tornam vítimas da mesma cultura que tanto defenderam. A trajetória da Apple ilustra esse fenômeno. A empresa estava dedicando todos os esforços para o lançamento do computador de mão Newton, previsto para o verão de 1993. Como o projeto já estava com atraso de quase um ano, a pressão sobre os projetistas por resultados era intensa. Alguns não resistiram. Vários engenheiros admitiram chorar ou sentir exaustão, após jornadas de trabalho de dezoito horas. Um sofreu um colapso nervoso e foi internado, outro se suicidou.[4]

Os japoneses contam com o termo *karoshi* para definir aqueles que trabalham até morrer. Embora muitos profissionais não cheguem a esse extremo, são numerosos os que forçam os próprios limites. Quanto mais desgastados, menos opções enxergam e acabam se tornando mais uma peça da engrenagem. Conversei com Matthew, que trabalha na área de informática. Com 27 anos, tem plena consciência das pressões: "Eu adoraria trabalhar menos horas. Se estou em um projeto importante, chego a trabalhar 24 horas direto. Não acho que há opção de fazer de outro jeito, se você quer ser bem-sucedido nesse mundo em que eu trabalho". Embora essa energia e dedicação possam ser benéficas para a empresa, poucas pessoas suportam tanta pressão por muito tempo. A longo prazo, o resultado é uma crise nervosa.

CLUBE MASCULINO

Uma das coisas que os homens apreciam na vida profissional é a oportunidade de contato com outros homens. Durante as entrevistas, muitos falaram sobre o conforto de trabalhar com colegas do sexo masculino. Depois de voltar da Guerra do Vietnã, Dan, 58, gostava do emprego como operador de uma siderúrgica. Ele não tem dúvidas de que a companhia de outros homens o ajudou a reorganizar a vida. "Eu gostava daquele ambiente quase totalmente masculino porque muitos homens juntos se descontraem", explica.

Stanley, 70, policial aposentado e pai de duas filhas, também tem a mesma opinião. Para ele, a inclusão das mulheres na corporação afetou o tipo de vínculo que os policiais tinham. "Virou um problema porque os homens se comportam de outro jeito quando há mulheres por perto." Stanley se preocupava com as novas colegas e achava que precisava se manter atento para garantir a segurança delas.

> *Quando os homens optam em parar de trabalhar por um tempo, muitos têm vontade de voltar porque sentem falta da rotina, dos colegas e da sensação de realização.*

ONDE ESTÁ A REALIZAÇÃO?

A atual insatisfação com o mundo profissional se deve, em parte, a nossas expectativas. A partir dos anos 60, algo aconteceu com nossa postura: de uma hora para outra, o trabalho não tinha mais por objetivo fornecer um sustento digno, pois se transformou em uma oportunidade de satisfação e de realização pessoal. O movimento feminista ajudou a consolidar essa idéia ao valorizar a atuação profissional, pregando que a entrada no mercado de trabalho daria às mulheres o poder e a satisfação desejados.

Apesar dos muitos ganhos, o foco acentuado no trabalho levou homens e mulheres a acreditar que a atuação profissional poderia resolver todos os problemas, além de ampliar os padrões do consumo (hoje se consome muito mais do que há duas ou três décadas). As crianças estão presas no mesmo ciclo, transformando muitas famílias em escravas do cartão de crédito. Como já citamos, para muitos homens responsáveis pelo sustento de uma casa, essa elevação das exigências pode ser insuportável.

> "Tanto para os homens, quanto para as mulheres, o atual apelo é: você pode ter o que quiser. Mas eu acredito que, conforme você fica mais velho e mais maduro, ainda que isso seja possível, não é mais desejável. Criamos um ambiente muito mais competitivo, onde todos podem fazer tudo, o que muitas vezes apavora ambos os sexos." *Alex, 35.*

EM BUSCA DE SATISFAÇÃO

Apesar das muitas pressões que enfrentam, vários homens se realizam no que fazem. Muitos se sentem confortáveis no ambiente profissional, porque ali têm a oportunidade de deixar sua marca, testar seus limites e desfrutar de um senso de comunidade. Por isso, quando essa fonte deixa de existir, muitos ficam desolados e com a impressão de que saíram perdendo. Quando alguns homens optam em parar de trabalhar, depois de algum tempo querem retornar, pois sentem falta da rotina, dos colegas e da sensação de realização.

Embora os homens tendam a escolher mais racionalmente a atividade profissional ou os meios para sobreviver no trabalho, em minhas entrevistas jamais pareceu que a necessidade de satisfação profissional deles fosse menor do que a das mulheres. A diferença está no fato de que eles parecem mais capazes de aceitar a insatisfação, em geral movidos pela necessidade de garantir sustento a filhos e esposa.

"Conheci pessoas que ficaram um ano em um trabalho que detestavam, e outras que passaram duas décadas." *Ivan, 48.*

Apesar dos conflitos de muitos homens em relação ao trabalho, um dos entrevistados alertou que se trata de um espaço no qual podem provar que estão vivos. O trabalho permite que os homens se sintam valorizados e pode inspirá-los a construir algo que sobreviva à existência deles. Quando os homens contarem com mais opções sobre como e onde atuar, quando puderem dividir a incumbência pelo sustento da família de forma mais igualitária, ou quando receberem maior reconhecimento por seus esforços e puderem dispor mais de seu tempo – eles finalmente terão maior satisfação profissional.

Negócios arriscados

TRABALHO PERIGOSO

Muitos homens trabalham em atividades perigosas ou insalubres. Com muita freqüência, são atribuições essenciais para a comunidade, mas, como raramente ouvimos falar dessas funções, poucas pessoas se preocupam. "O trabalho costuma ser um ambiente perigoso para os homens", explica James Novak, ao comentar os números de acidentes no trabalho.[1]

> *As vítimas de acidentes não são apenas estatística. São pessoas que têm um lar, aspirações pessoais, parceiros, filhos, pais e amigos.*

Na Austrália, entre 1999 e 2000, foram pagas 346 indenizações por mortes ocorridas em locais de trabalho, em geral com vítimas do sexo masculino. Desse total, 84 casos ocorreram no caminho para o trabalho, e as outras 262 mortes foram conseqüência das próprias atividades profissionais.[2] Essas estatísticas não incluem os acidentes sem indenizações, nem os acidentes não fatais. Também não fazem parte dessas estatísticas os profissionais expostos à ação de produtos químicos perigosos, levados para casa nas roupas, na pele, nos cabelos ou no carro. Essa contaminação, além de matar em alguns casos, pode afetar a produção de espermatozóides, prejudicar a energia sexual, a capacidade de ereções e até causar má formação nos bebês.[3]

> "Tínhamos de segurar os recipientes e mergulhá-los no ácido para retirá-los limpos e bonitos, e depois colocá-los em outra solução para eliminar os resíduos do ácido. Não usávamos máscaras, nem outros equipamentos, apenas óculos. Esse era o trabalho. Eu nunca gostei muito. Depois de um tempo, eu tinha de correr para o banheiro, uma ou duas vezes a cada hora, por causa de diarréia. Acharam que eu não servia para a função e me passaram para outro posto." *Dan, 58.*

Os registros sobre acidentes em locais de trabalho tendem a se concentrar apenas no que diz respeito à produtividade, com um abundante material sobre ocorrências e perdas para a empresa, com poucos dados acerca do custo humano. É importante que essa mentalidade mude e que se perceba que as vítimas de acidentes não são apenas estatística. São pessoas que têm um lar, aspirações pessoais, parceiros, filhos, pais e amigos.

Ao desconsiderar a dimensão humana dos trabalhos perigosos, a sociedade estimula os homens a agir da mesma forma. Os entrevistados que atuavam em funções desse tipo raramente tinham noções dos riscos que corriam.

Peppi, 78, contou que, em um emprego antigo, ele tinha de beber dois litros de leite por dia para conter os danos dos produtos químicos ao estômago. Quando falam de seus trabalhos, esses homens costumam citar a sua importância para a empresa e minimizam as más condições de saúde e de segurança a que estavam expostos.

> *Ao desconsiderar a dimensão humana dos trabalhos perigosos, a sociedade estimula os homens a agir da mesma forma.*

HOMENS POBRES, RISCOS MAIORES

Não há dúvidas de que, entre todos os profissionais do sexo masculino, os mais pobres são os que enfrentam maiores riscos. Uma pesquisa feita na Austrália comprovou que eles enfrentam mais ameaças à saúde, além de taxas de mortalidade e níveis de incapacidade mais altos.[4] Mas eles não são apenas invisíveis para a sociedade: com freqüência, sofrem as conseqüências da pressão por produtividade. Uma entrevista da PBS apresentou vários casos, entre eles o de Ira Cofer, um mecânico que teve a manga do macacão presa em uma esteira rolante. Por causa das demissões, ele estava trabalhando sozinho quando o acidente aconteceu. Pediu ajuda por mais de duas horas e meia, depois de perder parte do braço.[5] E o mais impressionante é que não se trata de um caso isolado.

"A maioria dos homens aceita o trabalho que estiver disponível. Mesmo se for perigoso, sujo ou sem nenhum reconhecimento, ainda assim é um emprego. E qualquer emprego que ofereça um salário básico garante sua identidade como homem." *James Novak.*[6]

> *Mesmo quando os padrões de segurança são altos, a cultura do trabalho pode afetar a saúde e a segurança do homem.*

Um empregador não precisa ser negligente para que seus colaboradores estejam sujeitos a situações de risco. Warren Farrell citou o caso de um lixeiro que, na realização de seu trabalho, teve contato com resíduos radiativos e com ácido liberado de baterias, sem falar na ocasião em que cinzas quentes provocaram um princípio de incêndio na carroceria do seu caminhão.[7]

Mesmo quando os padrões de segurança são altos, a cultura do trabalho pode afetar a saúde e a segurança do homem, como é o caso das minas. Ainda que os salários sejam altos, os riscos também são, sobretudo para quem trabalha em locais afastados: além dos perigos do trabalho em si, as muitas horas de isolamento freqüentemente levam ao abuso de drogas ou de álcool.

A combinação com o estresse, as longas jornadas e o trabalho em horários pouco usuais levam esses profissionais a desrespeitar as demandas biológicas, aumentando a sua vulnerabilidade a acidentes e a problemas como doenças cardíacas, insônia, distúrbios no estômago e perturbações mentais. Basta acrescentar a esse caldeirão a forte cultura machista, predominante nesses lugares, e não fica difícil entender o porquê de tantos riscos de acidentes para esses profissionais.[8]

De acordo com a organização não governamental *Men at Risk*, as ocupações com maiores índices de morte são as que ocorrem em locais abertos, como o trabalho no campo e na construção civil, além de atividades como caminhoneiro ou piloto de avião, pois submetem os profissionais a condições meteorológicas extremas.

Profissionais que trabalham à noite ou em caixas de *fast-foods*, em postos de gasolina ou em lojas de conveniência estão dez vezes mais sujeitos a serem mortos no emprego.[9] É importante que a sociedade tenha consciência e respeite os riscos que muitos homens correm ao assumir esse tipo de emprego, além de tomar medidas para aumentar a segurança desses ambientes.

DESASTRES E ACIDENTES

O resgate constitui outra área de grandes riscos. Com freqüência, achamos que os seus profissionais são infalíveis e não correm perigo ao salvar as vítimas de incêndios, de acidentes de carro, ao mergulhar em rios em busca de desaparecidos ou ao salvar a vida de banhistas nos mares. Mas só quando ocorrem tragédias da dimensão dos atentados de 11 de setembro, que paramos para pensar no que essas pessoas fazem de fato em seu dia-a-dia. Nesses momentos, elas voltam a ser vistas como seres humanos. Nos atentados ao World Trade Center, 343 bombeiros morreram tentando salvar vidas, e esse não foi o único perigo enfrentado: muitos bombeiros, policiais e outros profissionais que trabalharam no resgate hoje enfrentam problemas (inclusive doenças sem cura) em conseqüência do excesso de poeira tóxica inspirada no acidente.

Mais de trezentos bombeiros se afastaram da atividade por causa dos problemas decorrentes desse resgate, sem falar nos muitos que foram levados a se aposentar pelo mesmo motivo. O bombeiro Steve Strahl, que virou notícia de jornal graças a sua bravura, hoje enfrenta um câncer na garganta.[10] O investigador Walcott, 39, sofre de leucemia[11] e o detetive Williamson, 43 (ambos alocados para trabalhar no local dos atentados) combate um câncer no pâncreas.[12]

PESADELOS QUE PERMANECEM

O trabalho nessas áreas de alto risco pode causar danos psicológicos. Para Damian, que dedicou 14 anos ao trabalho na polícia, a pior parte era lidar com crianças feridas e informar os familiares sobre as mortes. "Eu preferia cuidar de um crime a fazer isso", revela. Quem trabalha na polícia tem contato diário com suicídios, acidentes horríveis, estupros, assassinatos, assaltos e problemas envolvendo drogas, e arrisca a vida e a sanidade para fazer bem o seu trabalho. Damian tinha dificuldade em voltar para casa e ouvir os problemas das pessoas próximas – e não era descaso, e sim porque nada parecia tão grave quanto os casos que presenciava no trabalho. Mas, como ocorre com a maioria dos colegas, ele preferia silenciar sobre as dificuldades de sua rotina.

Dave, um policial que atuou muitos anos na corporação, afirma que se lembra de todos os casos nos quais trabalhou, mesmo estando aposentado há mais de uma década. "A lembrança não passa", testemunha. Para ele, uma das piores partes era ter de lidar com situações que envolviam morte. "A gente nunca se cura", explica. O trabalho de Dave envolvia o apoio a vítimas de crimes. "Com freqüência, o sofrimento dessas pessoas era muito grande e, sempre que podia, fazia o que fosse possível para aliviá-lo."

Embora as coisas estejam mudando, por várias gerações os homens realizaram trabalhos sujos e perigosos sem contar com treinamento ou proteção adequados. Quando Dave foi recrutado, passou por um treinamento de três semanas que se limitava a aulas sobre legislação e uso de armas. "Aí ganhamos um uniforme, uma arma, algemas e um cacetete e fomos mandados para as ruas." Depois de um dia difícil no trabalho, o único alívio era a cerveja com os colegas. Hoje as condições são melhores e a corporação conta com apoio psicológico, por exemplo, mas as dificuldades ainda são muitas.

Uma matéria do *Sydney Morning Herald* sobre os traumas que afetam os policiais relatou que 60% dos trezentos ou quatrocentos oficiais afastados anualmente apresentam quadros de estresse. O psicólogo Peter Cotton acredita que essa condição deriva das dificuldades que esses homens enfrentam todos os dias e da falta de apoio para executar seu trabalho.[13]

Damian começou a enfrentar distúrbios do sono depois de presenciar um acidente fatal, no qual um jovem perdeu o controle do volante. O carro rolou pela encosta e parou com as rodas para cima, perto da estrada. Quando Damian chegou, já havia escurecido e, como não havia iluminação, teve dificuldades para identificar a extensão do problema. O policial e seu parceiro tentaram acalmar o motorista e saíram em busca do irmão dele, de 5 anos, que viajava ao seu lado. Não conseguiam encontrar o garoto. Ao percorrer o local no escuro, Damian viu seus dois pés embaixo do carro. Mesmo sabendo que o menino provavelmente estava morto, fizeram o possível para retirá-lo dos escombros antes da chegada do resgate mecânico. Vinte anos depois, Damian ainda sonha com esse acidente e, em seus pesadelos, tenta salvar a pequena vítima.

FATOS DO MUNDO

Hoje se fala bem mais das dificuldades enfrentadas pelos jornalistas e fotógrafos no exercício de seus trabalhos. Poucos profissionais que atuam em situações extremas admitem os perigos dessas situações. Só em 2001, cem jornalistas morreram e muitos ficaram traumatizados, em conseqüência de situações vividas a trabalho. Estudos sobre esse tipo de situação, no caso dos jornalistas, revelam que, quando eles continuam expostos a esse tipo de situação, os sintomas se agravam.

O fotojornalista Don McCullin falou sobre sua experiência com a cobertura de guerras em todo o planeta. "Depois de ver uma guerra, não é fácil se livrar das lembranças. Ainda sinto o cheiro de um colchão incendiado dentro de uma casa no primeiro confronto que presenciei, no Chipre. Havia três pessoas mortas e um forte cheiro de sangue. As pessoas não pensam que os cheiros, assim como as visões, podem criar lembranças muito fortes. Acho que, por mais forte que a pessoa seja, no final ela precisa de um apoio emocional."[14]

Enquanto não reconhecermos que o dano psicológico constitui um aspecto sério de muitos trabalhos, os homens não se sentirão estimulados a falar do impacto de suas atividades profissionais e muito menos a procurar ajuda. Mas as coisas estão começando a mudar. Um passo positivo foi dado pelo *Dart Center for Journalism and Trauma*, uma organização de atuação global voltada para o estudo sobre a violência.[15]

Grande parte dos perigos enfrentados pelos homens no trabalho permaneceu oculta porque eles não tinham plena consciência dos riscos que corriam e também porque não costumavam falar sobre os riscos dos quais estavam conscientes. Ao aprender a lidar com essas questões mais abertamente, transformaremos não apenas a experiência de muitos homens no trabalho, mas também a realidade de suas famílias e da comunidade.

De filho a pai

ACEITAÇÃO DO PAPEL

Apesar do que muita gente pensa, o trabalho nem sempre é a principal preocupação dos homens – sobretudo depois que eles se tornam pais.

A paternidade é uma experiência estimulante e complexa para os homens, porque, ainda que atualmente existam várias formas de vivenciar plenamente a paternidade, a maioria dos homens ainda está limitada ao papel de provedores, apesar deste ser uma forma importante de demonstrar amor pela família, pois muitos homens se orgulham de assegurar o bem-estar da esposa e dos filhos.

> *Com o apoio material e emocional do pai,*
> *a família pode se sentir segura e desabrochar.*

O que falta ao homem moderno é que a sociedade reconheça a importância do seu papel de provedor da família. As pessoas tendem a esquecer que, sem o apoio material e emocional paterno, é muito mais difícil garantir a segurança e o desenvolvimento da família. Além disso, com a intensificação do consumismo, a tarefa de provedor ficou mais difícil.

> "É bom pensar que você é o provedor da sua família e que sua mulher e seus filhos dependem de você." *Adrian, 35.*

O trabalho ainda é uma grande preocupação dos pais: uns, pela necessidade de manter-se no emprego; outros, porque são totalmente absorvidos por ele. "Não há dúvida de que os pais amam e estão dispostos a morrer por seus filhos", diz o professor Don Edgar. "O problema é que estão literalmente morrendo por causa deles (em geral, pelo excesso de trabalho e pela falta de equilíbrio na sua rotina diária), mas seus filhos nem sempre percebem isso, o que faz os pais se sentirem desvalorizados."[1]

> "Os pais com quem eu tenho conversado sentem-se confusos em relação à paternidade; à necessidade de equilibrar a vida pessoal, o trabalho e a família, e às expectativas da sociedade de que ele seja ao mesmo tempo um pai provedor, um protetor comprometido e um companheiro amoroso." *Colin George,* The Fatherhood Project.[2]

NOVAS DEFINIÇÕES

Mas as coisas estão mudando. Assim como as mulheres passaram por uma fase de libertação dos trabalhos domésticos, muitos homens desejam mais tempo e maior envolvimento com a família.

"[Os homens] buscam um maior equilíbrio entre as intermináveis horas de trabalho e o tempo passado com a família. Querem mais tempo para acompanhar o crescimento dos filhos e estar com a esposa", diz Don Edgar. "Se não tivermos um olhar mais positivo para o potencial masculino, seremos injustos com nossos filhos e filhas, pois deixaremos de demonstrar as qualidades peculiares da masculinidade no desenvolvimento das crianças como seres humanos."[3] Quando os pais participam mais de perto da educação dos filhos, todos ganham.

Parte da luta dos pais é pela forma como são retratados. Os filmes e a mídia em geral os mostram como agressivos ou insensíveis, uma figura unidimensional a ser presenteada no Dia dos Pais e não pessoas de carne e osso. Os pais podem ser muito mais do que isso, e precisam ser reconhecidos por tudo o que têm a oferecer. "Quando nossa filha nasceu, há sete anos, eu de repente descobri o segredo da paternidade", diz Duncan Fisher, diretor do *Fathers Direct*. "Como muitos homens, eu me vi transformado por essa nova experiência, por essa pequena vida que foi confiada a nós dois. Ao mesmo tempo, eu fiquei espantado de perceber a indiferença das pessoas pelos meus sentimentos. Eu mal me continha de felicidade, encantado com o potencial dessa experiência, mas me via cercado de um total silêncio sobre o assunto."[4]

Apesar desse silêncio, atualmente os homens estão dando um novo sentido à paternidade, ao demonstrar maior disposição e confiança em alimentar, afagar, dar banho e brincar com seus filhos. É interessante ler que Russel Crowe preferia estar com o filho a participar da cerimônia do Oscar, e que a paternidade não foi "a melhor coisa", mas "a única coisa" que aconteceu a Johnny Depp.⁵ Lachlan Murdoch deixou a presidência do império Murdoch para passar mais tempo com a esposa e o filho. Embora não precisemos de figuras públicas para definir nossas atitudes em relação à paternidade, é significativo que elas comecem a falar abertamente sobre essa experiência quando, há algumas décadas, nem mesmo suas parceiras ganhavam muito destaque.

> "Cada vez que um filho nasce, eu não vejo a hora de vê-lo crescer para experimentar tudo a que ele tem direito. Quero brincar com ele, jogar bola no fundo do quintal, e morrer de orgulho por qualquer pequena conquista dele." *Matthew, 27.*

O HOMEM QUER TER FILHOS?

Nem todos os homens se manifestam sobre o assunto, mas isso não significa que eles não queiram ter filhos. Em geral, o assunto é muito pessoal e muitos homens sonham com a paternidade. Quando Neil, 34, pensa sobre a possibilidade de ser pai, imagina "ver os filhos crescer, passarem de bebês à idade adulta, donos de personalidade, idéias e crenças próprias. E, é claro, eu não vejo a hora de brincar com eles". Evan, 27, fala de "dar tudo o que o meu filho quiser ou precisar. Estender ao filho o relacionamento afetivo que eu tenho com a minha parceira".

Enquanto alguns homens realmente desejam ser pais, outros meramente se encaixam nesse papel, aceitando a paternidade mais lentamente do que seria de se esperar. Alguns homens comentaram ter pensado pouco a respeito da paternidade até que ela aconteceu. Isso não os faz menos comprometidos. Há aqueles que precisam da experiência *concreta* da paternidade para compreender o que ela significa. A verdade é que os pais necessitam de mais apoio do que estão recebendo para dar o melhor de si.

> "As mulheres lutaram muito para conseguir respeito no ambiente de trabalho. E agora os homens estão tentando conseguir o mesmo dentro de casa." *Justin, 43.*

O HOMEM "GRÁVIDO"

O momento em que o homem descobre que vai ser pai é ao mesmo tempo feliz e assustador. Foi surpreendente descobrir como os homens ficam ansiosos, com receio de não darem conta do recado. Um estudo sugere que a ansiedade masculina é maior do que a das parceiras,[6] e minhas pesquisas confirmam isso. Quando Lee descobriu que a esposa estava grávida, ficou felicíssimo porque iam se tornar uma família. "Ficamos muito contentes com a expectativa das mudanças e dos desafios, apesar das dúvidas e dos medos que vieram com a notícia", admitiu. Adrian, 35, que seria pai em breve, falou sobre a sua experiência: "Você simplesmente entra em parafuso, porque é uma grande responsabilidade. Agora você tem a incumbência de formar uma criança com sua maneira de pensar e sentir; de incutir valores morais e dar o exemplo. Esse lado da responsabilidade pode ser assustador".

> "A gente fica apavorado. Não queremos fazer nada errado. Mas há também essa cultura do 'instinto maternal', que guia as mu-

lheres para fazer as escolhas certas e perfeitas para os filhos. Sem isso, os homens se sentiriam perdidos. Eu me lembro de quando estava aprendendo sobre carros e, ao tentar fazer melhorias em um Datsun B-210 de 1987, a garagem se encheu de uma fumaça preta. Não queremos cometer um erro desses com nosso filho. Esse sentimento, eu acho, é parte do receio de alguns homens de ter filhos. Eles não sabem o que fazer e entram em parafuso." *Jared Fiel, autor de* Fumbling Through Fatherhood.[7]

Depois que esses homens se convencem da grandeza da paternidade, muitos passam a antecipar as mudanças e as vantagens do desafio. Ao contrário de suas parceiras, no entanto, eles não receberão muito estímulo. Provavelmente ouvirão poucos conselhos sobre como se preparar para a paternidade, pois a maioria dos livros sobre a gravidez, o nascimento e os cuidados com os bebês concentra-se no papel da mulher – ou, quando muito, do casal.

Como aponta Michael Lamb, um dos maiores especialistas australianos em paternidade, os pais não necessitam só de motivação: eles também precisam adquirir habilidades e autoconfiança. O modo como um pai interage com seus filhos tem um forte impacto na auto-imagem dessas crianças e na saúde desse relacionamento – se a relação com a companheira for de apoio mútuo, ele com certeza será um bom pai.[8]

É PRECISO PARTICIPAR

Não é estranho que tenhamos de buscar razões para explicar a importância dos pais na vida dos filhos? Todas as crianças sabem o quanto os pais acrescentam à existência delas. Essa aceitação de um "papel secundário" é tão disseminada que são poucos os pais de primeira viagem que realmente confiam na capacidade de dar conta do recado. Eles desconhecem o impacto positivo que sua presença ou atuação tem nos filhos. Talvez isso se deva à visão ainda estreita de algumas mulheres, que vêem o próprio marido mais como provedor do que como pai *ativo*.

Michael Lamb concorda. O especialista descobriu que, embora os homens desejem ser mais participantes, as mulheres nem sempre desejam o mesmo.[9] As coisas estão mudando, mas mesmo quando os pais se envolvem mais com o cuidado dos filhos, às vezes as mães não tentam desencorajá-los, corrigindo-os constantemente ou assumindo a tarefa assim que o parceiro se propõe a ajudar.

O resultado são pais insatisfeitos por não poder cuidar de quem eles mais amam, e mães esgotadas e ressentidas por fazer todo o trabalho. Além das expectativas em relação às atribuições dos pais e das mães, eu diria que há falta de confiança dos "marinheiros de primeira viagem". Os pais querem ajudar, mas não sabem como; as mães, que se sentem responsáveis pelos cuidados diários, saúde e bem-estar do bebê, acabam assumindo o controle. Porém ambos devem ser estimulados a ver que cada um tem muito a oferecer à criança.

> *São raros os homens que têm confiança suficiente para assumir essa nova tarefa. Eles desconhecem o impacto positivo que sua presença e proximidade têm nos filhos.*

O fato de que o homem nunca descobrirá o que significa ter uma criança crescendo em seu ventre não o impede de exercer um papel ativo na gravidez da parceira e nos cuidados com o bebê – mas o pai precisa de apoio concreto para fazer isso. Em geral, os homens auxiliam bastante as mães durante a gravidez, seja preparando refeições, montando o quarto do bebê, assistindo às sessões de ultra-som ou participando das aulas pré-natais. Embora essas tarefas de bastidores possam ser muito úteis para as futuras mamães, os homens desejam um envolvimento maior. Eles querem ter acesso a boas informações, além da oportunidade de um *feedback*. "Os homens recebem pouca atenção", diz Cameron, 32. "E eles estão ávidos por informação." Os profissionais da saúde estão percebendo cada vez mais a importância de auxiliar tanto os pais, quanto as mães durante a gravidez. A participação em aulas sobre a paternidade e nas sessões pré-natais dá aos homens a oportunidade de discutir as experiências e idéias *deles* com outros pais, além de falar de assuntos que *eles* consideram importantes.

A GRAVIDEZ DA PARCEIRA

Dar ao homem a oportunidade de expressar seus pensamentos e suas preocupações ajuda-o a assumir mais completamente o seu papel de pai. O homem precisa ser convidado a fazer isso, pois, como observa Irma Kurtz, ele se sente intimidado pela profundidade de sua própria emoção,[10] especialmente quando se trata do primeiro filho. Embora sejam bem menos expressivos que suas companheiras quanto à chegada de um bebê, não significa que não experimentem também todo um espectro de emoções ao tentar desempenhar um papel mais significativo na gravidez da companheira. Seria bem diferente se os homens conseguissem fazer as parceiras entenderem a profundidade de seus sentimentos.

> Eu me surpreendi ao saber como os homens ficam ansiosos durante a gravidez da mulher e como se preocupam em se sair bem nessa tarefa.

Quando os homens são realmente incentivados a participar da gravidez da companheira, conseguem lidar com muitos pensamentos e sentimentos comuns nesses meses decisivos. Ray, 50 anos, pai de dois adolescentes, lembra-se do "sentimento de inadequação em relação ao novo ser que se preparava para juntar-se a nós, do medo de que algo desse errado e da impaciência pela longa espera". Ter a oportunidade de atuar junto com as parceiras de forma concreta ajudou esses futuros pais a vencer a ansiedade e os sentimentos de impotência. Lee, 48, pai de um bebê de seis meses, recorda desse período com felicidade e satisfação, pois pôde apoiar a esposa durante o mal-estar matinal do início da gestação. "Eu preparava o café da manhã de Sara e levava para ela na cama. Eu me sentia útil e 'participante' de sua gravidez", explica. "Isso ficou marcado. Sara sempre diz que eu fui muito prestativo durante a gravidez e depois da chegada do bebê."

As duas principais experiências de Adrian, 35, durante a gravidez da esposa foram acompanhá-la ao exame de ultra-som e sentir o bebê mexer. "Se a Kayt adormecia e eu colocava as mãos sobre a sua barriga, podia sentir o bebê se movimentar de um lado para o outro. Era ao mesmo tempo fantástico e assustador sentir um ser se manifestar desse jeito. Parecia um milagre." É interessante ver que Adrian apreciava esses momentos *privados* com seu filho quando Kayt estava dormindo, indicando mais uma vez a relutância masculina diante dessa intimidade.

Encorajar os futuros pais a explorarem e externarem seus sentimentos e experiências durante a gravidez das parceiras faz com que eles se envolvam no processo e consigam lidar melhor com a ansiedade e a emoção dessa imensa mudança em suas vidas.

A paternidade

A CHEGADA DO BEBÊ

Depois de meses de espera, chega o momento em que o bebê finalmente está a caminho. Esse é outro grande passo para os pais... e para as mães. Hoje, os pais têm a possibilidade de presenciar o nascimento dos filhos e viver essa experiência ao vivo, mas o fato é bastante recente. Quando os homens passaram a ser admitidos nas salas de parto, houve quem desconfiasse dos benefícios da novidade. Ainda hoje, inúmeros pais se lamentam desse afastamento. "Durante o parto, no hospital, o mais perto que eu conseguia chegar dos meus filhos era através de um vidro, no berçário", recorda Nigel, 72. "Eu achava essa exclusão muito frustrante, só que era assim que as coisas aconteciam naquele tempo. Como eu fiquei feliz de ter meu filho nos braços pela primeira vez... mas levou algum tempo até que eu pegasse o jeito de segurá-lo."

> "O homem nunca está realmente pronto para a paternidade. Mas então algo mágico acontece. No momento em que aquela coisi-

nha cor-de-rosa e enrugada deixa de ser uma possibilidade e se torna um ser independente, seu coração simplesmente explode de amor." *Jay Turley.*[1]

Estar presente no momento do parto permite ao homem participar do mistério do nascimento. Muitos homens ficam maravilhados e descrevem o nascimento do filho como algo "mágico", "incrível", "um milagre". O lutador de boxe Kostya Tszyu considera os momentos mais felizes de sua vida aqueles em que nasceram os seus filhos. "Você vê sua esposa e seu filho juntos, e essa é uma sensação muito especial. Quando você segura seu filho pela primeira vez, e ele grita para você, o sentimento é indescritível."[2]

ADAPTAÇÃO

Após o nascimento, a família e os amigos se voltam para a mãe e o bebê, e sequer imaginam o grau de encantamento do pai e a importância de seu apoio a partir daí. Muitos pais se sentem ignorados. As pessoas esquecem que as meninas foram treinadas para a maternidade (por meio de brincadeiras com bonecas, artigos de revistas, programas de televisão e observando as mulheres ao seu redor), enquanto para os novos pais esse é um território praticamente desconhecido. Nesse momento, pai e mãe precisam de ajuda: os dois necessitam do apoio da família, dos amigos e um do outro.

> "Parece haver muito auxílio para as mães, possivelmente porque elas realmente precisam, ou porque elas procuram ajuda. Como

os pais não fazem isso, supõe-se que sejam suficientemente fortes." *Lee, 48.*

Pais e mães têm uma série de necessidades em relação ao nascimento do bebê. A menos que conheçam os desafios mútuos, não conseguem avaliar as emoções de cada um nesse momento. Relembrando o nascimento dos filhos, hoje todos na casa dos 30, Nigel admite que "eu não era muito solidário e não entendia muito bem o custo pessoal para Larissa – coisas como o cansaço, a perda da independência, as rotinas extenuantes ou o desafio de ter tido três crianças em três anos. Isso, com o tempo, teve um efeito negativo no meu relacionamento com ela".

O VÍNCULO PATERNO

Os homens precisam de tempo e espaço para desenvolver um vínculo com seus filhos, e para acreditar que seus instintos, embora latentes, estão presentes. Dar aos homens essa oportunidade é importante para toda a família. Toda vez que deixamos de incentivá-los, estamos negando a eles a oportunidade de expressar sua ternura e carinho.

"Somos todos meio desajeitados. Não existe uma receita para cuidar do bebê. Mas o instinto paterno também é muito forte." *Jared Fiel.*[3]

"Depois que o bebê nasceu, soubemos que teria mais uma aula instrutiva para as mães. Eu perguntei se os pais poderiam parti-

cipar e disseram que sim. Eu liguei mais uma vez antes de ir, e eles disseram que tudo bem, e que haveria um local para aquecer o leite que eu levava para o Jasper. A coisa toda foi um desastre, porque eles mudaram de local na última hora e não havia um espaço adequado para o aquecimento do leite. A mulher que coordenava o grupo tinha crachás para todo mundo, menos para mim. Ela disse que eu não precisava de crachá, pois todo mundo sabia quem eu era. Isso me fez sentir excluído. Eu só queria um crachá como todos. E lá estava eu, com um bebê morrendo de fome e me sentindo muito pouco à vontade."
Cameron, 32.

Reconhecendo essa necessidade, a *Relationships Australia*, uma organização que oferece apoio a relacionamentos, possui programas comunitários para pais de primeira viagem e seus bebês, e para crianças e pais no primeiro dia de aula, no intuito de reuni-los e passar informações. Os pais que participam dessas reuniões gostam de trocar idéias e de descobrir novas soluções para problemas comuns. A iniciativa encontrou boa aceitação, e antigos participantes mantêm contato com os outros pais, mesmo depois de deixar o programa. Ao integrar-se com seus filhos, os pais integram-se também com a comunidade e podem contar com um apoio mais amplo, o que muitas vezes ajuda a aumentar a auto-confiança.[4]

Como os pais das gerações anteriores eram vistos apenas como provedores – e pensava-se que isso era tudo o que eles podiam fazer pelos filhos – acabamos por acreditar que, também hoje, os pais não têm mais nada a oferecer. Um número cada vez maior de jovens pais estão dispostos a provar que são igualmente capazes de alimentar e cuidar de seus filhos. Estudos demonstram que quando uma criança chora, a pressão arterial do pai e da mãe se eleva na mesma proporção, e que quando o bebê é deixado sob a responsabilidade do pai, ele é igualmente capaz de dizer do que o bebê precisa e de lidar com a situação.[5]

PAIS CUIDADORES

Já mencionamos que parte da relutância em envolver os pais mais profundamente nos cuidados com o bebê vem de pessoas que não compreenderam ainda a profundidade do sentimento que a maioria dos pais tem pelos seus filhos. É interessante saber que quando nasce uma criança, cai o nível de testosterona do pai, e que, segundo se acredita, isso aumenta sua capacidade de cuidar do filho.[6] Quando questionado, um homem descreveu seu sentimento pelo filho como "um tipo violento de amor. Eu me senti muito protetor". Quando permitimos que os homens expressem seus sentimentos em relação aos filhos, se estabelece uma extraordinária ligação entre o pai e a criança desde muito cedo.

> "Antes eu só tinha de pensar em mim mesmo. Hoje Evie está em primeiro lugar. Eu costumava surfar a manhã toda ou o dia inteiro, e agora, depois de umas duas horas no mar, eu volto correndo para ver o que ela está fazendo." *Joel Parkinson, surfista.*[7]

> "É uma alegria ver o meu filho crescer. Mesmo quando está contrariado ele é tããããão gracioso. Ou quando ele está chorando e

eu fico uma hora balançando o bercinho dele, ainda assim ele me parece uma graça. O que eu sinto é que eu sou o pai dele, e que vou sempre garantir que ele esteja bem e confortável. Nessas horas, a canção 'He ain't heavy, he's my brother' [Ele não é um peso para mim, ele é meu irmão] vem sempre à minha mente."
Lee, 48.

> *Quando permitimos que os homens expressem seus sentimentos em relação aos filhos, se estabelece uma extraordinária ligação entre o pai e a criança desde muito cedo.*

Em *Birth of a Father*, Martin Greenberg descreve os passeios com seu filhinho. "Eu falava com ele sobre todas as coisas que estávamos vendo – o céu, o oceano, as árvores, os pássaros. E dizia a ele se eu estava contente ou se estava triste. Quando Jonathan me olhava e balbuciava para mim, eu sentia que de algum modo ele me entendia e me aceitava com os meus defeitos; e eu ficava completamente enlevado por essa partilha única com meu filho. Nesses momentos, eu sabia que ele estava consciente da minha presença... era como se Jonathan fosse a porta, a entrada para a minha experiência de conhecer um novo aspecto de mim mesmo."[8] Essa experiência reforça a importância de permitir ao pai um tempo a sós com seu filho, para que ele também possa desenvolver a intimidade com a criança.

"Ao percorrer a jornada da paternidade, você aprende muitas coisas. É uma longa jornada de descobertas que só pode ser desencadeada pela existência de um outro ser humano, totalmente dependente de você. *Jay Turley.*[9]

A PATERNIDADE E O TRABALHO

Depois do nascimento do bebê, a vida profissional retoma o seu curso. Muitas mulheres reclamam que é muito difícil conciliar a maternidade com a atividade profissional, tendo de fingir que não são mães quando estão no local de trabalho. Os pais, muitas vezes, passam pelo mesmo dilema. Para seu espanto, Duncan Fisher de repente percebeu que se esperava que ele voltasse ao trabalho "como se nada tivesse acontecido".[10] Por sorte, os homens começam a reagir e a fazer escolhas profissionais que lhes permitam tornar-se o tipo de pais que desejam ser. Raramente a sociedade reconhece os inúmeros momentos felizes junto aos filhos, perdidos pelos pais para assegurar os cuidados e satisfazer todas as necessidades que seus ganhos proporcionam à família. "Por trabalhar fora, você basicamente se conforma em perder os primeiros passos de seu filho, e conseqüentemente permite que se estabeleça um vínculo maior com a mãe, que fica em casa para cuidar dele", aponta Trevor, 30. Trabalhando, Trevor sabe que ajuda a garantir que seus filhos cresçam em um ambiente afetivo e protegido, além de ter certeza quanto aos cuidados que eles recebem.

> *Os homens começam a revidar e a fazer escolhas profissionais que lhes permitam tornar-se o tipo de pais que desejam ser.*

Passar um longo período distante da família faz parte do que se convencionou chamar de função de um bom provedor. No entanto, cada vez mais os pais da Geração X (nascidos depois de 1965) optam por romper esses limites. "O equilíbrio do compromisso entre trabalho, vida pessoal e família é parte do estilo de carreira dos integrantes dessa geração", salienta a especialista em demografia Julie Coates. "Eles não estão menos motivados em se dar bem profissionalmente. Contudo, a definição de sucesso da Geração X inclui também o sucesso no âmbito familiar e pessoal. A busca de horários flexíveis, licenças remuneradas para os pais e também para as mães quando uma criança nasce ou é adotada, e tempo para acompanhar o desempenho dos filhos na escola e para as reuniões de pais, são algumas das recentes conquistas dos trabalhadores."[11] Mesmo no caso de empresas que não apóiam a paternidade, os pais estão optando por impor seus próprios limites.

Jared Fiel era editor de um jornal quando nasceu seu primeiro filho. "Eu quis fazer um ajuste nos meus horários, para não ter de trabalhar das duas da tarde às duas da madrugada, mas meu chefe não concordou, então eu tive de ir para o lado sombrio da profissão – relações públicas!"[12] Fazer essa escolha foi muito difícil para Jared, mas ele não estava disposto a deixar que o horário insano de trabalho interferisse na sua experiência de paternidade.

O trabalho não é uma válvula de escape para os pais, como muitos acreditam. Eles desejam bem mais para suas vidas. Uma pesquisa feita com trabalhadores norte-americanos revelou que 82% dos homens entre 20 e 39 anos colocam a família como sua prioridade, e 71% dos homens entre 20 e 39 anos se dizem dispostos a renunciar a uma parte do salário em troca de mais tempo com a família. "O que se vê é uma transformação geracional e de gênero", observa Paula Rayman, diretora do *Radcliffe Public Policy Center*, e principal pesquisadora desse estudo. "Ao invés de as mulheres tentarem se equiparar aos homens, são os homens jovens que estão começando a reproduzir a sensibilidade das mulheres."[13]

De acordo com a mesma pesquisa, 96% dos homens e mulheres acreditam que os pais devem partilhar os cuidados com os filhos. No entanto, para que esse tema deixe de ser tabu e seja discutido no ambiente de trabalho, o homem ainda tem muito a conquistar.

"Quando se entrevistam homens com relação a trabalho e família, a questão vem à tona", diz o professor Don Edgar. "Eles falam sobre conflitos familiares, infelicidades conjugais, ressentimentos em relação a expectativas injustas e aversão pelas brincadeiras de mau gosto dos colegas."[14]

Tanto para os pais como para as mães que trabalham, uma das dificuldades está no modelo que o mundo do trabalho espera, com pouca ênfase para a vida fora do escritório e menos ainda para o equilíbrio entre a atividade profissional e a vida familiar. Em um artigo, a jornalista e mãe de família Deirdre Macken contou sua experiência com filhos e atividade profissional, comentando que "se você está no ambiente de trabalho, as crianças só serão toleradas no porta-retrato".[15]

O modo como a mídia retrata o trabalho também não ajuda. "Revistas de negócios foram (e são) cheias de matérias que elogiam os executivos que tiveram de optar por uma 'linha dura'", aponta Daniel Petre, pai e ex-diretor-gerente da Microsoft australiana.

"Dificilmente se sabe que tipo de chefe, pai, esposo ou amigo essas pessoas são... Em geral, esses heróis descartam a responsabilidade com os filhos e a mulher; e levam a muitas empresas a cultura do medo e da intimidação, além da obsessão pelo trabalho."[16]

PAIS EM CASA

Alguns homens estão levando o papel de pais às últimas conseqüências e optam por serem pais em tempo integral. Eles ainda são uma minoria, mas estão ganhando terreno, e sua dedicação é impressionante. Hogan é pai de três meninos, dois já adolescentes. Como muitos pais, tomar essa decisão significou começar do zero. "Eu tive de aprender a segurar, alimentar, vestir, acalmar e ninar meu filho nos primeiros anos. Com o passar do tempo, os cuidados com os outros dois já foi natural."[17]

Cameron, 32, trabalha em casa para cuidar de Jasper, de 3 anos. "A princípio, a coisa mais difícil era a energia inesgotável do Jasper. Hoje eu estou bastante confiante. Eu consigo me controlar diante dos desafios. Sou um pai que tem iniciativa, e eu adoro isso. A Belinda até vem me perguntar como fazer as coisas." Essa escolha é um grande passo para o homem, não só em termos de carreira e de visibilidade, mas também porque o que eles estão fazendo é encarado como uma grande transgressão. "No início, Belinda e eu nos revezávamos em casa, um com emprego de meio período e o outro de tempo integral. Hoje eu fico em casa o dia todo", conta Cameron.

No começo, o desafio mais difícil foi lidar com a reação dos parentes e amigos. "Minha mãe teve uma reação negativa quando eu anunciei que ia sair do meu emprego", admite Cameron.

"Disse que eu estava procurando problemas. Quis saber o que ia acontecer com a minha carreira, ou o que ocorreria se meu relacionamento com Belinda terminasse. Mas meu pai me apoiou: 'Se você está feliz, vá em frente'. Depois, ele me confessou que teria adorado ficar em casa quando éramos pequenos." *Hogan Hilling, Proud Dads Inc.*[18]

Como em toda carreira de tempo integral, esses homens têm de enfrentar o inevitável isolamento do pai ou da mãe que fica em casa. E nem todas as mães estão dispostas a aceitar a "invasão" desses "pais profissionais". Michael, 50, pai de dois meninos, fala da "hostilidade das mães no *playground*, que nos tratam como criminosos ou se perguntam por que não estamos trabalhando, como seus maridos.

Hogan descobriu um modo de contornar essa dificuldade, começando a freqüentar as reuniões de mães. "Muitas mães em tempo integral, que eu encontro para um café ou para um lanche, apreciam a minha presença. Uma delas até me disse: 'Você me mostrou uma visão sobre a paternidade que eu jamais havia pensado. Obrigada por me ajudar a entender melhor meu marido'."[19]

O que os pais têm a oferecer

POR TRÁS DA AGRESSIVIDADE

Para muitos homens, a paternidade é sua maior conquista. E, no entanto, a sociedade reluta em permitir que eles assumam o cuidado dos filhos. Talvez isso se deva, em parte, ao modo como eles se comportam com as crianças. Na realidade, os pais não se preocupam muito com roupas bem passadas e camas limpas, e suas brincadeiras são meio caóticas e competitivas, mas talvez isso não seja tão ruim, afinal. Os pais têm muito a oferecer, porém precisam de ajuda para se tornarem os pais que desejam ser. "É difícil para os pais", diz Adrienne Burgess em seu livro *Fatherhood Reclaimed*, "pois eles não sabem ao certo o que se espera deles".[1]

"Muitos pais se sentem sós e confusos. Em sua maioria, gostariam de estar presentes ao nascimento dos filhos, têm sonhos para eles e querem ser os melhores pais do mundo. Eles estão sob a enorme pressão de tornar-se pais e companheiros amorosos, provedores, protetores e super-heróis completos." *Colin George,* The Fatherhood Project.[2]

O psicólogo clínico Ronald Levant ressalta que os homens não se envolvem com as tarefas domésticas pois são constantemente criticados ou supervisionados pelas parceiras.[3] Isso torna as coisas particularmente difíceis para os pais de primeira viagem, suficientemente apreensivos com o que se espera deles e ansiosos em fazer a coisa certa para a parceira e o bebê. Quando as crianças são deixadas sob a responsabilidade dos pais, em geral eles não têm, a princípio, a mesma paciência ou experiência das mulheres. Mas conforme se familiarizam com o papel de pais, começam a gostar e a sentir que também estão contribuindo para a vida dos seus pequenos.

"É como se o correto fosse que os pais se envolvessem mais tarde com os filhos. Como se as mães devessem lidar com os filhos enquanto eles são pequenos e, quando eles chegam à adolescência, eles ficassem por conta do pai. Isso de certa forma limita os homens. Eles são práticos, feitos para resolver problemas, mas muitos não têm a prerrogativa de um relacionamento próximo para fazer isso, porque não tiveram um vínculo forte com os filhos desde o início." *Cameron, 32.*

IMPORTÂNCIA DE BRINCAR

O modo como o pai interage com os filhos proporciona-lhes um tipo de desenvolvimento que eles não teriam de outro modo. E é como se as crianças sentissem isso. Elas preferem brincar com o pai pois é uma experiência mais livre. Os pais costumam ser mais espontâneos e têm sempre uma brincadeira diferente. "São brincadeiras mais vigorosas, que produzem uma grande quantidade de estímulos, em geral acompanhados de muito riso e alegria", explica Michael Lamb. Uma série de estudos aponta para o fato de que os pais se envolvem em brincadeiras de companheirismo com os filhos, enquanto a interação com a mãe é menos brincalhona e mais focalizada, voltada principalmente para um conteúdo e não para estimular a criança."[4] Para começar, as mães não valorizam brincadeiras sem propósitos definidos. Entretanto, quando percebem o seu real benefício, elas começam a apreciar as brincadeiras que o pai tem a oferecer.

> "O cérebro do bebê processa as diferenças do relacionamento com o pai como se estivesse montando um quebra-cabeça complexo. Quanto mais bem-sucedido um bebê se sente com cada pedaço de informação, mais ele deseja acrescentar novas peças. Em outras palavras, experiências insólitas com o pai constroem a capacidade da criança de antecipar acontecimentos." *Kyle Pruett.*[5]

Kyle Pruett acredita que os pais têm um importante papel ao colaborar na construção do raciocínio do bebê, e ao ajudar as crianças nas interações sociais. "Em meus estudos, descobri que quando os pais têm uma participação tão intensa quanto a das mães na vida dos filhos, as crianças aprendem a negociar com esses dois importantes relacionamentos e indivíduos diferentes. Ter relacionamentos distintos com o pai e a mãe desde cedo, leva a criança a lidar com o espectro mais amplo e diversificado de pessoas que ela encontrará no futuro."[6]

O IMPACTO DO TRABALHO

Muitos pais não podem se dar ao luxo de passar um bom tempo com seus filhos, embora eles anseiem por isso tanto quanto as mães. A maioria não só precisa trabalhar, como dedica uma grande parcela de tempo e energia em seu trabalho, para garantir o emprego que sustenta a sua família. Isso cria nos pais um estresse constante, que muitas vezes é considerado inevitável, assim como as demandas do trabalho. "Recentes pesquisas realizadas nos Estados Unidos sugerem que o crescente dispêndio de tempo no trabalho pelo homem em cargo executivo significa que, na média, embora ele se aposente com a mesma idade que seu pai, ele terá trabalhado até dez anos mais. Isso se deve à semana de trabalho cada vez mais estendida", afirma o pai e ex-diretor-gerente da Microsoft australiana, Daniel Petrie.[7]

"Muitos pais gostariam de passar tanto tempo com seus filhos quanto as mães. No entanto, há sempre o consenso de que, durante os primeiros anos, o pai precisa trabalhar em tempo integral e a mãe deve ficar em casa para cuidar das crianças. Acredito que muitas mulheres incentivam esse estereótipo, embora não gostem de admitir isso." *Evan, 27.*

Já está na hora de os pais serem reconhecidos pelo cuidado que dispensam à família, resultado das longas horas dedicadas ao trabalho. Contrabalançar a rotina da casa e do trabalho não é fácil, e os homens podem se sentir estranhos na própria casa, se a família não entender os motivos de sua ausência. Isso contribui para a falta de segurança do homem como pai e para a sua relutância em se envolver com os filhos quando chega em casa", diz o terapeuta familiar Michael Gurian. "Ele assume um papel menor em casa porque precisa desempenhar uma função de grande responsabilidade fora de casa."[8]

O modo como os pais são retratados em anúncios, em filmes e na TV, não ajuda em nada. O estereótipo do pai bonzinho e incompetente solapa o importante papel que os pais desempenham. Eles não têm de estar presentes vinte e quatro horas por dia para demonstrar que amam seus filhos. O importante é que quando eles estão presentes, sua interação com as crianças seja significativa. As mães podem ajudar os pais nisso, soltando um pouco as rédeas. Ao fazer isso, elas próprias têm uma pausa para descansar, e os pais têm a chance de se aproximar dos filhos a seu modo.

> *Quando os pais encontram espaço, eles podem dar aos filhos uma incrível sensação de força e segurança, bastante diferente das experiências igualmente positivas que as mães lhes proporcionam.*

Os pais podem levar ao exagero o seu papel de provedores, imaginando que ao suprir os filhos de bens materiais, estão dando a eles o que mais precisam. Os profissionais de marketing se empenham em dar aos pais a impressão de que a paternidade se reduz a isso, mas os fatos contradizem tal proposição. Durante uma competição nacional realizada na Grã-Bretanha no Dia dos Pais, em 2004, alunos foram instados a falar sobre o que mais gostavam de fazer na companhia dos pais. Essa competição mostrou que as crianças não se referiram a férias dispendiosas, computadores ou bicicletas; o que elas queriam era jogar futebol, conversar antes de dormir, ser ajudadas na lição de casa, fazer bagunça com os pais, preparar uma refeição juntos, ir ao culto ou fazer compras.[9]

> "Muitos de nós se iludem de que ser um bom pai significa pagar por um jogo ou um computador de última geração. Isso nos pressiona a trabalhar ainda mais, quando na verdade nossas crianças nos querem mais envolvidos em atividades que não custam mais do que algumas horas juntos." *Duncan Fisher,* Fathers Direct[10]

GRANDES DETALHES

Quando os pais encontram espaço, podem dar aos filhos uma incrível sensação de força e segurança, bastante diferente das experiências igualmente positivas que as mães lhes proporcionam. Uma das minhas mais caras lembranças da infância é estar deitada no peito do meu pai, ouvindo sua poderosa voz de escocês reverberar através de mim, enquanto ele falava comigo ou me lia uma história. Aquele, para mim, era o lugar mais seguro do mundo.

Ao conversar com homens de todas as idades, fiquei fascinada em saber sobre as suas mais significativas lembranças dos próprios pais. McKenzie, 49, não via muito o pai durante a infância; mesmo assim o pai conseguiu deixar nele uma forte e duradoura impressão. "Nós o víamos entre uma grande aventura e outra. O que não era muito, mesmo que estivéssemos viajando com ele nessas ocasiões." Morris, 61, lembra que, quando pequeno, seu pai sempre o levava ao banheiro no meio da noite: "Ele me fazia subir nos seus pés descalços, para que eu não tivesse de pisar no chão frio".

> Os pais não necessitam de supervisão constante, mas precisam de apoio e liberdade.

Hoje os pais estão se envolvendo mais com os filhos, e as interações têm sido mais ricas. Embora Owen seja um ocupado executivo da IT, ele tem o costume de levar os filhos Mike e James para acampar. Eles fizeram sua primeira viagem juntos quando Mike tinha dois anos e meio e ainda usava fraldas, e James tinha 4 anos. Outros pais se interessaram pela atividade, e hoje Owen leva grupos de até catorze pais com seus filhos, de 3 a 14 anos, para acampar. Owen e seus filhos ainda acampam sozinhos. "Os meninos ajudam a montar a barraca e enchem seu colchão de ar. Hoje, eles brincam de acampar até mesmo lá em casa." Owen também sai para pescar caranguejos e empinar pipas com os filhos. Eles gostam de viajar de ônibus e construir coisas na garagem, além de andar de bicicleta, montar carros e aeromodelos. "E ainda há as atividades que incluem a mãe – piqueniques, passeios de barco e de bicicleta", completa Owen.

"Eu testemunhei grandes atos de compaixão e generosidade de pais em relação aos seus filhos e aos filhos de outras pessoas. A

paternidade é uma oportunidade para o homem oferecer presentes substanciais aos filhos e à comunidade, como pais e mentores. Quando os pais tiverem desenvolvido essa rede de apoio e de aconselhamento, haverá uma enorme mudança cultural."
Colin George, The Fatherhood Project.[11]

Os pais não precisam de supervisão constante das parceiras, mas de apoio e liberdade. Quando são encorajados a desenvolver seus próprios rituais com os filhos, eles podem proporcionar atividades muito criativas e valiosas que solidificarão seu relacionamento com os filhos.

Filhos homens

FALTA DE EMOÇÃO SIGNIFICA FALTA DE AMOR?
Pais e mães interagem de modo diferente com os filhos, mas a forma masculina de manifestar amor, em geral menos efusiva, não significa que os homens se importam menos. É essencial que os pais recebam estímulos para não se limitar ao papel de provedores. Quando os pais são incentivados a ter um relacionamento mais próximo com seus filhos e a expressar tudo o que sentem, todos ganham. Os pais também precisam saber o quanto sua presença é importante para os filhos.

O pai de Nick sempre desejou que o filho fosse médico e não ficou nada feliz quando o garoto decidiu seguir outra carreira. Mas um dia aceitou a decisão de Nick e escreveu um cartão, dizendo o quanto ele se sentia orgulhoso. "O dia seguinte era meu aniversário e ele morreu", conta Nick. "Eu sou eternamente grato por não termos nos separado magoados um com o outro."

FIXAÇÃO PATERNA
Em uma reunião da qual fiz parte, um dos participantes, com

idade aproximada de 50 anos, revelou que seu pai finalmente havia dito que o amava. Essa experiência mudou sua vida. Embora eu não acreditasse muito na fixação paterna de que os homens falam, as entrevistas que fiz provaram que meu ceticismo não fazia sentido. Para Dave Smith, a ausência do pai é um dos maiores problemas enfrentados pelos garotos que ele atende em seu consultório.

> "Meu pai morreu quando eu tinha 7 anos, mas essa fixação continua até hoje. Ser pai é a minha prioridade. É uma aventura humilde, conflituosa e alegre. Não existe ensaio." *Cormac, 43.*

O mais trágico é que uma grande parcela de homens tem estado física e emocionalmente ausente da vida dos filhos, e perdeu momentos importantes de convivência. Dificilmente percebemos a complexidade e a fragilidade do relacionamento entre pai e filho, e como ele pode ser facilmente rompido. Quando a ausência de relacionamento de um garoto com seu pai não é elaborada nos primeiros anos da infância, haverá pouca interação com seu pai quando for adulto. O psicólogo Steven Biddulph estima que, na Austrália, "trinta por cento dos homens, hoje em dia, não conversam com o pai. Trinta por cento têm com ele um relacionamento difícil, embaraçoso ou hostil. Trinta por cento fingem ser bons filhos e menos de 10% dos homens são amigos do pai e o têm como uma fonte de apoio emocional".[1]

> "As dificuldades dos garotos com que eu lido remontam ao tempo da infância com o pai. Os meninos que não sabem quem são seus

pais, que perderam os pais cedo ou têm pais ausentes, são os mais violentos." *Pastor Dave Smith, do* Fight Club.[2]

Quando se fala da importância do tempo partilhado entre pais e filhos, supõe-se que os meninos precisem conviver com o pai simplesmente para saber o que é ser homem. Pesquisas revelam que, embora seja essencial que os pais partilhem com os filhos valores *masculinos*, dividir a proximidade e os sentimentos tem a mesma importância,[3] e as entrevistas que fiz confirmam isso. A proximidade e o amor que um pai dedica ao filho ajudam a fornecer a base de uma personalidade positiva e equilibrada.

"Meu pai é da velha escola, durão e intransigente. Ele não fala dos seus sentimentos, é tudo muito superficial. Nós nos comunicamos por meio do esporte. Podemos sentar juntos e assistir a um jogo, mas ainda assim a conversa é mínima. Às vezes, não trocamos mais do que duas frases o jogo inteiro." *Robert, 30.*

Não há ninguém melhor do que o pai de um garoto para lhe ensinar como se expressar, como testar sua força, como ser confiante, como perder e ganhar. Convivendo com o pai, os meninos aprendem também sobre comportamentos aceitáveis ou não. É muito melhor para os garotos aprender as habilidades essenciais da vida em um ambiente afetivo e não pela tentativa e erro.

> *Embora seja essencial que os pais partilhem com os filhos valores masculinos, dividir a proximidade e os sentimentos tem a mesma importância.*

O garoto não precisa apenas de palavras de apoio e de carinho: ele precisa partilhar experiências. Quando os pais são ausentes física ou emocionalmente, os meninos se sentem abandonados. O mais preocupante é o imenso número de garotos que sofre com a ausência paterna. Ray, 50, lembra que o pai estava sempre trabalhando ou hospitalizado com problemas de saúde. Nigel, 72, nunca estava perto do pai: "Eu não o conhecia e ele não entendia um filho que não tivesse vivido as mesmas experiências que ele". Doug, 52, relata algo muito parecido: "Nós não éramos próximos. Não fazíamos nada juntos nem tínhamos conversas significativas".

> "Eu sei que o pai do meu pai era muito severo, dominador, que estava ausente a maior parte do tempo. Isso provavelmente determinou a forma do meu pai me tratar." *Adrian, 35.*

Meninos que não tiveram um pai educador não têm noção do que isso seja. Infelizmente, tal padrão vem sendo repetido por gerações, e está na hora de quebrar esse círculo vicioso. "Muitos de nós temos um lugar interior que é oco, vazio, resultado de profundas emoções reprimidas que machucam", afirma o psicólogo Frank Cardelle. "Essas emoções são feitas também do anseio de contato próximo, amoroso, que desejamos ter com nossos pais."[4]

Quando o pai destina um tempo para estar com o filho, ele está dando a ele muito mais do que imagina. Como afirma Kyle Pruett: "Um menino que foi banhado e alimentado pelo pai, sabe que o cuidado dos filhos é também coisa de pai. Quando ele se tornar pai encarará esse cuidado como parte de sua identidade masculina, e vai seguir o exemplo".[5]

Todo menino quer ser reconhecido e há muitas formas de se fazer isso. Li sobre John Reiss, um pai que tinha um tumor no cérebro inoperável, que escreveu três cartas ao seu filho de quatro anos – para o seu décimo terceiro, décimo oitavo e décimo nono aniversários. Nessas cartas, John dizia a Felix como o amava e o que esperava para o filho nos anos vindouros. O impacto dessas cartas em Felix foi certamente muito forte,[6] mas um pai não precisa estar à beira da morte para fazer algo significativo para o seu filho.

No romance *Windmill Hill*, Paul e seu pai não eram muito próximos, mas uma noite, enquanto estava tocando com sua banda de rock, Paul viu o pai na platéia. "Tudo o que eu sei", diz o rapaz, "é que quando ele me fez um sinal de cabeça, aquilo pra mim foi uma ovação".[7]

DESEJO DE AMOR

Não são apenas os meninos que desejam ser amados – essa necessidade de carinho e respeito é uma via de mão dupla. Como afirma Steven Biddulph, "assim como os filhos têm necessidade de ter proximidade com os pais, os pais também anseiam pelo afeto dos filhos".[8] Esse certamente era o caso dos homens que entrevistei.

"Por muito tempo eu me senti desconectado dos meninos por causa do divórcio, mas esse abismo parece ter sido preenchido nos últimos anos", explica Morris, 61. "Os abraços de que eu sempre senti falta agora acontecem toda vez que nos encontramos." Darren, 58, contou que ele recebeu um cartão maravilhoso do enteado, já adulto, que ele considerou "muito tocante". Na mensagem, o rapaz agradecia por ter sido para ele o mais próximo possível de um pai. Gestos como esse atingem o fundo do coração de um homem, fazendo com que todos os esforços que um pai investe nos seus filhos valham a pena.

> "É preciso compreender que, assim como os pais são muito importantes para os filhos, os filhos também são muito importantes para os pais. Os pais precisam de seus filhos." Colin George, The Fatherhood Project.[9]

> "Todo pai, não importa o quanto pareça crítico ou indiferente, passa a vida esperando que, de alguma forma, seu filho o ame e o respeite. Passa toda uma vida esperando." Steven Biddulph, psicólogo.[10]

Em geral, as barreiras entre pais e filhos são ocasionadas pela competição e falta de entendimento. A adolescência é um período que pode ser especialmente penoso para todos, pois os meninos começam a descobrir o próprio potencial e a ganhar a tão desejada força física. Esse processo às vezes coincide com o período em que os pais começam a enfrentar a crise da meia-idade. Enquanto os filhos se tornam mais fortes e viris, os pais conscientizam-se da redução de sua vitalidade, vêem suas perspectivas reduzidas e percebem que dificilmente poderão realizar muitas das ambições que tinham acalentado.

O professor Don Edgar concorda e afirma que o conflito entre adolescentes e o pai (principalmente) e a mãe em geral tem menos a ver com a rebelião da adolescência e mais com a atitude do adulto. Nos anos 70, durante uma pesquisa realizada na Austrália com adolescentes e seus pais, Don Edgar fez várias descobertas interessantes. Quando os adolescentes foram convidados a concordar ou discordar da afirmação "Eu tenho uma atitude positiva em relação a mim mesmo", mais da metade dos meninos concordou, assim como 41% das meninas. No entanto, apenas 7% dos pais desses adolescentes concordaram com a afirmação. Um impressionante total de 85% desses pais discordaram da frase "No geral, eu me considero uma pessoa bastante feliz".

"Esses homens estão hoje na meia-idade, em muitos casos presos a um emprego entediante que lhes dá pouca satisfação e/ou a casamentos que perderam grande parte do encanto", explica Don Edgar.[11] É muito difícil para os pais e para os filhos. Mas, ao invés de repelir seus filhos, cabe aos pais superar esse desconforto estabelecendo alguns rituais simples que podem ser feitos juntos, e ajudar a aquecer o espaço pessoal um do outro.

> "Que afronta não deve ser para os pais a exuberância e a autoconfiança dos filhos adolescentes! Para o jovem, o mundo está à disposição, tudo é possível, a vida não pregou ainda muitas peças. Para os pais, a existência já está definida, muitas espe-

ranças não foram concretizadas e a inveja pelas oportunidades que se descortinam para seus filhos talvez esteja por trás de sua incapacidade de lidar com os desafios da autoridade paterna." *Don Edgar.*[12]

UM NOVA PERSPECTIVA

Homens e meninos precisam aprender a se conhecer melhor e a conhecer um ao outro. Só assim vão perceber que as coisas nem sempre são como eles as vêem. Uma tarde, o escritor Yevrah Ornstein pensava em seu pai e na distância entre eles, quando se deu conta de que as únicas imagens que vinham à sua mente eram de momentos *negativos*. Percebendo que essa seleção de lembranças só fazia reforçar a crença de que seu pai não o amava, Yevrah decidiu escrever. O pai respondeu, dizendo que gostaria de pôr uma pedra sobre o assunto. "A grande surpresa foi quando ele me revelou que sempre soube que eu não me julgava amado, e ele não sabia o que fazer a respeito", relata Yevrah em *From the Hearts of Men*. "Pela primeira vez em minha vida meu pai se mostrou real para mim, real por admitir não saber o que fazer, um ser humano capaz de sentir-se confuso, magoado e perdido."[13]

> *Quanto mais as diferentes gerações de homens se compreenderem, mais vão descobrir que as coisas nem sempre são como eles as vêem.*

Quando pais conseguem ser sinceros com seus filhos, abrem um caminho de apoio mútuo para ser quem eles realmente querem ser. Qualquer que seja a situação em que os pais se encontrem em relação aos filhos, é importante que se permitam ser mais sinceros, mais humanos, dando espaço para que um relacionamento mais significativo possa se desenvolver.

Sempre que os pais se abrem, os filhos ganham uma perspectiva mais realista e uma visão mais rica do que significa ser homem.

MAIS ENTENDIMENTO

Uma das razões pelas quais a relação entre pai e filho fracassa é que eles freqüentemente têm expectativas muito diferentes um do outro. Cada vez mais, as expectativas que os filhos têm dos pais são influenciadas pelas imagens estereotipadas da televisão, do cinema e das revistas, e não pela vida real. Por sua vez, os pais trazem as expectativas que eles mesmos alimentaram durante a infância e a adolescência. Como essas expectativas divergem, aumenta a probabilidade de decepções. Quando pais e filhos abandonam as imagens idealizadas do que desejam um do outro, eles se tornam livres para desfrutar de um relacionamento mais autêntico.

> "Aos 15 anos, eu não acreditava como meu pai podia ser tão ignorante. Quando completei 20, eu não acreditava que meu pai pudesse ter evoluído tanto em apenas cinco anos." *Adam, 44.*

Os pais cometem erros, exatamente como os filhos. E como os filhos, os pais também precisam ser elogiados de vez em quando. Se os filhos não fizerem isso, eles ficarão perdidos no passado. "Eu comecei a minha vida como prisioneiro na casa de meu pai", diz Tom Wingo em *O Príncipe das Marés*. Mas à medida que foi crescendo,

Tom percebeu que ele também era muito forte. "Eu comecei minha vida adulta passando por cima do meu pai e saindo de casa." No entanto, a jornada de Tom não terminou aí. "Minha vida só começou de verdade quando eu consegui perdoar meu pai por ter feito da minha infância uma longa jornada de terror."[14]

Compreender o que significa estar no lugar do outro, traz uma nova perspectiva para pais e filhos. Depois de ouvir o poema de Robert Bly "At my father's wedding", o escritor Yevrah vislumbrou, pela primeira vez, como foi na realidade a vida de seu pai. "Percebi que meu pai sentiu uma terrível solidão, e que ele tampouco conseguiu o que queria. Eu descobri que meu pai era filho também."[15] Há tanta coisa que pais e filhos podem partilhar! Eles têm uma enorme capacidade de ampliar a estreita visão que possuem de si mesmos e do mundo.

> "Todo pai deveria encorajar seu filho a ser melhor do que ele, mas a maioria dos homens da antiga geração não pensa assim. Se os filhos começam a se sair melhor do que os pais, estes se tornam agressivos; ficam mais chateados do que orgulhosos. Eu admirava o meu pai e sonhava um dia ser como ele. Mas ele dizia 'Não, não, você vai ser muito melhor', e eu sempre achei isso o máximo." *Adrian, 35.*

RELAÇÃO COMPROMETIDA

Quando pais e filhos não são muito próximos, a mágoa e o ressentimento podem facilmente contaminar esse relacionamento, aumentando a distância.

Nos últimos anos, o abismo entre as gerações aumentou com a expansão da tecnologia e o aumento da pressão social. Ao invés de se sentirem derrotados, os pais precisam encontrar novas formas de continuar a ser relevantes para os filhos. Se os pais não estiverem dispostos a lutar por isso, os filhos vão acreditar que os pais não têm mais nada a lhes ensinar. Isso, por sua vez, tornará os meninos mais vulneráveis às influências externas.

Os garotos de hoje estão muito bem informados tecnologicamente e têm maior liberdade do que no passado, mas isso não os torna mais *maduros* ou mais capazes de tomar decisões acertadas. Todo menino ainda precisa de um modelo masculino, de um herói. "Essa é uma boa razão para assumir a responsabilidade. É uma boa razão para buscar o envolvimento", insiste o psicólogo Bill O'Hehir. "É uma boa razão para reconhecer o importante papel que o pai desempenha na família, e que tem sido esquecido."[16] Da mesma forma que os pais precisam trabalhar suas relações com os filhos, eles também necessitam de familiares e amigos que os ajudem a ratificar sua importância.

> *Ao invés de se sentirem derrotados, os pais precisam encontrar novas formas de continuar a ser relevantes para os filhos.*

Respeito é bom

Quaisquer que sejam as aspirações que um pai tenha em relação ao filho, ele deve também respeitar a capacidade e a individualidade da criança. Quantos garotos não são enviados para escolas de prestígio, ou forçados a tomar parte em esportes ou em outras atividades para as quais eles não têm o menor interesse ou aptidão, apenas para satisfazer a ambição do pai! Perdi uma amizade antiga quando um pai começou a forçar o filho de 9 anos muito além de sua capacidade. Cada vez que a criança tentava se explicar, ela era lembrada de todo o dinheiro que estava sendo gasto com sua educação. Esse pai não estava interessado em conselhos e, como resultado disso, perdeu muitos amigos. Esse tipo de pai faz poucas concessões aos filhos.

Recentemente, eu soube de um outro garoto que apresentava um extremo grau de estresse na escola. Um professor percebeu que o motivo era o grande número de atividades em que o garoto estava envolvido. Quando o fato foi apontado para o pai, ele respondeu que dedicava muitas horas a um trabalho altamente estressante e que ele estava simplesmente preparando o filho para a realidade da vida. Talvez isso não fosse tão negativo se o menino não tivesse apenas 7 anos de idade.

> "Os meninos precisam de espaço para sonhar. Não se pode viver para satisfazer os sonhos de outra pessoa. Eu cresci com uma grande falta de confiança e auto-estima. É como se eu não esperasse poder me realizar. Leva muito tempo para mudar isso – não acontece da noite para o dia." Robert, 30.

Os pais muitas vezes exercem um tremendo impacto sobre os filhos, nem sempre positivo. Freqüentemente, não se dão conta de como uma crítica dirigida aos filhos pode ser devastadora.

Mensagens como "não chore, seja homem" deixam suas marcas. "E mesmo que o pai perceba que magoou o filho, ele não tem a capacidade de pedir desculpas, de voltar atrás, de comunicar-se", explica a psicóloga Toby Green.[17] Mais uma vez, isso tem a ver com a criação dada aos meninos. Quando os homens não aprendem a reconhecer e a expressar suas emoções, resta pouca sensibilidade para os sentimentos alheios. Em geral, eles reagem a situações difíceis pelo silêncio, ou com explosões de raiva aparentemente repentinas e injustificadas, que magoam e confundem os filhos. Se os pais não aprenderem a manifestar suas contrariedades com carinho, sucessivas gerações de meninos continuarão a ser minadas – e provavelmente minarão a geração seguinte.

> *Chega a ser trágico que um homem não consiga encontrar formas significativas de expressar seus sentimentos aos filhos.*

A ira de um pai pode ser justificada, mas, sem a devida explicação, as lembranças que prevalecerão para a criança serão a mágoa e o ressentimento. Em *From Hearts of Men*, Yevrah Ornstein conta como decidiu juntar-se à *Peace Corps*.[18] Quando ele falou com seu pai a respeito, esperava aprovação. Mas o pai de Yevrah reagiu violentamente, deixando-o chocado. Depois que a situação se acalmou, o pai explicou que a idéia de ter o filho a milhares de quilômetros, em um país do Terceiro Mundo, era impensável, pois, se algo desse errado, ele estaria impotente para ajudá-lo. Que diferença essa explicação fez para ambos!

Chega a ser trágico que um homem não consiga encontrar formas significativas de expressar seus sentimentos aos filhos. Os entrevistados que tinham pais raivosos ou violentos falaram deles com um misto de ressentimento e sensação de perda.

Doug, 52, lembra de seu pai como "um homem a ser evitado. Ele parecia não saber nada da minha vida". Ray, 50, recorda apenas "dos rompantes de raiva e da cinta de couro". Esses e outros homens não estavam em busca de pais perfeitos, mas de homens que, mesmo cometendo erros e se zangando de vez em quando, fossem capazes de criar relacionamentos sinceros e amorosos com seus filhos.

> "Meu pai vive mergulhado no trabalho. A família está sempre em segundo lugar, depois das pessoas com quem ele trabalha. Ele liga para eles todos os dias, mas acha muito difícil pegar o telefone para ligar para mim. Faz oito meses que não nos falamos. Ele é muito ocupado." Robert, 30.

OS PAIS ESTÃO MUDANDO

A boa notícia é que os filhos de pais distantes estão determinados a ter um relacionamento diferente com *seus* filhos. "Vai ser muito interessante ver como será a próxima geração de crianças, uma vez que os pais estão se abrindo para uma comunicação mais franca", reflete Adrian, 35. Os pais podem ser muito mais sinceros, e aqueles que forem, certamente colherão bons frutos. "Em comparação com meu pai, eu sou muito mais ligado aos meus filhos", afirma Craig, 58, pai de quatro adultos. "Eu sei muito mais a respeito deles – como eles se sentem, o que pensam. No momento das grandes decisões – desde o sexo até a compra da casa própria –, eles vieram em busca de ajuda e continuam a fazer isso ainda hoje."

> "Nos dia de hoje, na era em que vivemos, é normal que você demonstre suas emoções. Mas se nossos pais ou avós mostrassem qualquer sinal de emoção era tido como sinal de fraqueza, ou de que eles não eram homens se chorassem ou abraçassem publicamente os seus filhos. Isso mudou muito – eu espero!"
> *Adrian, 35.*

Ray, 50, tem poucas lembranças positivas de seu pai, mas está determinado a ter um relacionamento diferente com os filhos. "Eu procuro não deixar passar um dia sem dizer o quanto eu gosto deles. Tento passar algum tempo com cada um deles individualmente, tanto no dia-a-dia, quanto em eventos importantes. Conversamos sobre tudo o que diz respeito à família, mesmo que seja assunto de adultos." David, 36, também tem uma atitude muito diferente da de seu pai. "Eu me sinto muito mais próximo dos meus filhos do que acredito que meu pai jamais tenha se sentido", reflete ele. "Não me entenda mal, meu pai era uma pessoa maravilhosa. Ele procurava estar presente a todos os meus compromissos esportivos, e gostava de levar a mim e a minha irmã para passeios em lugares diferentes. Mas era um relacionamento muito mais superficial do que eu acredito ter com meus filhos. Eu costumo abraçá-los e eles gostam disso. Não passa um dia sem que a gente diga um ao outro que se ama muito."

"Meu pai não brincava muito comigo quando eu era criança. Ao contrário, eu brinco muito com meu filho. Rolamos no chão. Eu o jogo para o alto e ele ri muito. É uma sensação indescritível observar um filho, ouvir seu riso." *Lee, 48.*

Pais e filhas

PRINCESINHA DO PAPAI

Em geral, os pais têm com a filha um relacionamento totalmente diferente daquele que têm com o filho. Esse relacionamento é um misto de admiração e proteção e, se for bem conduzido, pode ser uma experiência maravilhosa para o pai. Ele passa a desempenhar o papel de herói, cuidando do sustento da filha e protegendo-a contra todo perigo. Já para a filha, ter um pai sempre presente é algo muito especial. Meu pai sempre me apoiou e me transmitiu uma imagem muito positiva dos homens.

> "Como pais, temos a responsabilidade de proteger nossos filhos, mas instintivamente dedicamos maior proteção às filhas, uma tutela tão feroz que pode fazer com que muitos pais se sintam verdadeiros cavaleiros na armadura brilhante." *Robin, 28.*

"Há uma certa 'suavidade' na menina, uma inocência na sua maneira de ver as coisas, que me faz desejar tornar o mundo um lugar melhor para ela." *Trevor, 30.*

Embora muitos pais amem suas filhas intensamente, é difícil para eles dar-lhes espaço para crescer livremente. Se os pais são superprotetores, as filhas se sentirão sufocadas e ressentidas. Elas não entenderão o motivo dessa superproteção, pelo menos até que se casem e tenham suas próprias filhas.

"Você sente necessidade de proteger sua filha do mundo, e especialmente dos rapazes, porque você também já foi jovem e sabe bem o que é isso. Quando percebe, está tendo um atitude repressora. Até mesmo a minha irmã mais nova nunca quis saber de me apresentar a seus namorados." *Adrian, 35.*

A grande dificuldade para os pais é que eles conhecem o mundo e conhecem os homens, e tentam desesperadamente proteger as filhas. Irma Kurtz concorda. Em seu livro *Malespeak*, ela sugere que para um pai, a filha é o "puro receptáculo de toda a magia feminina". Ciente de sua vulnerabilidade e seu potencial, ele sente que é seu dever proteger a filha do "brutal conhecimento que virá no devido tempo por meio de outro homem".[1]

"Minha filha mais velha está partindo o meu coração. Os pais se sentem muito protetores, não tem jeito. Eu encontrei maconha em seu quarto e ela levou suspensão na escola. Para isso eu tenho tolerância zero, enquanto a mãe acha que ela pode beber, sem exageros, e que deve usar camisinha se quiser fazer sexo. Eu me sinto como se estivesse sentado na arquibancada, vendo minha filha se afogar, sem poder fazer nada. Eu não quero ser um mero espectador, mas sei que não há nada que eu possa fazer. Ela está com 15 anos agora, mas isso vem acontecendo desde os 13 anos. Eu me sinto impotente e arrasado!" *Justin, 43.*

O pai também é especial para a filha. Em geral, ele é o primeiro homem que ela ama e, com o pai, a menina começa a explorar o mundo masculino. Ela pode vivenciar como os homens agem, do que eles gostam e como se comportam, falam e se vestem. Quando têm um bom relacionamento com o pai, as filhas crescem com um modelo masculino positivo, o que as torna menos vulneráveis a homens que não o são. Quando os pais têm um bom relacionamento com as mulheres, eles ajudam suas filhas a reconhecer, a apreciar melhor e a superar as diferenças entre os sexos. Bons pais podem ser uma maravilhosa âncora para suas filhas em sua busca por um lugar no mundo.

"Meu pai era o homem mais fiel que uma mulher poderia desejar. Sempre batalhador, ele nunca me abandonou, nem mesmo quando eu o magoei. No final das contas, eu devo o que sou a meu pai." *Irma Kurtz.*[2]

PAIS AUSENTES

As meninas podem ressentir-se muito da ausência de uma figura masculina positiva em seus anos de formação. Duas pesquisas de longo prazo revelaram por que, entre os países industrializados, os Estados Unidos e a Nova Zelândia detêm o primeiro e o segundo lugares, respectivamente, de maior taxa de gravidez na adolescência. Kenneth A. Dodge, diretor do *Center of Child and Family Policy*, da Duke University, e seus colegas, descobriram que as adolescentes com maior taxa de atividade sexual eram aquelas cujos pais haviam deixado o lar antes de as meninas completarem 6 anos. Em seguida, vinham aquelas cujos pais deixaram o lar mais tarde, e por fim aquelas em que os pais permaneciam com a família.

O estudo revelou que as garotas americanas, cujos pais deixaram o lar quando elas eram pequenas, apresentavam uma probabilidade aproximadamente cinco vezes maior de engravidar na adolescência. Para as meninas neozelandesas na mesma situação, a probabilidade era três vezes maior em relação às que viviam na companhia dos pais. Entre os diversos fatores, os pesquisadores sugeriram que muitas filhas de pais ausentes vêem a mãe entrar e sair de vários relacionamentos, o que, somado ao efeito desestabilizante da perda do pai, as torna atraídas por ligações precoces e instáveis.[3]

AS FILHAS NA VIDA DOS PAIS

As meninas podem ser muito importantes na vida de um pai e, com freqüência, despertam uma ternura que eles mesmos desconheciam ter. "Eu me senti mais aberto a demonstrar meus sentimentos pela minha filha do que pelos garotos, possivelmente porque eu não tinha tantas noções preconcebidas e expectativas quanto ao futuro de minha filha, quanto tive em relação aos meninos", relembra Nigel, 72. "Meu relacionamento era mais espontâneo, e eu podia ser mais amigo, demonstrar mais minhas preocupações com seu bem-estar, com menos chances de me sentir decepcionado se ela não correspondesse às minhas expectativas."

As filhas logo compreendem que é mais fácil manobrar o pai do que a mãe. "Como pai, minha tendência é ser mais condescendente com Lara e só dar uma bronca se for absolutamente necessário," admite Brian, 58. "Lara é mais solícita, ajuda mais nas tarefas domésticas, o que influencia meu julgamento e me faz mais maleável, quando se trata de um dinheiro extra para comprar roupas, por exemplo."

> "Minha filha consegue me emocionar como no dia em que nasceu. No meu aniversário de 50 anos, ela me presenteou, entre outras coisas, com todos os bilhetes que eu lhe tinha escrito e colocado em sua lancheira – os 'eu te amo' e 'tenha um bom dia', que me fizeram instantaneamente reviver esses momentos." *Ray, 50.*

Ninguém deixa de ser pai quando os filhos saem de casa, se casam e têm seus próprios filhos ou chegam à meia-idade. Embora poucos falem no assunto, muitos pais ainda gostam de aconchegar os filhos, orgulhando-se deles, preocupando-se com eles e tentando ser úteis.

> *"Um dia, eu vou conseguir comer uma refeição quente, assistir a um filme em silêncio ou ir nadar, sem levar seis sacolas de brinquedos, mas por enquanto eu tento relaxar e aproveitar. Mesmo porque tudo isso vai desaparecer tão depressa quanto surgiu." Jay Turley.*

Muitos homens estão conscientes do que significa ser pai. "Eu aprendi muito, depois do nascimento dos meus filhos", diz Jay Turley. "Fiquei mais protetor, autoconfiante, carinhoso, gentil, forte e mais sábio. Eu tento passar para eles uma figura masculina, como eu acredito que deva ser. Esse esforço me impede de discutir com a minha mulher sem necessidade, como eu fazia antes, ou me força a consertar a prateleira da estante e o pneu furado da bicicleta. Eu, que era mal-humorado e reticente, fiquei mais comunicativo, porque eu acredito que meus filhos devem fazer o mesmo. Um dia, eu vou conseguir comer uma refeição quente, assistir a um filme em silêncio ou ir nadar, sem levar seis sacolas de brinquedos, mas por enquanto eu tento relaxar e aproveitar. Mesmo porque tudo isso vai desaparecer tão depressa quanto surgiu."[4]

"Tornar-me pai fez com que eu ficasse ligado no mundo e me fez prestar mais atenção aos detalhes. Isso me tornou um escritor e um ser humano melhor, pois eu tenho uma extensão de mim mesmo para expressar minhas emoções." *Trevor, 30.*

"A paternidade é, de longe, a melhor coisa que eu já fiz na vida. É também a coisa em que eu mais me empenho e me preocupo em fazer certo." *Ray, 50.*

Papel delicado

SOB SUSPEITA

No momento em que os pais atuais optam por ter um papel mais efetivo na vida dos filhos, surgem novos desafios. É bom ver pais dando as mãos aos filhos e observar como esse gesto beneficia a todos. Ao mesmo tempo, ao se tornarem mais próximos, os pais também se tornam mais vulneráveis à acusação de abuso sexual. A crescente preocupação da sociedade com esse tipo de agressores impõe alguns desafios para os homens em geral, e para os pais em particular.

Alguns pais temem tanto essa suspeita que relutam em brincar com os filhos – dar banho ou contar histórias antes de dormir – , com medo de que esses gestos sejam mal interpretados. Uns poucos têm a coragem de interagir com os filhos de outras pessoas, mesmo que sejam um tio querido ou um amigo da família.

Os pais têm razão de se preocupar, pois estão sob forte suspeita. Muitas lojas de departamentos permitem que as mães entrem nos provadores de roupas com os filhos, mas, desde meados da década de 1980, os pais de crianças pequenas geralmente não são admitidos. Quando foi questionado sobre essa política, o responsável pela loja de departamentos J. C. Penney afirmou: "A noção geral é de que os homens são *voyeurs* e molestadores".[1]

Em seu livro *Altered Mates*, o jornalista Tom Morton revelou que nas instruções de vôo da Qantas, de 1995, as crianças desacompanhadas não deveriam se sentar com passageiros do sexo masculino. No ano seguinte, os comissários de vôo do sexo masculino da empresa aérea australiana passaram a não atender mais crianças desacompanhadas.[2]

> "Você quase se sente mal por ser homem, em mostrar afeto pelas crianças ou brincar com elas, pois você pensa: 'Será que as outras pessoas estão achando que eu sou esquisito, pedófilo ou coisa parecida?' Se você estivesse num parque, num dia de sol, e visse uma mãe com seu filho, você imediatamente teria uma reação positiva. Mas se visse um garoto com um homem, brincando de dar saltos mortais, poderia pensar: 'Quem é esse cara e onde está a mãe, que devia estar tomando conta do menino?'." *Alex, 35.*

Acredito que todos já tenham passado por uma situação social em que uma criança entusiasmada se atira sobre um dos adultos do sexo masculino, em busca de um abraço e percebeu um constrangimento geral. Esse tipo de vigilância não deixa os pais, nem os demais adultos, em posição confortável. Não há dúvidas de que nossas crianças precisam do maior cuidado possível, mas, como ressalta a professora Danae Clark, os pais "passaram a representar tudo o que é poderoso, tudo o que é potencialmente perigoso [...] Em nosso desejo de lutar contra o patriarcado, de combater o pai patriarcal, matamos toda a 'ternura paterna' e afastamos nossos próprios pais".[3] É bom estarmos vigilantes em proteger nossas crianças, mas precisamos também encorajar os homens em quem confiamos a se tornarem parte mais ativa na vida de nossos filhos. O único modo de fazer isso é chamando-os de volta.

FALSA ACUSAÇÃO

Um dos maiores desafios para alguns homens separados e divorciados é a acusação de abuso sexual da criança por parte de uma ex-parceira enraivecida. "Se a mãe faz a alegação de que o pai cometeu violência (física, sexual ou psicológica), o tribunal em geral o limita a visitas supervisionadas, mesmo que não haja nenhuma prova", afirma Felicity Goodyear-Smith, médica e educadora especializada em abuso sexual. "Em muitos casos, essas atitudes têm sido tomadas sem comprovação de que o pai tenha sequer maltratado a criança, e em geral se baseiam apenas no depoimento da mãe."[4]

Além da visível injustiça que muitos pais enfrentam, quando ocorrem acusações falsas envolvendo seus filhos, alguns perdem o direito de visita, em um momento de grande fragilidade para as crianças. Nem todas as alegações de abuso são falsas, mas essa situação tem se tornado mais comum, gerando sérias implicações para todos os envolvidos. As entidades de apoio à criança enfrentam excesso de trabalho, por causa dessas acusações infundadas, uma vez que cada alegação dá início a um detalhado procedimento para investigar a verdade dos fatos.

Por causa dessas investigaçções, os organismos responsáveis estão conseguindo detectar os casos verdadeiros de crianças em risco. No entanto, no relatório de 1987 ao *Select Commitee on Children, Youth and Families*, Douglas Besharov, o primeiro diretor do *National Center on Child Abuse and Neglect*, declarou que 65% dos casos denunciados na Austrália foram considerados infundados, após exaustiva investigação (em 1975, esse número foi de 35%). O problema é que os pais acusados, mesmo após comprovação da sua inocência, continuam marcados pela acusação.[5]

ABUSO DE CRIANÇAS

Os adultos precisam se manter vigilantes em relação às suas crianças e os casos de abuso sexual não podem ser ignorados. Porém, quando os homens são mais vistos como agressores do que como cuidadores, sua vida, a vida de seus filhos, e das crianças com as quais eles convivem, ficam comprometidas. É importante ter uma visão mais abrangente.

Felicity Goodyear-Smith ressalta que a negligência, não o abuso sexual, é de longe a mais comum forma de violência contra a criança. "Em 1994, cerca de 1 milhão de casos de maus-tratos contra crianças foram comprovados nos Estados Unidos. Quase metade deles envolviam negligência; mais de um quarto, violência física; cerca de 10%, violência sexual e os demais eram casos de violência emocional ou outra violência não especificada.

A especialista cita ainda um abrangente estudo canadense, que examinou 46.683 casos de violências contra crianças, em que se constatou que, em 49% dos casos, algum tipo de abuso tinha sido cometido pelas mães e em 31%, pelos pais. Segundo esse mesmo estudo, as mães perpetraram 79% dos casos de violência emocional, e 85% foram consideradas negligentes em relação aos filhos.[6] O propósito de mencionar esses dados não é o de minimizar a violência sexual ou comprometer a imagem das mães, mas de compreender que a violência contra a criança assume variadas formas, e *todas* as formas de violência precisam ser consideradas.

O SENTIDO DAS ESTATÍSTICAS

Alguns pais realmente abusam sexualmente de seus filhos e/ou filhas. Isso é inaceitável, mas o que isso significa? Com certeza, nem todos os abusadores sexuais são pais. Pesquisas realizadas na Austrália indicam que, quando o abuso é cometido dentro de casa, na maioria dos casos, o agressor é o padrasto, e não o pai.

Segundo outro estudo, o padrasto é cinco vezes mais propenso a cometer esse tipo de violência,[7] enquanto um terceiro estudo sugere que essa probabilidade sobe para sete vezes, se comparada à agressão pelo pai natural.[8] Esses números são significativos, embora não representem o panorama completo, pois nem todos os padrastos são agressores. Muitos homens dedicados assumem os filhos de outras pessoas e realmente dão o melhor de si para lhes oferecer um ambiente positivo e acolhedor. Certamente, o caminho é oferecer uma *melhor* educação para as crianças e, ao mesmo tempo, encorajar pais e padrastos a se envolverem mais, assumindo um papel positivo e comprometido com suas famílias.

Os pais e o divórcio

QUANDO O PAI SAI DE CASA

Os pais estão vivendo novos níveis de isolamento, com um número crescente de separações. Embora 65% das separações hoje na Austrália sejam por iniciativa da mulher, independentemente da razão do rompimento, em geral é o pai quem tem de se mudar, já que ele não quer comprometer a rotina de vida dos filhos.

Uma vez sozinho, o pai muitas vezes sente que já não tem nada a oferecer à família, apesar de seu importante papel na proteção e no desenvolvimento dos filhos. A imensa perda que muitos sentem, em geral, os paralisa, fazendo com que se coloquem sempre na retaguarda. Muitos homens que entrevistei confessaram-se perturbados com sua situação. Alguns choraram. Outros mal conseguiam disfarçar sua angústia.

"A maneira de um pai encarar a separação é permeada pela sensação de perda. Ele está bastante consciente de não mais partilhar a vida e o dia-a-dia dos filhos. Há também uma sensação de perda social, pois todas as pessoas à sua volta insistem para que ele vá em frente e refaça sua vida. E, por fim, ele sente ainda uma perda estrutural, pois os tribunais e os mecanismos de proteção à criança tendem a favorecer a mulher." *Belinda Pascoe, advogada.*[1]

A sociedade pouco contribui para tirar o homem dessa paralisia, pois encara o pai separado como prescindível – a não ser, é claro, por sua ininterrupta contribuição financeira. Muitos deixam de lutar pela guarda dos filhos por não acreditarem na possibilidade de conseguir essa concessão, ou porque acham que a mãe tem muito mais a oferecer. Em geral, a ausência dos filhos no seu dia-a-dia é o fator de maior angústia. Porém, como muitos não se dão conta disso, eles acabam tendo pouca ajuda para vencer esse arrasador sentimento de perda. "Meu irmão divorciou-se há alguns anos", explica Mick, hoje também divorciado. "Eu não lhe dei apoio nenhum na época, pois não fazia idéia do que ele estava passando."

> *Embora muitos rompimentos resultem do desejo do casal de "dar um tempo", ainda se considera que um pai separado ou divorciado não seja uma influência positiva para os filhos.*

A terrível carga de preconceitos que atinge os pais separados ou divorciados não permite que eles sejam ouvidos. Além de passar a ocupar um papel bastante ignorado pela sociedade, esses homens vêem seu papel como pai perder valor. "Parece incrível que tenhamos de provar que *os pais são importantes*", afirma o professor de Psicologia Sanford Braver. "Às vezes, até mesmo falar em defesa dos pais é interpretado como um ataque às mães."[2]

PERDA DA GUARDA

Embora muita gente considere a proximidade paterna algo positivo e necessário, não é isso o que ocorre com um número crescente de crianças. Em 1997, estimava-se que cerca de 1 milhão de crianças e adolescentes australianos viviam com um dos pais naturais; 88% dessas crianças viviam com a mãe. Quase um terço delas raramente ou nunca via o pai; dentre aquelas que o viam, 34% não passavam a noite na casa do pai.[3]

Privar os pais separados e divorciados de um relacionamento contínuo e significativo com seus filhos não é um grande incentivo para que esses homens continuem a ser comprometidos e, muito menos, bons pais. "Quando os pais não estão por perto", ressalta Michael Lamb, "o suporte econômico, social e emocional que eles proporcionam à família começa a falhar ou a ser inadequadamente preenchido por outros".[4] Embora não se discuta que pais abusivos devam perder o direito à convivência com os filhos, a maioria dos homens não se encaixa nessa categoria.

> "Muitos homens ficam tão desencantados com a injustiça da situação que simplesmente abandonam suas responsabilidades. E então têm de sofrer a humilhação de ser considerados pais indiferentes." Bill O'Hehir, psicólogo.[5]

A perda do direito às visitas afasta esses homens dos eventos mais importantes da vida dos filhos. Além de perder o contato no dia-a-dia, resta pouca influência na educação e em outras decisões importantes para a vida das crianças. A solidão e a perda da rotina diária com a família são muito dolorosas para esses pais, pois muitos são excluídos até mesmo das reuniões de Natal, aniversários e festas das crianças, e não têm a alegria sequer de receber um cartão no Dia dos Pais ou no seu próprio aniversário.

Embora muitos rompimentos resultem do desejo do casal de "dar um tempo", ainda se considera que um pai separado ou divorciado não seja uma influência positiva para os filhos. Essa idéia é tão comum que os próprios pais acabam acreditando nisso. Os filhos que preservam contato com o pai só têm a ganhar com isso, contanto que não sejam envolvidos nos conflitos do casal. Formas positivas de lidar com a custódia, como a guarda compartilhada, podem e devem ser buscadas. Quando os pais se empenham em fazer isso dar certo, estão prestando um grande favor aos filhos.

> "Os pais separados nunca ouvem que eles são importantes. O que o homem mais precisa nesse momento é ter validado o seu papel como pai – saber que ele é importante para os filhos, embora a família tenha sofrido mudanças." *Ray Lenton, terapeuta.*[6]

A médica de família Felicity Goodyear-Smith concorda com esse ponto de vista. "Os filhos são menos prejudicados se preservarem um relacionamento contínuo com o pai e a mãe. O contato regular entre pais e filhos deveria ser sempre encorajado pelos profissionais do serviço social e pelos tribunais."[7]

"Meus pais se separaram quando eu tinha 14 anos. Minha irmã foi morar com minha mãe e eu fiquei com meu pai. Toda semana eu ia de bicicleta visitar minha mãe. Minha irmã visitava meu pai com a mesma freqüência. A cada dois anos, minha irmã e eu trocávamos de casa, indo eu morar com minha mãe e ela, com meu pai. Fizemos isso dos 14 aos 23 anos, quando eu passei a morar com alguns amigos. Meus pais não pareciam se incomodar com a troca que minha irmã e eu fazíamos." *Lee, 48.*

O PAI É SEMPRE CULPADO?

Ninguém discute que, quando as famílias se separam, as crianças ficam extremamente vulneráveis. A sociedade tende a culpar o pai ausente pelas dificuldades dos filhos, mas nem todos os pais são ausentes por escolha própria. Alguns homens separados simplesmente não têm dinheiro para continuar a manter a família. Muitos acabam indo morar em pensões ou na casa de amigos, sem moradia fixa.

As pesquisas indicam que os pais menos envolvidos com os filhos após a separação são aqueles com parcos ou nenhum rendimento, enquanto os pais com ganhos mais altos e com nível de escolaridade mais elevado estão muito mais aptos a fazer arranjos bem-sucedidos de guarda compartilhada.[8]

"São poucos os pais que perdem completamente o contato com os filhos, a não ser que sejam obrigados a isso. O que abate esses homens são os encargos financeiros, as provocações constantes e as falsas acusações. Quando eles percebem como isso está destruindo seus filhos, alguns preferem se afastar. Eu recebi um cliente, outro dia, que estava de mudança. Ele estava desolado, mas não havia outra opção, pois a ex-mulher se comportava de forma cada vez mais agressiva, e isso começou a prejudicar os filhos. Ele estava inconsolável." *Ray Lenton, terapeuta.*[9]

De acordo com Sanford Braver, autor de *Divorced Dads*, o desemprego é a principal razão para a falta de pagamento de pensão.[10] Na Austrália, o desemprego entre pais separados chega a ser três vezes maior do que a média nacional. Mas não poder pagar a pensão não significa descaso. De fato, alguns abandonam a família, mas a grande maioria luta para continuar a fazer parte da vida dos filhos, mesmo com poucos recursos. É difícil imaginar o sofrimento dos pais numa situação dessas. Como os homens não costumam partilhar seus sentimentos, jamais saberemos a profundidade da vergonha e do desespero que eles enfrentam.

Conseqüências

Quando se fala em decisão judicial e em pensão alimentícia em casos de divórcio, tendemos a pensar na zona nobre da cidade, mas isso está muito distante da realidade. Ainda assim, independentemente de seus rendimentos, espera-se que o pai sustente duas casas: a da família e a sua moradia atual.

"Quando as crianças vieram passar as férias comigo, eu tinha de lavar a roupa delas todas as noites, depois que elas iam dormir, porque eu não tinha dinheiro para comprar outras roupas para elas." *Ryan, 50.*

As mulheres e os filhos também se tornam financeiramente vulneráveis após o rompimento. Muitas vezes, os filhos ainda precisam de cuidados em tempo integral, dentro de casa, e a mãe só consegue ganhar uma fração do que o pai ganhava. É por essa razão que a mulher recebe de 65 a 70% dos bens do casal.[11] No entanto, raramente se leva em consideração que esse montante pode ser excessivamente alto para alguns homens. Um estudo realizado na Austrália mostrou que os homens mais desprovidos financeiramente são aqueles que vivem sozinhos ou os que arcam sozinhos com a criação dos filhos, e destes, um quarto recebe proventos que os colocam abaixo da linha de pobreza.[12]

"Não podemos nos esquecer que 80% dos homens que pagam pensão ganham menos de 30 mil dólares ao ano. Se já é difícil manter uma família em condições normais, depois da separação isso se torna impossível, e o resultado é a pobreza." *Ray Lenton, terapeuta.*[13]

Os governos precisam ter uma estrutura formal responsável pelas pensões destinadas às crianças, mas o que não ajuda os pais australianos é que eles pagam a pensão após o desconto dos impostos, enquanto que as mães não pagam impostos sobre os valores recebidos. Assim, os pais vêem-se em uma situação sem saída, pois o cálculo da pensão é feito com base no salário bruto, e eles têm pouca influência, se é que têm alguma, sobre como o dinheiro da pensão é gasto, mesmo quando suspeitam de que a criança não esteja usufruindo dessas contribuições.[14]

> *O contato com os filhos continua a ser uma grande motivação para os pais apoiarem sua família, não só financeiramente, mas de modo concreto e mais efetivo.*

"Eu conheço um pai que chegou às lágrimas ao argumentar com a *Child Supporte Agency*. Disseram-lhe que ele tinha de arranjar um segundo emprego para poder pagar os 45 mil dólares de pensão dos filhos. Ele havia comprovado à agência que não trabalhava mais como executivo porque adoeceu depois da separação, e que atualmente trabalhava como operário. Ele apresentou a comprovação médica, mas disseram que isso não era suficiente." *Justin, 43.*

A REALIDADE PÓS-DIVÓRCIO

Os homens divorciados não levam uma vida fácil, estimulante, livre de preocupações e responsabilidades. Muitos lutam para pagar as contas, o que os impede de reconstruir suas vidas – o que dirá partir para um novo relacionamento –, simplesmente por falta de dinheiro. "O processo de despojamento é mais doloroso para os homens do que se pensa. As perspectivas do homem que sai de casa, a menos que ele seja rico, são bastante tristes. O homem comum provavelmente mora numa pensão ou na casa de amigos, para começar, com poucos amigos e móveis escassos", conta Terry Colling, terapeuta. "Para alguns homens, a idéia de levar parte dos bens da família após a separação é dolorosa e revoltante, então eles literalmente levam apenas a roupa do corpo e alguns itens de uso pessoal."[15]

"Somos muito mais ligados aos nossos filhos do que as pessoas imaginam." *Ryan, 50.*

De acordo com Bruce Smyth, pesquisador do *Family and Marriage Program at the Australian Institute of Family Studies*, uma das razões pelas quais as informações sobre pais separados permanecem escassas é que muitos moram de favor, dividem quartos em pensões e hospedarias, ou vivem em *trailers*.[16] Outros não têm outra alternativa senão voltar a viver com os pais. Alguns ainda ficam sem moradia fixa.

"Eu me lembro de estar parado no pequeno apartamento de dois quartos, com uma fotografia de oito por dez dos meus filhos, um menino e uma menina. O apartamento estava relativamente vazio, com umas poucas peças de mobília e paredes nuas. Nesse momento, eu comecei a compreender as complexidades de ser um pai separado. Eu sentia uma terrível falta dos meus filhos. E tinha tantos questionamentos e tantas preocupações!" *Liam.*[17]

O desespero que muitos homens sentem traz sérias conseqüências para todos, inclusive para os filhos, que não podem ser usados como munição na batalha pelo controle sobre eles. Embora exista o chavão de que "o vencedor fica com tudo", raramente alguém sai ganhando nessa batalha. Ninguém deseja que os filhos sejam prejudicados, por isso é preciso encontrar maneiras justas de resolver as diferenças.

> "Os pais ficam desorientados com o sentimento de perda. A perda maior no rompimento de uma relação é a da convivência com os filhos." *Ray Lenton, terapeuta.*[18]

O contato com os filhos continua a ser uma grande motivação para os pais apoiarem sua família, não só financeiramente, mas de modo concreto e efetivo. Os pais separados e divorciados, nesse nosso mundo desenvolvido, estão sendo destruídos por um sistema que, em geral, os classifica como uma "carteira ambulante" ou pouco mais do que isso. Espera-se de muitos homens que simplesmente paguem as contas e fiquem longe dos filhos, e, quando esses homens conseguem o direito de visita, são vistos mais como simples visitantes do que como pais.

> "Nós, pais, amamos nossos filhos, tanto quanto as mães. Sentimos falta quando estão longe de nós, pensamos neles e queremos estar com eles. Só porque fomos atingidos pela tragédia de um divórcio, isso não quer dizer que deixamos de amar nossos filhos." *Blake, 42.*

É importante notar que nem todos os homens deixam o relacionamento quando estão infelizes. Muitos persistem por anos. Pesquisas indicam que, enquanto as mulheres tendem a permanecer num relacionamento infeliz por razões financeiras, os homens o fazem porque não querem perder o contato com os filhos.[19] Michael, 50, admite ter mantido seu casamento por quase vinte anos por esse motivo. "Eu gostava muito de estar com os garotos, de sair de férias com eles, trabalhar com eles, ajudar na lição de casa, levá-los para fazer esportes e coisas assim. Quando eu finalmente acabei o casamento, meu filho mais velho estava com 19 anos e o mais novo, com 15." Quando esses pais saem de casa, o mais difícil é deixar os filhos.

DIREITO ÀS VISITAS

Embora os pais se preocupem com seus filhos, a percepção da sociedade sobre a capacidade de o pai lidar com seus filhos e suas muitas necessidades, após o divórcio, reflete-se nos acordos de custódia. Muitos homens só conseguem autorização para ver os filhos quinzenalmente, e presume-se que um pai afetuoso deva se satisfazer com esse tipo de arranjo, o que não é impossível. O que torna essa situação ainda mais difícil é que contam com poucos recursos para aproveitar ao máximo o tempo com os filhos.

> "Comenta-se muito que na maioria dos casamentos o pai não passa muito tempo com os filhos, mas todos se esquecem de que é porque o pai está trabalhando. Então, quando acontece a separação, as mães se surpreendem com o desejo dos ex-maridos de estar com os filhos. É porque o pai vai trabalhar todos os dias que eles podem fazer tudo o que fazem. Embora a tarefa primordial do pai seja prover o sustento da casa, muitos prefeririam pas-

sar mais tempo com os filhos. Mas alguém tem de trabalhar. Não é uma loucura?" *Mick, 42.*

Uma prática menor em cuidar dos filhos e menos contato com a comunidade não é motivo para afastar os pais do convívio com os filhos. Às vezes, a mulher pensa que, como seu ex-marido não foi o companheiro ideal, isso o torna um pai inadequado, o que não ocorre necessariamente. Tudo isso está relacionado ao trauma que envolve as separações. No entanto, é preciso encontrar uma saída para que os pais separados se tornem os pais envolvidos e confiantes que desejam ser. Esses homens precisam de estímulo e reconhecimento, além de informações e de outros recursos que os ajudem a refazer a vida.

Em geral, os pais que não têm a guarda dos filhos passam um tempo extremamente limitado com eles, o que os faz buscar compensações quando estão juntos. Muitos se tornam excessivamente preocupados com a saúde e o bem-estar dos filhos e correm para o médico sem necessidade. Ou se empenham tanto para que no seu tempo de visita tudo corra da melhor maneira, que acabam sendo supercontroladores. Muitos entrevistados que vivem essa situação confessam sentir-se receosos e estressados quando estão com os filhos, e ficam arrasados quando eles apresentam a menor indisposição física.

Como tendemos a considerar menos competentes os pais separados que não têm a guarda dos filhos, eles raramente admitem enfrentar dificuldades e, por isso, durante a visita, muitos não conseguem experimentar a satisfação que tanto esperaram. "Despojados de toda autoridade paterna, os pais nessa situação começam a se concentrar não em ser o pai de seus filhos, mas seu amigo", explica o psicólogo Wade Horn. "Longe de tornar o pai ou a mãe mais disponível, o divórcio deixa os filhos com uma mãe ou um pai dominador – aquele que detém a guarda dos filhos –, e outro, de mentirinha."[20] Às vezes, o golpe da separação é tão doloroso para os pais, que eles desaparecem por um tempo da vida dos filhos. As pesquisas demonstram, contudo, que para os pais que desejam manter um bom relacionamento com os filhos, é melhor que o façam *o quanto antes*. Quanto mais isso for adiado, tanto mais difícil será para que todos se ajustem à separação e permaneçam parte da vida uns dos outros.[21]

Tempo ideal

Os pais precisam de apoio para otimizar o uso do tempo com os filhos. É comum vermos os pais entreterem os filhos em parques de diversão ou lanchonetes. Eles precisam saber que não é bom para seus filhos comer o que querem, à hora em que bem entendem, passar horas diante de um computador ou *PlayStation*, deixar o dever de casa de lado ou agir como quiserem.

O pai que não tem a guarda deve se esforçar para continuar a ser importante para os filhos, especialmente se mora longe do lar e do círculo de amigos do filho. Quando eles só se vêem a cada quinze dias, esses pais podem ter dificuldade em captar as diversas nuances da vida dos filhos. Até hoje, as discussões se restringem à *proporção* de tempo que os pais passam com os filhos, mas pesquisas recentes sugerem que pais e filhos precisam de mais qualidade e flexibilidade de tempo juntos. Como ressalta o pesquisador Bruce Smyth: "Um tempo fluido e significativo não pode ter os minutos contados, especialmente com crianças. Ele precisa ser cultivado".²²

À medida que os filhos crescem, aumentam os seus compromissos sociais. Os pais que não têm a guarda nem sempre compreendem que é natural que seus filhos prefiram passar o tempo com os amigos, e encaram qualquer pedido como uma rejeição. Cancelamentos de última hora da visita das crianças podem ser traumáticas para esses pais, depois de passar dias ou semanas separados daqueles que amam.

> "Eu tenho consciência de como fico bravo e chateado por causa da minha filha, que está com a mãe em tempo integral. Eu sou uma pessoa razoavelmente equilibrada e tenho uma situação financeira estável, mas bate o desespero. Veja o que acontece com homens que querem voltar para casa, que você encontra nas varas de família, que estão às voltas com o suicídio. Esses homens ficam perturbados pela sensação de impotência."
> Justin, 43.

O comportamento do casal durante a separação tem um efeito profundo nos filhos, porque estes se espelham na reação dos pais. É fácil subestimar o quanto as crianças são sensíveis ao que acontece à sua volta: elas aprendem a lidar de forma positiva com os conflitos quando vêem os pais reagirem de modo semelhante.

Quando as relações conjugais chegam a um impasse, em geral os pais se afastam porque desistem da relação. As mães, então, tentam compensar a ausência do pai de alguma forma e todo mundo perde.[23] O pai que se separa precisa saber a importância de estar por perto – por si mesmo e pelos seus filhos.

Foi sua própria experiência de separação que levou Brad Mander a montar o *Camp Connect*, um acampamento onde os pais podem levar seus filhos.[24] "Não se trata apenas de um fim de semana divertido, mas uma oportunidade de aprendizado", explica Brad. "Há *workshops* para as crianças, mas nosso principal objetivo são os pais. É uma chance de passar um tempo de qualidade com as crianças, mas também de trazer algo para o dia-a-dia. Um dos pontos fortes do fim de semana é observar como outros pais lidam com assuntos semelhantes. É importante falar sobre o assunto e criar redes de apoio, construir amizades e ouvir outros contarem suas histórias. É um legado para os meus próprios filhos, porque estou limitado ao que posso fazer com eles durante o tempo de visita." O mais encorajador para Brad é o que seus próprios filhos lucram com esses fins de semana. "Meus filhos vivem me perguntando quando será o próximo acampamento. Eles já estão criando amizade com as outras crianças. E meu filho diz que gosta do *Camp Connect* porque assim ele pode passar mais tempo comigo."[25]

> "A princípio, eu entrei em pânico quando fiquei com a guarda das crianças. Mas então, quando eu me saí bem com eles, percebi o grande privilégio que é estar com meus filhos." Ryan, 50.

PAIS SOLITÁRIOS

Embora a maioria das crianças permaneça com a mãe depois de uma separação, há um número significativo de homens que ficam com a guarda dos filhos, não apenas por causa da separação ou de um divórcio, mas em decorrência da morte da esposa ou do abandono do lar.

É bem mais difícil para os homens assumir as crianças, pois a grande maioria deles não teve o nível de preparo para as complexidades da vida familiar que as mulheres costumam ter. Contudo, apesar do desafio de transmitir segurança aos filhos, lidar com as tarefas domésticas e com outros compromissos, os pesquisadores sugerem que pais e mães são igualmente capazes.[26]

Quando a esposa de Barney saiu de casa e o deixou com quatro crianças com menos de 4 anos, ele ficou arrasado. "Eu só fui em frente porque não tinha outra opção", lembra. Depois de anos de luta contra a exaustão e a falta de recursos, Barney, 55, tem o prazer de ver seus filhos adolescentes desenvolvendo seus talentos. Apesar disso, há ainda grandes desafios. "O que a gente nunca supera é o sentimento de solidão", admite ele. E neste caso, Barney não se refere apenas à solidão e à dificuldade de fazer tudo sozinho, ou à falta do apoio físico e emocional de uma companheira, mas à falta de interesse e de percepção da sociedade. Refere-se a momentos constrangedores como, por exemplo, quando as pessoas perguntam onde está a mãe da criança, só porque ele está fazendo o que normalmente é feito por uma mulher.

"Tem sido difícil em vários sentidos. Eu tive de me esforçar muito para deixar claro a outros pais que eu estou bem. Quando minha filha pede para convidar as amiguinhas para nossa casa, eu faço questão que os outros pais saibam que eu moro sozinho, e eles têm sido muito compreensivos em relação a isso. Algumas das meninas até mesmo ficam para dormir, e isso não nos tem trazido problemas." *Barney, 55.*

Conseguir levar a vida não é o mesmo que ter apoio adequado porque se está sozinho para criar os filhos. Poucos desses pais conseguem realmente vencer o estresse e aproveitar a paternidade. Em uma pesquisa realizada na Austrália, o doutor Michael Flood concluiu que esses pais formam o grupo de homens mais solitários da sociedade atual.[27] Estima-se que, nesse país, cerca de 55.100 pais solitários cuidam de crianças e adolescentes até 15 anos. Alguns conseguem dar conta de tudo. Aqueles com poucos recursos têm, na melhor das hipóteses, uma frágil estabilidade. Outros não conseguem manter residência fixa. Reconhecendo essas necessidades, foi fundado, em 2002, o *Camberra Fathers and Children Service*, a fim de garantir acomodação para esses pais e seus filhos, assim como um serviço que abrange também as famílias de pais solteiros morando em acampamentos de *trailers* ou em outra acomodação temporária. A instituição fornece ainda uma série de serviços que incluem dicas de como preparar alimentos saudáveis e como pechinchar nas compras.

"Muitas pessoas não querem ouvir o que eu penso. Eu me sinto solitário todos os dias da semana. Isso já é parte da minha vida. Mas preciso lidar com isso." *John.*[28]

A sociedade ignora esses pais, forçando-os a lidarem sozinhos com os seus muitos desafios. Isso pode mudar. Com mais assistência, bastante coisa poderia melhorar para esses homens e seus filhos.

A vida após a separação

OUTRO PONTO DE VISTA

Assim que o pai separado e seus filhos estabelecem uma nova rotina, surgem novos desafios. Freqüentemente é preciso lidar com o fato de que os filhos têm um padrasto, que parece tomar seu lugar. Não é fácil para homem nenhum ver seu filho conviver com um estranho, que passa com o garoto o tempo que ele gostaria de passar.[1] Na melhor das hipóteses, os pais garantem o sustento das crianças e com o tempo, estabelecem um bom relacionamento com o padrasto dos filhos, mas apenas uma minoria consegue essa façanha. Além de todos esses desafios, alguns homens ouvem dos filhos acusações de falta de interesse pela família ou testemunham o processo de "lavagem cerebral" que algumas mães e seus novos maridos não hesitam em impor.

"Eu tive sérios problemas quando minha ex-mulher passou a viver com outro homem. Minha filha passava o dia comigo e minha ex-mulher mandava o companheiro vir buscar a menina, aí eu me via obrigado a entregar minha filha a um estranho. Uma vez eu perguntei a ele: "Você gosta da minha filha?". Ele quis desviar da pergunta e disse: "Não sei". Eu fiquei ainda mais angustiado ao pensar que minha filha convivia com um sujeito que não dava a mínima para ela. Tudo o que eu queria era que ela não tivesse de viver com um adulto que a ignorava." *Doug, 52.*

Toda essa situação é duplamente dolorosa para os pais que participaram do milagre do nascimento e da alegria de criar os filhos. Depois de desenvolver uma ligação significativa com seu filho, é um choque imenso passar a ser tratado como irrelevante. Muitos pais entram em desespero, e homens equilibrados acabam tomando atitudes impensadas ou inadequadas. Em setembro de 2004, Jason Hatch chegou ao noticiário mundial quando ele e David Pyke escalaram os muros do Palácio de Buckingham vestidos de Batman e Robin. Apesar da presença no noticiário internacional, a proeza da dupla não ajudou a convencer ninguém que eles ou sua organização *Fathers 4 Justice* eram pessoas responsáveis. A angústia pela restrição de contato com os filhos levou-os a uma bizarra escolha de protesto, que poderia levá-los à morte.

"Minha mulher me deixou há sete meses. A princípio, ela consentia que eu visse minha filha de 4 anos. Mas, com o tempo, começou a evitar os encontros, apresentando todo tipo de razões para eu não ver a menina. Agora ela diz que deseja refazer sua vida e não quer me ver nessa nova 'fotografia'. Eu amo minha filha e só quero continuar a vê-la e a ser seu pai. Parece que ela vai ter um novo pai escolhido pela mãe, e por isso eu devo simplesmente esquecer minha filha? Impossível. Eu a amo demais." *Murray.*[2]

IMAGENS DISTORCIDAS

É difícil descrever a sensação de desespero e angústia que o pai separado sente nessa situação, que ficou clara em quase todas as entrevistas com pais que não têm a guarda dos filhos. A mesma dor e decepção também atinge os filhos.

Em seu livro *Divorced Dads*, o professor Stanford Braver conta a história de uma garota, cujos pais se separaram quando ela tinha 9 anos. A princípio, a menina vivia com a mãe e via o pai com freqüência, até que o pai arranjou uma namorada e desapareceu. Então, um dia, no último ano do colégio, ela encontrou por acaso a namorada do pai e ficou arrasada em saber que sua mãe impedira todas as tentativas de seu pai de vê-la.[3]

Quando os filhos perdem o contato com o pai, os efeitos podem permanecer por bastante tempo. Rowan, 41, começou a reconstruir o relacionamento com o pai depois que a mãe faleceu. Após anos acreditando que o pai nunca se preocupou ou se importou com ele, Rowan descobriu uma pessoa bem diferente daquela que lhe foi retratada. "Meu pai não é como minha mãe descrevia", contou, com uma dose de tristeza. "Ele é um homem sensível, muito bem informado e tem feito coisas incríveis."

Uma amiga minha, que foi criada pela avó materna, só descobriu aos 40 anos que seu pai esteve presente no seu nascimento, lutou por sua guarda e pagou pensão durante os primeiros 9 anos de sua vida. Esses não são incidentes isolados, mas situações reais que privam pais e filhos de anos de uma rica convivência.

DE PAI A PADRASTO

A dor da separação é tão extrema que alguns homens cortam relações com toda a família. Para os homens que perderam contato ou simplesmente deixaram de usufruir da convivência diária com os filhos, é grande a tentação de buscar uma família já constituída para preencher a sensação de vazio. Na busca por um novo espaço, o homem pode até fingir que os enteados são filhos biológicos ou chegar a extremos para provar que se preocupa com os filhos. Ao perceber isso, muitas vezes as crianças tentam tirar vantagem da situação. O que esses homens não percebem é que paparicar filhos ou enteados, para compensá-los de alguma perda, pode ser tão prejudicial quanto uma postura agressiva. A não ser que o homem resolva seus problemas em relação à sua identidade como pai, ele pode se encontrar em uma situação ainda mais complexa na condição de padrasto, quando tiver de lidar com filhos, enteados e os filhos do novo relacionamento. Muitos homens não consideram essas questões antes de entrar em um novo relacionamento, e terminam em uma situação ainda mais angustiante.

> "Quando eu me casei novamente, minha segunda esposa já tinha dois filhos. Eu sempre quis filhos. Foi uma espécie de atrativo para mim." *Ryan, 50.*

PADRASTOS DE SUCESSO

Ser padrasto é muito mais difícil do que ser pai, pois requer uma dose dupla de paciência e sensibilidade. Embora muitos homens busquem um novo relacionamento depois da separação, e entrem nessa nova situação com entusiasmo, não há garantias de que vá funcionar. Uma nova família pode tirar o homem da terrível solidão em que se encontra e dar um novo sentido para sua vida, mas desempenhar o papel de padrasto é muitas vezes solitário e frustrante.

Os pesquisadores afirmam que as chances de a relação com o padrasto ser bem-sucedida é maior quando as crianças são pequenas. Lidar com as complexidades de um novo relacionamento e enteados adolescentes constitui um cenário bem mais complicado – e, com esse duplo desafio, aumentam também os riscos de fracasso.

Os homens têm mais dificuldade em lidar com enteadas adolescentes, pois as meninas se ressentem da proximidade que esses homens têm com sua mãe. Os meninos, ao contrário, se beneficiam de um padrasto caloroso, confiante, às vezes colocado no papel de modelo a ser seguido, ou de anteparo quando o relacionamento com a mãe se torna tenso.[4] Os padrastos são mais aceitos quando os filhos vêem que eles estão cuidando bem de suas mães.

Nenhum padrasto deseja uma relação conflituosa com seus enteados, mas é o que mais acontece. Pode parecer uma tarefa ingrata continuar a educar crianças determinadas a tornar sua vida um inferno. A tentação dos padrastos, nessas horas, é desistir de tudo. Mas a melhor saída é continuar a ajudar a mãe nessa empreitada.

Em uma pesquisa realizada na Austrália, os estudiosos perguntaram a padrastos e a enteados o que eles consideravam mais decisivo no processo de criação de vínculo. Mais da metade apontou a disposição para o diálogo e 16% mencionaram o trabalho conjunto. Outras atividades, como esportes e ajuda com a lição de casa, receberam porcentagens bem menores.[5]

Muitos padrastos acham difícil lidar com a falta de reconhecimento de sua autoridade, especialmente no caso de crianças rebeldes. Muitos se sentem frustrados e comparam-se a estranhos em suas próprias casas. Alguns entrevistados que venceram essas barreiras aconselham outros padrastos a estimular as crianças a falar sobre o pai biológico e sobre seus sentimentos, nas mais diferentes situações. A abertura dos enteados para conversar mais com o padrasto indica que o diálogo aberto e pessoal com cada criança da casa pode fazer grande diferença. Se o padrasto concede esse tempo às crianças e demonstra que realmente se interessa por elas, sem invadir seu espaço individual, tem início a construção de pontes significativas.

VIDAS PARTIDAS

Grande parte da dificuldade dos pais separados em encontrar uma forma de reconstruir a vida está relacionada ao fato de receberem a "culpa" pela dissolução da família. Essa crença torna as pessoas temerosas e desconfiadas em relação aos pais, e ainda mais simpáticas e protetoras em relação às mães e aos filhos.

Mães e crianças precisam de cuidados e atenção, mas nem todas as separações são conseqüência de infidelidade, maus-tratos ou negligência. "Eu acredito que todo julgamento sobre qualquer relacionamento, sem consideração dos detalhes, será um julgamento ingênuo, tolo e grosseiro. Na maioria das vezes, um julgamento ingênuo, tolo e grosseiro a favor da mulher, e isso não é justo", afirma Michael, divorciado e pai de dois rapazes.

Embora muitos relacionamentos terminem porque os casais perdem o interesse mútuo, para os homens nessa situação, a separação resulta na perda do lar, da companheira e dos filhos. É um altíssimo preço pago por não estar mais junto da esposa. Não adianta buscar uma saída para um relacionamento sem saída, mas é preciso encontrar novas formas de seguir em frente.

> "Estou sofrendo mais do que imaginei. Me sinto totalmente isolado e distante daquilo que eu era. Olho no espelho e não me reconheço mais. Eu quero me sentir vivo de novo. Busco um sentido naquilo que restou para mim. Por hora, isso é tudo o que eu posso fazer para me obrigar a sair da cama todas as manhãs."
> Awashen.[6]

Todo o trauma que os homens vivem em relação ao pouco ou nenhum contato com os filhos após a separação coincide com a tentativa de reconstruir suas vidas. De repente, eles precisam encontrar um lugar para morar (sem deixar o emprego); têm de organizar os novas demandas financeiras e preencher os momentos de solidão. Esse processo exige um alto preço – muitos enfrentam um estresse extremo, falta de sono, cansaço e depressão, e alguns nunca se recuperam.[7] "Eu confesso que a pior parte da separação foi a sensação de que meus filhos estavam se sentindo traídos", diz Michael, 50. "Hoje, eu os vejo todos os finais de semana.

Nós nos encontramos para almoçar, e depois, no domingo à noite, saímos os três para jantar juntos. É ótimo."

O SUICÍDIO COMO SAÍDA

É benéfico para todos os envolvidos quando o homem consegue um modo positivo de refazer sua vida após a separação. Quando não contam com o apoio de nenhuma pessoa a quem possam expressar tristeza, raiva e sensação de perda, muitos homens se tornam propensos ao suicídio.

Os divorciados constituem o grupo com probabilidade três vezes maior de cometer suicídio do que qualquer outro grupo na Austrália.[8] "O período imediatamente posterior à separação é o mais difícil para esses homens [com alto risco de suicídio]", diz o doutor David Crawford, que estudou os problemas de saúde enfrentados pelos homens separados. "Mas experimente fazer uma busca de serviços de apoio disponíveis para pessoas separadas – os serviços são quase todos voltados para as mulheres. O modo como tratamos os pais separados deve ser visto no contexto maior pelo qual a sociedade os vê e os avalia ou, como em geral é o caso, os ignora."[9]

"Eu pensei em suicídio muitas vezes. Você não sabe como lidar com esse sofrimento e ele se torna insuportável. Você morre de vontade de ver seu filho, é muito forte. Quando fui ao tribunal pedir a guarda, conheci oito ou nove pais. Nós nos tornamos bastante próximos e mantemos contato até hoje. Um desses homens que me ajudou muito pôs fim à própria vida antes da audiência final." *Ryan, 50.*

A sociedade ainda não entendeu que muitos pais realmente amam seus filhos. Em um estudo, o pesquisador Bruce Hawthorne mostrou que os pais sofrem muito mais com a perda dos filhos do que com a perda da identidade conjugal.[10] Assim, quando os filhos se vão, alguns homens já não têm mais motivação para viver. Em seu estudo sobre 4 mil suicídios, o professor Pierre Baume, chefe do *Australian Institute for Suicide Research and Prevention*, descobriu que 70% dos casos estavam ligados a relacionamentos que tinham fracassado, e que os homens eram nove vezes mais propensos a cometer suicídio depois de uma separação do que as mulheres.[11]

Allan Huggins, diretor do Departamento de Saúde Masculina na Curtis University, afirma que, a não ser que os problemas psicológicos decorrentes da separação sejam resolvidos, essas emoções extremas podem resultar em homicídio ou suicídio. "Em última instância, os homens consideram sua situação insolúvel e refugiam-se no reino da fantasia, levando com eles os filhos para o que imaginam ser um lugar melhor."[12]

Muitos pais separados acabam atentando contra a própria vida por falta de saída. Depois de passar quase quatro anos sem nenhum contato com a filha, Andrew Renouf descobriu que, feitos os saques relativos à pensão da menina, restavam apenas 43 centavos na conta bancária. "Não sobra dinheiro para o meu sustento. Eu não tenho como comprar comida ou abastecer o carro para ir trabalhar", disse em sua carta de despedida. "Tentei conversar com o pessoal do *Family Support* e a resposta sempre foi 'nós estamos cumprindo ordem judicial'. Tentei falar com o pessoal da previdência social em Markham e me disseram que não tenho direito a receber nenhum auxílio. Não tenho família, nem amigos, pouquíssima comida, nenhum emprego em vista e poucas perspectivas futuras. Por isso, decidi que não há mais razão para continuar vivendo. Minha intenção é encontrar um espaço fechado, nas proximidades da minha casa, direcionar o escapamento do carro para dentro, tomar algumas pílulas para dormir e usar o restante da gasolina do carro para acabar com a minha vida. Eu teria preferido morrer de forma mais digna."[13]

> "O estresse financeiro é ainda o grande problema das famílias separadas, porque muitas passam a viver na pobreza. Não é de se admirar que tantos homens estejam se matando. Porém, quando eles se suicidam, deixam a família sem qualquer apoio financeiro ou social." *Ray Lenton, terapeuta.*[14]

Embora alguns homens divorciados refaçam sua vida por causa dos filhos, muitos ainda enfrentam a tentação do suicídio, como descobriu Bruce Hawthorn ao pesquisar pais australianos nessas circunstâncias. "Estava dirigindo e cheguei a um cruzamento. Vi um muro de tijolos à minha frente e pensei: 'Se eu pisar fundo, está tudo acabado', mas qual a vantagem, se eu nunca mais verei minha filha?", confessou um dos entrevistados. Outro também revelou seu sofrimento: "Eu não sei se me recuperei, porque meus sentimentos ainda estão em carne viva. Gastei muita energia tentando recobrar o equilíbrio. Eu me vi numa roda viva. Consegui preservar meu emprego e o relacionamento com meu filho".[15]

Juntando os pedaços

DE VOLTA AOS TRILHOS

Uma boa notícia para os pais é que, aqueles que conseguem superar a dor da separação, encontram condições de recomeçar e também perspectivas positivas, tanto para si, quanto para seus filhos.

Um artigo da revista *Newsweek* relatou uma significativa mudança de atitude em relação à guarda compartilhada, instigada, em parte, pela chamada Geração X – que, depois de presenciar os problemas do divórcio dos pais na infância ou adolescência, deseja fazer as coisas de outra forma se a união não for adiante. O artigo sugere que hoje existe maior ênfase na reflexão sobre o divórcio, o que propicia uma abordagem mais aberta em relação ao tempo em que os pais separados terão para desfrutar da companhia dos filhos.

Hoje, muitos pais separados dividem os gastos das festas de aniversário das crianças e partilham celebrações familiares, feriados e outros momentos significativos do ano. "É inaceitável que um pai separado não participe", afirma a professora Constante Ahrons. "Se caminhamos para casamentos mais igualitários, devemos caminhar também para separações mais igualitárias."[1] Declarações como essa trazem muita esperança, mas a grande maioria dos casais não chegou a esse entendimento.

A VEZ DE SER OUVIDO

Um pai só consegue refazer sua vida quando se conscientiza do que está acontecendo e procura ajuda. Os homens precisam contar suas histórias e ouvir as experiências de outros que já atravessaram a parte mais dolorosa. A internet é um meio rico para homens nessa condição, que em geral consideram a conversa pessoal bastante constrangedora. Diversos *sites* oferecem a pais separados e divorciados a oportunidade de falar, além de fóruns e espaço para debates.[2] Ter a chance de ler em primeira mão como outros pais estão se sentindo e enfrentando a situação, e em um *chat*, por exemplo, pode ajudar muito.

"O divórcio é uma experiência traumática e leva tempo até que você se cure de todo o sofrimento que o acompanha", admite Ron Miller, pai divorciado que cresceu em um lar também atingido pela separação. "Como pais divorciados, temos a chance de escolher como reagir. Podemos continuar a brigar, a jogar a culpa na ex-parceira e alimentar a raiva. Mas também podemos escolher o caminho certo, que consiste em ouvir os filhos, quando eles se mostrarem afetados pelas mudanças na casa onde vivem. Pode significar também ouvir falsas insinuações de seus filhos, que na verdade são frutos de comentários da sua ex-esposa sobre você. Não importa quantas pedras forem atiradas, você ainda pode optar por ser um líder e um exemplo para seus filhos." Como parte dessa abordagem mais positiva, Ron aconselha os homens a aceitarem a situação do divórcio como ela se apresenta. "Não seja orgulhoso, leia artigos e livros sobre o que significa ser um bom pai. Dê aos filhos atenção total durante as visitas. Não perca tempo questionando seus filhos sobre assuntos que só dizem respeito a você e à mãe deles. Resolva esses problemas pessoalmente, fora dos horários de visita. Finalmente, se você estiver lutando contra a depressão, a ansiedade ou a raiva, faça um favor a si mesmo e a seus filhos: procure um terapeuta."[3]

FORMAS DE TRANQÜILIZAR

A maneira como o pai encara o divórcio não afeta apenas sua qualidade de vida, mas exerce um enorme impacto na vida dos filhos. Consciente de seus problemas emocionais, ele estará mais apto a lidar com a ansiedade e a confusão emocional das crianças. Filhos de pais divorciados necessitam de mais carinho, e precisam saber que não são responsáveis pela separação. Quando estão com o pai, devem ter a liberdade de falar ou não na mãe, e nunca ser transformados em meninos de recados. Ron Miller concorda: "É nossa responsabilidade como pais assegurar o bem-estar de nossos filhos em relação ao divórcio. Nunca se deve colocar as crianças em situação embaraçosa".[4]

> "O divórcio não destrói a essência do instinto paternal, que com certeza todo pai tem. Os sentimentos fazem parte do amor incondicional: a necessidade de proteger os filhos contra o perigo e as más influências, e o desejo de orientar e de apoiar. O que muda

são os significados de qualidade, comunicação e lembranças."
Chuck Houghton.[5]

Um dos caminhos que Daryl encontrou para preservar o contato com seu filho, Jack, é tornando o tempo que passam juntos mais significativo. Os dois vão a festas, conversam sobre caça, pesca, karatê e fotografia. Daryl também começou a ensinar o filho a dirigir em estradas de terra. Para manter o vínculo com a escola, Daryl se apresenta ao novo professor de Jack todos os anos, e deixa seu cartão com números de telefone para contato. A um dos professores, chegou a entregar envelopes com seu endereço, para receber cópia do boletim do filho. Tudo isso exige tempo, esforço e sensibilidade. Quando o psicoterapeuta Bill Klatte relembra seus tempos de pai solteiro, afirma que valeu a pena. "Durante todos os anos em que estive separado de minhas filhas, eu me esforcei muito para estar sempre em contato com elas, apesar da distância física; mas eu sempre me perguntava se meus esforços estavam valendo a pena, afinal", admite ele. Agora que as meninas chegaram à casa dos 20 anos, ele tem outra visão. "Quando olho para trás, percebo que meu envolvimento valeu muito a pena. Continuo muito ligado às minhas filhas. Estou certo de que fui uma influência forte e positiva na vida delas naquele tempo – e continuo a ser. Hoje eu compreendo o que me ajudou a passar por aqueles anos difíceis [...] O mais importante foi a lenta e progressiva conscientização de minha importância para minhas filhas. Como assistente social e psicoterapeuta, trabalhando com pais divorciados que não voltaram a se casar, eu pude ver como é essencial o envolvimento do pai. Eu percebi que as crianças ficam magoadas e zangadas quando o pai se ausenta da vida delas. E descobri que era um exemplo para minhas filhas, ao respeitar as mulheres, ao ser honesto no trato com os outros, e comprometido com um trabalho bem-feito."[6]

SEGUINDO EM FRENTE

Não há soluções instantâneas para ajudar os pais a superarem o trauma do divórcio. Para alguns, o caminho é mais ou menos curto e demanda pouco tempo, mas, para outros, a recuperação do equilíbrio pode levar anos. "É bom sentir-se como uma família outra vez", admite Morris. "Eu tive esse *insight* certa noite, depois que comecei a sair com Jane. Nós dois e meus filhos estávamos jantando juntos pela primeira vez. No meio do jantar, um amigo telefonou e eu fui atender. Quando olhei para trás, vi a família completa." Ter os filhos com ele foi tão tocante para Morris que ele não conteve as lágrimas ao telefone.

Às vezes, as contrariedades que perseguem os pais separados ameaçam afastá-los também dos filhos, pois brigar com a ex-parceira para continuar a participar da vida das crianças pode ser mais doloroso do que se afastar.

"Pai e mãe precisam compreender que maternidade e paternidade implicam participação, e que eles precisam chegar a um entendimento para partilhar um com o outro e também com os filhos as coisas que valem a pena", explica o terapeuta de casais Raymond Lenton. "Os pais que conseguem dar esse salto, melhoram após a separação, porque se tornam mais persistentes. Os pais separados, em geral, reconhecem isso. Eles conseguem se relacionar mais intensamente com os filhos no pouco tempo de que dispõem para estar com eles. Para isso, esses pais têm de planejar, levando em conta o que funciona e o que não funciona, identificar os sucessos e estabelecer novos objetivos realistas. A chave para o homem é pensar no que as crianças gostariam de fazer, como elas gostariam que ele agisse. É aprender a atuar como um estadista diante das dificuldades."[7]

Quando o pai separado tem o seu espaço garantido, tanto ele quanto as crianças se enriquecem. "Eu passo um fim de semana sim, outro não, com meus filhos, e é na verdade um tempo de qualidade", explica Chuck. "Não importa se vamos acampar ou assistir ao último lançamento em vídeo, é um tempo de qualidade. Naturalmente, esses fins de semana ficam carregados de lembranças: o tempo que Zachary e eu passamos pescando, ele encontrando a coragem de segurar o robalo que tinha apanhado; ou o fato de Hannah descobrir que as mãozinhas dela cabiam dentro da luva de beisebol do irmão. Essas marcas são preciosas e ficam para sempre. Eu aprendi que o divórcio não é o fim da paternidade, e com a mente aberta e a capacidade de aceitar mudanças, continuaremos a cultivar novas e ricas lembranças."[8]

A aposentadoria

LONGE DO TRABALHO

Conforme os anos passam e o homem se aproxima do final da trajetória profissional, ele pode vislumbrar uma nova etapa da vida. Se perceber as novidades que estarão à sua disposição quando deixar a rotina de trabalho e estiver motivado a abraçá-las, terá muito o que fazer: viagens, trabalhos voluntários, paixões secretamente cultivadas ou simplesmente desfrutar da companhia da família e dos amigos. Porém, se ele entrar nessa etapa sem planejar como ela será, corre o risco de passar dificuldades para continuar a se sentir útil.

> "Os homens gostam de ter alguma coisa para fazer e um lugar para onde ir." *Keith, 72.*

Os homens idosos precisam se sentir valorizados. No mundo em que eles cresceram, a exigência de que o homem obtivesse sucesso na vida era muito presente e às vezes imperiosa, pois o bem-estar da família dependia quase exclusivamente dele. Se ele falhasse, a família teria sérios problemas, e seu fracasso seria do conhecimento de todos.

Ao longo da vida, muitos homens conseguiram dar conforto e segurança para suas famílias e, depois de uma vida inteira de trabalho duro, têm uma boa razão para se orgulhar de suas conquistas. Eles ajudaram a criar os filhos em um ambiente materialmente mais favorável, possibilitando-lhes oportunidades que eles, pais, puderam apenas sonhar. No entanto, embora estejam dispostos a levar uma vida mais tranqüila, eles querem continuar a contribuir com a família e a comunidade.

Ainda sou útil?

Alguns homens encaram muito bem a época de transição para a aposentadoria. Suas vidas continuam tão ativas que eles se surpreendem como tinham tempo de ir ao trabalho todos os dias. Para muitos, contudo, a aposentadoria não é nada fácil. Encontrar formas de preencher o dia pode ser um imenso desafio para homens mais velhos, especialmente quando eles se tornam menos ativos e começam a se deslocar com mais dificuldade. Aqueles que não têm nada planejado são os que sofrem mais decepção, pois o tédio logo se instala em sua rotina. Milson, 76, falou de um amigo que trabalhou durante quarenta anos para a mesma empresa, em uma função que detestava. O que mantinha seu amigo era o sonho de um dia ficar de papo para o ar. "O problema é que, quando ele deixou o trabalho, aposentou-se da vida também e, depois de um ano, estava morto."

> *Embora estejam dispostos a levar uma vida mais tranqüila, eles querem continuar a contribuir com a família e a comunidade.*

A percepção que a sociedade tem do homem, depois que ele se aposenta, constitui outro grande desafio. Como ele se torna mais isolado dos outros, a própria família e os amigos também enfrentam mais dificuldades para se comunicar com ele. Blake, um professor de 40 e poucos anos, admite que é assombrado pela visão de seu vizinho, que trabalhou até os 65 anos e hoje vive perambulando pelas ruas. "O trabalho é uma parte extremamente importante da vida do homem. É a sua rede de relacionamentos, o motivo para sair da cama todas as manhãs. É terrível, mas eu acho que vou estar na mesma situação quando chegar à idade dele", confessa Blake, que tem esposa e filhos. Um dos problemas de homens como Blake é que eles não precisam chegar a uma idade muito avançada para serem vistos como "fora de combate": com a atual cultura da juventude, cada vez mais homens se sentem deslocados.

> "Há certa perda de virilidade com a idade, e com a redução do *status* na sociedade – uma perda que nenhuma peruca, transplante de cabelo, injeção de Botox ou aquisições materiais podem compensar, embora não seja por falta de tentativas." *John Larkin, 40, escritor.*[1]

Sem perceber, a família e os amigos dizem coisas que só fazem o idoso se sentir supérfluo, um sentimento contra o qual ele lutou durante toda a vida. O escritor Jack Zinn retrata bem esse sentimento em *Old Men's Business*. "À medida que nós, homens, envelhecemos, acontece algo curioso. Como o Gato Risonho de *Alice no País das Maravilhas*, de Lewis Carroll, começamos a desaparecer, parte por parte, até sobrar uma forma sem muita substância que, embora claramente masculina e envelhecida, provoca pouca impressão no mundo ao redor."[2] Alguns homens encaram isso de forma mais filosófica, o que não necessariamente facilita as coisas.

"É difícil ser tratado como irrelevante". Nigel, 72.

EXPECTATIVAS POUCO REALISTAS

Para aqueles que ainda estão na ativa, pode ser difícil entender que a aposentadoria às vezes traz confusão e decepção para muitos homens mais velhos. Muitos consideram a aposentadoria não como mais uma fase da vida, mas como a *última*. O medo e a desolação que isso pode causar são imensos. Nigel, 72, admite ter ouvido de muitos amigos que, para eles, a aposentadoria significou a morte.

Depois de toda uma vida dedicada ao trabalho e ao sustento daqueles que amam, esses homens experimentam um imenso vazio. Parte de seu problema está na ausência de *planejamento* da aposentadoria, pois, embora haja muita informação sobre planos financeiros de aposentadoria, há pouca literatura sobre o isolamento social e os desafios de saúde que essa fase pode acarretar. Com freqüência, as famílias dos idosos vislumbram o cenário à frente, mas em geral é só depois que a aposentadoria acontece que esses homens percebem o quanto a vida mudou.

"Os homens tendem a seguir, durante toda a sua vida profissional, uma 'filosofia de produção'. À medida que envelhecem, eles se cansam, e passam a acalentar sonhos de estar em casa, de viajar pelo país inteiro, de tomar um barco e sair em direção ao poente. Tudo isso para descobrir, depois de aposentados, que as coisas não são bem assim. Muitos dos relacionamentos estão ligados ao trabalho e, quando eles deixam o emprego, a maior parte do apoio desaparece." *Bob Nelson, gerente do* Mary MacKillop Outreach Centre.[3]

Muitos homens chegam à aposentadoria com expectativas totalmente irreais. Como aponta a terapeuta de família Terry Colling: "Quando nós, enquanto sociedade, temos dificuldade de aproveitar nosso tempo de lazer de forma criativa, enquanto estamos inseridos no mundo do trabalho, como podemos imaginar que nos transformaremos magicamente em consumidores de lazer criativo na aposentadoria? [...] Muitas pessoas envelhecem antes do tempo, não porque trabalharam demais, mas porque estão entediadas, com a sensação de falta de objetivos, de falta de relevância. Elas são mais observadoras do que participantes."[4]

Depois de uma ativa vida profissional, de repente os homens aposentados têm diante de si dias inteiros para preencher. A vida, até então intensa, transforma-se em um vasto e terrível deserto, com muito pouco da sonhada qualidade de vida. Muitas vezes, esse vazio é resultado da ausência dos filhos e netos e da "agenda própria" de suas esposas.

AFASTAMENTO PRECOCE

Todos os anos, mais e mais homens deixam o trabalho e os desafios da aposentadoria aumentam. Para muitos, mesmo um rendimento logo perde o interesse, porque eles não sabem o que fazer com a vida. Aqueles que planejam a aposentadoria tendem a se sair melhor. Stanley, 70, ex-policial, decidiu se aposentar antes do tempo, quando recebeu uma proposta de afastamento voluntário. Mas, depois que se aposentou, teve uma surpresa: "Eu tinha aquela idéia romântica da aposentadoria. Minha esposa vivia me perguntando o que eu pretendia fazer. Eu achei que ia simplesmente jogar boliche". Stanley não precisou de muito tempo para perceber que precisava de muito mais em sua vida do que partidas de boliche, e por isso conseguiu um emprego como segurança no Powerhouse Museum. "Era um emprego maravilhoso, das 9 às 17 horas, lidando com pessoas." Stanley gostava do contato com o público, mesmo com os "clientes problemáticos", porque, depois de anos na polícia, ele sabia como lidar com as pessoas. O emprego deu a Stanley a oportunidade de começar uma nova vida. Ele estava novamente ocupado, sendo útil, e podia usar suas habilidades profissionais. Acabou trabalhando mais "nove felizes anos", um tempo adicional que lhe deu a oportunidade de planejar uma aposentadoria ativa e satisfatória.

Depois de trabalhar durante 31 anos na mesma empresa, Jim, então com mais de 50 anos, foi dispensado. Ele teve muita sorte, pois conseguiu um emprego em uma gráfica local, onde trabalhou por mais cinco anos até completar 60, quando começou a ter problemas nos joelhos. "Eu não via a hora de ir para o trabalho –

sair de casa todos os dias e me manter ocupado. Às vezes, eu trabalhava até doze horas por dia, mas não me importava." Apesar de seu problema físico, a empresa de Jim teria ficado feliz em tê-lo de volta, mas sua batalha com os joelhos proibiu-o de trabalhar.

Para Kim, a aposentadoria é "a pior coisa que já me aconteceu. É muito maçante". Um dos *salva-vidas* de Kim, 67, é sua aula de escultura em madeira. "Há alguns anos trabalhei como marceneiro, mas fui obrigado a deixar a atividade de lado. Agora estou de volta. Você pode ir para a aula, levar o seu almoço e ficar lá o dia todo. Você faz amigos e se sente bem."

Kim está envolvido em uma série de outras atividades, mas sua percepção da aposentadoria ainda é de decepção e perplexidade.

DE SURPRESA

Nem todo mundo consegue planejar sua aposentadoria. Quando homens maduros são demitidos, eles dificilmente encontram outro emprego, e assim muitos anos produtivos são desperdiçados. Em casos extremos, o choque da demissão pode fazer com que muitos continuem a se levantar cedo, vestir-se e sair de casa, fingindo que vão trabalhar, ou apelar para a bebida ou o jogo. Às vezes, a aposentadoria precoce é ocasionada por circunstâncias pessoais. Quando Geoff recebeu um diagnóstico de doença degenerativa, ele teve de se aposentar imediatamente. "Foi terrível para mim", lembra. "De repente, eu não tinha nada para fazer a semana inteira."

Hans tinha planejado passar uma longa e feliz aposentadoria com sua esposa, mas foi forçado a se aposentar mais cedo para cuidar da companheira doente. Nessas situações, a aposentadoria pode ser um período de ajuste terrivelmente difícil, pois alguns sonhos simplesmente se desfazem.

IDOSOS NA ATIVA

O número de homens que se aposenta para cuidar de entes queridos é maior do que se imagina. Na Austrália, um em cada três cuidadores é homem, e 42% deles estão acima de 60 anos.[5] Esses homens não apenas são arrancados do trabalho para cuidar de alguém, como raramente podem contar com o apoio que as mulheres nessas condições recebem. Isso se deve à sua "invisibilidade" e sua relutância em buscar ajuda. Quando Hans se dedicou aos cuidados com a esposa, também ficou responsável pelos dois filhos adultos esquizofrênicos. Seus outros quatro filhos seguiram seu caminho e deixaram-no sozinho para lidar com essa situação. "A doença destruiu a família", reflete Hans. "É uma tragédia de sangue." Agora que sua esposa faleceu, ele se ocupa dos dois filhos esquizofrênicos.

> "Eu não estou dizendo que tenha sido rejeitado pela minha família. Meus filhos foram um grande apoio durante o problema da minha esposa, mas apenas uma de minhas filhas percebeu a dificuldade de minha situação como cuidador, quando teve de vir morar conosco para cuidar da mãe, porque eu inesperadamente fiquei confinado a um leito de hospital." *Gerard, 75.*

Como atribuímos o papel de cuidadoras para as mulheres, os muitos sacrifícios que os homens fazem, às vezes, passam despercebidos. David, um antigo jóquei e corredor de obstáculos, preocupou-se em planejar a aposentadoria. "Eu pretendia me aposentar cedo para poder viajar, pois tenho um *trailer* e tudo o mais", explicou. Mas sua esposa, Elaine, sofreu um derrame e David teve de se aposentar imediatamente. O casal não teve chance de viajar ou de fazer muitas coisas que tinha planejado. "Depois de um novo derrame em 1996, ela não podia falar, nem andar", reflete David, "e comunicava-se comigo através dos olhos.[5] Ela teve de colocar uma sonda gástrica e eu precisava fazer tudo para ela".

Embora David já não fosse jovem, ele carregava Elaine para o banheiro e para o chuveiro. "O amor é mesmo algo muito forte. Eu faria tudo de novo, só por Elaine. Era difícil para nós, porque éramos duas pessoas reservadas. Eu tive de aprender mais sobre o corpo da mulher. Isso foi difícil para Elaine." Disseram a David que Elaine deveria ser internada. "Eu pedi para me ensinarem o que devia fazer e entrei para todos os grupos de discussão da doença dela – o grupo do AVC, da demência, etc. Foram eles que mais me ajudaram." Houve dias em que as coisas foram incrivelmente difíceis para David, mas ele sempre encontrou uma solução. "É muito importante dar às pessoas com essa doença o devido respeito. Eu aprendi a perguntar 'Você quer comer alguma coisa?', em lugar de dizer 'Coma isto', para fazer valer esse respeito com relação à minha esposa", conta. Desde que Elaine morreu, David, 72, dá palestras e auxilia outras pessoas em situação de "cuidadoras". "Depois de tudo o que aconteceu, tenho muito a dizer."

> *Como atribuímos o papel de cuidadoras para as mulheres, os muitos sacrifícios que os homens fazem, às vezes, passam despercebidos.*

Mesmo quando são apoiados nessa situação, os homens sentem recair sobre eles o peso da responsabilidade. Ao desgaste físico que esses cuidados exigem soma-se a pressão por manter os rendimentos da família. Depois de se aposentar de um cargo executivo, Gerard viu-se retornando ao trabalho como contratado, enquanto cuidava de sua esposa, vítima do mal de Alzheimer. "Eu gosto de trabalhar, mas, além disso, tenho de cuidar dela", explica.

O que me impressionou ao conversar com esses senhores foi seu heroísmo silencioso diante de situações incrivelmente difíceis.

Quando o mundo da literatura se volta para a vida de Iris Murdoch, lamenta a perda de um grande talento. Porém poucos param para refletir como foram penosos aqueles últimos anos para seu marido, o professor John Bayley, que presenciou a morte lenta de sua amada esposa. Em uma entrevista para o jornal *The Observer* sobre seus últimos anos, John Bayley descreveu a si mesmo como "alguém que teve a sorte de estar por perto quando um pássaro verdadeiramente raro surgiu".[6]

POR QUE NÃO BUSCAR AJUDA?

A maioria dos homens que se aposenta não procura ajuda. Para eles, é praticamente impossível falar sobre suas necessidades, depois de uma vida de repressão dos sentimentos. Eles não silenciam por serem orgulhosos ou tolos, mas porque foram educados para ser auto-suficientes. Essa era a única forma de sobreviver no mundo incerto em que eles nasceram. Nessas circunstâncias, torna-se mais difícil para a família e para os amigos tentar ajudar. Em geral, eles mascaram tão bem seus sentimentos, que nem mesmo os membros da família percebem que seu pai ou avô precisa de ajuda, e assim a situação continua a se deteriorar.

Esses homens cresceram em um mundo tão diferente do nosso que têm pouco ou nenhum conhecimento de suas necessidades *psicológicas*, e menos ainda de como expressá-las. Essa incapacidade de articular seus sentimentos de solidão, medo ou mesmo de desespero, nega-lhes o acesso a auxílio, impedindo-os de viver sua aposentadoria de maneira mais satisfatória. Para alguns, essa atitude pode ser fatal.

> A maioria dos homens que se aposenta raramente procura ajuda.

NECESSIDADE DE AUTO-SUFICIÊNCIA

Os idosos de hoje nasceram à sombra da Grande Depressão, quando o desemprego estava disseminado. Milhares de homens deixaram a casa dos pais para reduzir uma boca a ser alimentada.

Muitos aposentados de hoje testemunharam na infância a luta dos pais contra a fome e a pobreza. Para muitos, essa foi uma experiência que assombrou toda a sua vida.

Jim, 67, conta que com apenas 7 anos tinha a tarefa de apanhar pedaços de carvão para acender o fogo em casa, em uma estrada de ferro, perto de onde morava. Ele não teve a chance de estudar.

Vern (hoje com 80 e poucos anos), aos 7 anos tomava conta do cavalo do leiteiro durante as entregas. Na época, conseguiu esse emprego após suplicar ao leiteiro e explicar que o pai estava desempregado e que todo centavo contava.

> "Eu tenho certeza de que muitos homens fingem ser valentes em viver sozinhos, em lugar de admitir a solidão e a necessidade de interação com a família. Para aqueles que ainda estão na ativa, como eu, isso não é problema, mas o machismo não desaparece com a idade." *Gerard, 75.*

Em muitos países, esses homens foram lutar na Segunda Guerra Mundial e perderam a oportunidade de estudar. Trabalhavam muitas horas, em geral em funções extenuantes ou rotineiras. Em grande parte, fizeram isso de boa vontade e pensando nos benefícios para aqueles que amavam, pois, como todos nós, queriam dar sentido e utilidade a suas vidas.

INVISIBILIDADE GRADUAL

O mundo passou por grandes transformações desde a juventude desses homens e, o que para eles era um grande feito, hoje é considerado banal. Comida na mesa, acesso à educação e a serviços médicos, e a oportunidade de viver em paz é o mínimo que se espera. Estamos mais interessados no que ainda vamos adquirir, no que faremos amanhã ou na semana que vem.

"Em outros tempos, havia coisas que podíamos fazer, que fomos formados para fazer, que ninguém mais ou nenhuma máquina podia fazer." *Robert Kincaid em* As Pontes de Madison.[7]

Ao conhecer mais de perto a vida desses homens, é difícil não se sensibilizar. Stanley, 70, atuou durante alguns anos como guarda de trânsito e tocava na banda de pífaros da polícia. Quando sua esposa engravidou, deixou a banda e tornou-se sargento, para trazer mais dinheiro para casa. A banda tinha sido a grande paixão de Stanley. Ele adorava tocar, mas abriu mão da música para garantir o sustento das duas filhas, hoje adultas, que desconhecem o sacrifício que ele fez por elas e provavelmente jamais terão conhecimento disso. No que diz respeito a Stanley, isso não é grande coisa; ele simplesmente fez o que tinha de fazer pelas filhas. As mulheres de sua geração também se sacrificaram muito pelos filhos e netos. Como estavam mais próximas deles, esses fatos são em geral melhor conhecidos pelas famílias. Por outro lado, para essa mesma geração, os pais e avôs eram figuras, na melhor das hipóteses, distantes.

Novos rumos

Diferentemente das gerações que se seguiram, esses homens não só silenciam sobre suas necessidades, como raramente falam sobre suas experiências mais significativas. Por isso, os filhos sabem pouco sobre eles.

Esse silêncio parece deslocado em um mundo de celebridades e de figuras imponentes, competindo diariamente por alguns centímetros de manchetes em jornais e revistas. O heroísmo de carne-eosso dos homens mais velhos não se encaixa nas nossas preocupações com juventude e beleza, mas possui um ponto nevrálgico, pois foram essas qualidades que ajudaram a construir a prosperidade de que desfrutamos hoje. A partir do momento em que dermos à vida desses homens um pouco de atenção, perceberemos o quanto eles merecem ser valorizados, pois lutaram e trabalharam duro, enfrentando situações que não podemos sequer imaginar. Ninguém quer ver sua vida desvalorizada, e esses homens não são diferentes.

Não é que planejemos deliberadamente desvalorizar os homens mais velhos, mas é isso o que ocorre hoje. Nigel, 72, alerta para um ponto interessante sobre a linguagem da velhice: "Há poucas palavras de uso comum para descrever a sabedoria da velhice – nossos talentos, nossa história, nossa singularidade –, qualidades que, na prática, ficam escondidas sob o guarda-chuva da palavra 'velho'".

Sem uma linguagem para expressar o que o idoso tem a oferecer, fica difícil valorizá-lo. A linguagem e o comportamento de exclusão têm um forte impacto sobre o idoso. Para sua tristeza, muitos idosos se tornaram invisíveis aos que os rodeiam. Assim, ao invés de seus últimos anos serem cheios de alegria e contentamento, esses homens são grandemente ignorados e excluídos.

"As famílias gostam de pensar que compreendem, mas na verdade ninguém entende o que é ser idoso, à exceção de outro idoso aposentado. Eu mesmo não entendi o que foi a velhice para o meu pai, que viveu sozinho numa cidadezinha vitoriana, sete anos depois da morte de minha mãe. Somente hoje, tenho algumas pistas do que isso pode ter significado para ele." *Gerard, 75.*

Solidão

SEM COMPANHIA

Um dos aspectos mais tristes das conversas com homens idosos foi descobrir quantos se ressentem da falta de apoio da família ou da comunidade, em especial se vivem sozinhos. Eles não falam disso abertamente, pois é muito doloroso. Na maioria das vezes, no entanto, o isolamento que o idoso sente por parte da família ou dos amigos não é proposital, mas as circunstâncias levaram a isso. Com a crescente fragmentação das famílias, os homens idosos tendem a morar sozinhos, sem apoio, pois seus filhos e netos vivem em outras cidades ou em outros países. Mesmo quando moram perto, o idoso bem sabe das pressões do trabalho, da família e das constantes viagens dos filhos adultos, e relutam em se tornar um peso para eles.

"Nós viemos de um tempo em que falar de si mesmo e dos próprios problemas era visto como uma fraqueza." *Phillip, 54.*

Esse isolamento cria um sofrimento ainda maior para o idoso, pois o abismo entre ele e seus filhos só tende a aumentar. "Isso magoa muita gente", diz Jim, 67. "A frustração fica corroendo por dentro e, quando se manifesta, atinge a família também."

Ficar isolado dos filhos pode ser especialmente penoso para o homem, pois as tensões não resolvidas criam o que parece ser uma muralha intransponível. De acordo com o psicólogo Steve Biddulph, as desavenças de um homem com o pai logo emergem em suas atitudes em relação a outros idosos – na maneira como ele respeita ou desfaz deles, mostra-se superior ou os ignora.[1]

"Quando ficam mais velhos, eles se tornam 'velhos demais' para os filhos, assim o pai acaba sendo posto de lado. Quando meus pais se tornaram velhinhos, eu costumava levá-los para um piquenique ou um passeio de carro. Os jovens de hoje não querem levar os seus pais nem mesmo às compras." *Jim, 67.*

Quando Henry ficou viúvo, seus dois filhos adultos raramente o visitavam ou telefonavam. Mesmo quando a casa da família foi vendida porque ficara grande demais, os filhos não se ofereceram para ajudar com a mudança, embora morassem muito perto. Infelizmente, esse não é um caso isolado. Como aponta Bob Nelson, gerente do *Mary MacKillop Outreach Center*, "em situações extremas, esses são os idosos que morrem sem que ninguém tome conhecimento, e que são encontrados pelo homem que faz a entrega do gás, duas ou três semanas depois".[2]

PARTE DO PROBLEMA

O que aconteceu para tornar o homem idoso tão invisível para a sociedade? Não é que a maioria de nós deliberadamente os ignore. Às vezes, eles parecem estar se saindo tão bem sozinhos que não queremos interferir. Certamente, nem todos os idosos são sábios e afáveis. Eles podem mostrar-se teimosos, autoritários e exigentes, como qualquer um de nós. Mas será que isso é razão para abandoná-los?

Talvez haja um conflito mais profundo em nosso relacionamento com os idosos de nossa família. Se devidamente pressionados, todos admitiríamos certo embaraço na presença deles. Não queremos ignorá-los, mas como não sabemos sobre o que conversar com eles, é exatamente isso o que fazemos. Como quebrar as barreiras e manter intacta a sua dignidade?

Se queremos vencer a reserva característica do homem idoso, temos de aprender alguns truques para nos aproximar deles. Quando comecei a entrevistar homens mais velhos, eu me surpreendi com a facilidade com que eles revelavam suas histórias – como partilhavam suas ansiedades e aspirações, mesmo eu sendo uma completa estranha. Eles apreciavam o fato de eu me *interessar* a ponto de dedicar meu tempo a ouvi-los, e de saber que suas histórias poderiam ser *úteis* a outros homens. À medida que conversávamos, eu comecei a perceber que, em maior ou menor medida, a maioria deles tinha se retirado do mundo ao se aposentar. Eles haviam se retraído. Estabelecer contato com esses homens exige paciência e imaginação, mas os benefícios podem ser imensos.

> *Não queremos ignorá-los, mas como não sabemos sobre o que conversar com eles, é exatamente isso o que fazemos.*

A PERDA DA COMPANHEIRA

Os idosos casados têm uma chance muito maior do que os solteiros de aproveitar a aposentadoria, pelo menos enquanto as esposas estão vivas. A morte delas é um sofrimento devastador, pois por décadas elas cuidaram deles, organizaram os eventos sociais e lidaram com os assuntos familiares, enquanto eles se concentravam em trazer para casa o sustento da família. Quando elas partem, até mesmo as coisas mais básicas, como preparar uma refeição, ligar a máquina de lavar ou tomar os medicamentos na dose e na hora certas, tornam-se tarefas incrivelmente difíceis.

Pode-se perder a paciência com tanta dependência, mas precisamos nos lembrar de que esse foi o modo no qual esses homens foram criados. Mesmo os idosos mais capazes e saudáveis podem se sentir perdidos. Ao contrário das esposas, eles enfrentam dificuldades em manter contato com os familiares e amigos, pois na maioria das vezes não têm a autoconfiança ou a habilidade necessárias. Determinadas épocas do ano, como Natal e aniversário de casamento, podem ser extremamente dolorosas, pois trazem de volta as lembranças de tempos felizes.

Quando a companheira de uma vida inteira se vai, desaparece com ela todo o calor e aconchego que se desfruta ao conviver com a pessoa amada. O toque reconfortante e o gesto suave são qualidades que alimentam a vida das pessoas. "A solidão, a falta de uma companheira com quem partilhar as experiências, com quem conversar durante o dia, com quem dividir a cama de casal, tudo isso colabora para agravar a visão de mundo de uma pessoa", explica Gerard, hoje sozinho. "Muitas pessoas idosas, homens e mulheres, têm receio de viajar sozinhas, o que lhes rouba mais uma oportunidade de exercitar a mente para além da tarefa de viver mais um dia."

> "Eu vivi recluso com Elaine por quase vinte anos. Quando ela me deixou, eu não sabia o que vestir. Eu ainda tinha calças boca-de-sino no guarda-roupa. Eu tive de reaprender tudo outra vez."
> *David, 72.*

Às vezes, a vitalidade que um homem encontrava na esposa pode ser preenchida de diversas formas, mas em alguns casos isso não é preenchido nunca. David gosta de sair com uma amiga. Ele já não dança, mas gosta de ver os outros se movimentarem pelo salão de baile. "Eu não posso mais dançar com uma mulher. Posso apenas tomá-la nos braços", admite ele. "Eu encontrei uma senhora amiga", diz Gerard. "Ela é divorciada, tem três filhos e mora a dez minutos da minha casa. Nós nos encontramos sempre que ela pode. Viajamos e vamos ao teatro juntos. Não resolve o problema da solidão, mas sem dúvida torna a vida mais suportável."

> "Como eu agora moro sozinho, a aposentadoria traz sérios desafios: encontrar companhia, ter conversas estimulantes que não sejam com o meu cachorro, manter a casa em um estado

razoável de limpeza, encontrar tempo para os *hobbies* e atividades estimulantes, depois de cozinhar, passar a roupa, fazer compras, cortar a grama e recolher as folhas. Esses problemas poderiam em parte ser eliminados se eu me mudasse para um apartamento, mas não é em qualquer esquina que você encontra um apartamento em que caiba uma ferrovia completa e onde você possa tocar piano a qualquer hora do dia ou da noite."
Gerard, 75.

QUANDO OS IDOSOS DESISTEM

Se não conseguem emergir da tristeza e da perplexidade que representa a perda da companheira, ou simplesmente não são mais capazes de fazer o que faziam, os idosos começam a definhar, deixando de alimentar-se regularmente e de cuidar de si mesmos, resguardando-se de um mundo com o qual eles já não conseguem se relacionar. Se ninguém se propuser a cuidar deles, acabarão por sofrer de desnutrição, apegando-se à bebida ou vivendo na miséria. O isolamento se completa com a perda de contato com a comunidade. E como ninguém se dá conta do que está acontecendo com esses homens, pode parecer que ninguém se importa. "Tudo o que eles têm são quatro paredes", diz Jim. "Eles querem conversar com as pessoas, mas não podem pois elas pensarão que eles são malucos."

> *Mesmo quando os idosos passam a morar com a família, sua solidão não necessariamente desaparece. Ainda é preciso elaborar a tristeza.*

A menos que os familiares compreendam o que está acontecendo com os seus idosos, eles podem ficar tão assustados de ver seu pai ou avô definhar, que acabam batendo em rápida retirada. Essa espiral descendente na vida do homem idoso é muito dolorosa para todos os envolvidos. Em geral, ela coincide com a fase em que os filhos adultos estão às voltas com seus próprios problemas – crise de meia-idade, adolescentes obstinados ou a tentativa de manter-se no emprego em um mercado cada dia mais difícil. O diálogo é sem dúvida uma das soluções para o problema. Mesmo quando os idosos vão morar com a família, sua solidão não necessariamente desaparece. Ainda é preciso elaborar a tristeza. É imprescindível encontrar atividades que façam esses homens sentir-se úteis, reafirmando seu valor pessoal. Caso contrário, o círculo de desespero não terá fim.

"Muitos homens continuam a viver numa casa vazia após a morte da esposa porque eles simplesmente estão inconsoláveis." *Jim, 67.*

Embora eles nem sempre percebam isso, os viúvos são relativamente afortunados, pois costumam herdar uma rede de relações sociais criada pela esposa. Homens que viveram sozinhos a maior parte da vida ou são divorciados não têm tanta sorte. Em geral, sua vida já era mais reclusa antes da aposentadoria, e essa reclusão tende a aumentar. Somem-se a isso, uma alimentação deficiente e o maior consumo de cigarro e de bebidas alcoólicas, comum nesse grupo, e o resultado é uma aposentadoria nada saudável ou satisfatória.

Um dos idosos com quem conversei, viúvo e com seus 80 anos, confessou que uma das razões de gostar de bailes é o contato físico. "Às vezes, eu sinto falta de um abraço", confessa. Uma amiga me contou que assumiu a tarefa de cortar o cabelo do pai, depois da morte de sua mãe. Seu pai, um médico aposentado, é um homem de poucas palavras, mas quando ela percebeu o prazer que ele sentia nesse contato singelo, passou a levar quase uma hora nessa tarefa, embora pudesse resolver tudo em dez ou quinze minutos.

> *Diversos idosos manifestaram o desejo de travar amizade com as crianças da vizinhança, mas se sentem compelidos a manter distância, pois temem que seu gesto possa ser mal-interpretado.*

Uma das dificuldades de lidar com homens idosos é reconhecer que eles têm necessidades específicas. "Nos últimos anos, tem havido substanciais avanços no entendimento das necessidades das mulheres idosas, mas o homem idoso continua bastante negligenciado", diz a professora Sara Arber, do *Centre of Research on Ageing and Gender*, da Surrey University. Ela enfatiza a importância de avaliar o bem-estar do homem idoso a partir do seu próprio ponto de vista, não através da observação de uma mulher, pois homens e mulheres exprimem a intimidade e a amizade de formas muito diferentes. Os homens são mais de conversar com os vizinhos, enquanto as mulheres tendem a interagir dando e recebendo pequenos presentes e trocando gentilezas. E embora o homem idoso ainda possa se locomover, ele se mantém à parte, pois considera as atividades para idosos como direcionadas apenas às mulheres.[3]

Num círculo vicioso, o homem idoso não apenas se isola da comunidade, como tem contato cada vez menor com homens de sua idade, pois seus amigos estão morrendo. Um homem viúvo de 50 ou 60 anos pode estar cercado de mulheres, enquanto para o homem de 70 a porcentagem de mulheres da mesma idade será de duas para um. Em *Malespeak*, Irma Kurtz relembra uma conversa com seu pai, Bill, que sofria com a meia-idade, pois tinha poucos amigos na mesma faixa etária. Todos os lugares que ele freqüentava pareciam estar repletos de mulheres idosas, o que lhe sugeria que "entre os velhos, só os homens morrem".[4]

DIFÍCIL APROXIMAÇÃO

Outro dilema dos homens é encontrar um modo aceitável de se envolver mais intimamente com as pessoas à sua volta, quando cada vez mais homens de todas as idades estão sendo apontados como abusadores.

Diversos idosos manifestaram o desejo de travar amizade com as crianças da vizinhança, mas se sentem compelidos a manter distância, pois temem que seu gesto possa ser mal-interpretado. Uma amiga comentou sobre seu pai idoso que, depois de uma vida profissional muito ativa, um enorme interesse por esportes e o desejo de ser treinador, costumava ir até o parque local para ver os garotos jogarem futebol ou críquete. No entanto, com a idade sua atitude mudou. Embora quisesse continuar vendo os jogos, ele parou de ir ao parque, com receio de ser visto como um corruptor de menores.

"Eu adoraria bater uma bola com os meninos no parque. Minha esposa e eu nos mudamos para cá há um ano e meio, e não temos muitos conhecidos ou amigos na vizinhança. Eu realmente gostaria de me juntar aos garotos na rua, mas eu não o faço, nem digo nada. Não quero que pensem que sou pedófilo." *Phillip, 54.*

Os idosos são em geral excluídos das manifestações de intimidade por familiares e amigos – porque eles parecem muito autosuficientes – presumindo-se que eles não precisam de abraços e beijos e dos pequenos gestos de carinho de que as mulheres idosas tanto gostam, e assim seu isolamento só faz aumentar. Contudo, embora o homem idoso tenha menos tendência a se aproximar, isso não significa que ele seja incapaz de tais gestos.

Há algum tempo, quando eu passava uns dias com meus pais, um velho vizinho me chamou para me dar algumas das suas primeiras batatas recém-colhidas. Ele se mostrou muito tímido com relação às batatas, mas claramente emocionado de ver que gostei do presente. Ele não estava apenas presenteando batatas, ele estava presenteando a *si mesmo*. Quer demonstrem, quer não, os homens idosos também precisam de carinho, reconhecimento e respeito para aquecer seus dias. Quando encontrarmos maneiras significativas de dignificá-los, estaremos dignificando a nós mesmos.

Sem saída

SEM VALORIZAÇÃO

Quando os homens idosos já não se sentem parte daqueles que os cercam, experimentam a sensação de inutilidade. Sua capacidade de manter laços com a família, os amigos e a comunidade diminui à medida que eles acham que têm cada vez menos a dar, se é que se julgam donos de alguma coisa.

Nas gerações anteriores, os homens mais velhos podiam transmitir uma série de habilidades para as gerações seguintes – de pai para filho e através dos aprendizes. Mas, como os filhos e netos habitam hoje em um mundo de DVDs e cyberespaço, grande parte do que esses homens sabem e valorizam parece irrelevante. Compreendendo isso, os idosos concluem que nada têm a oferecer às gerações subseqüentes, por isso eles simplesmente desaparecem de vista.

A invisibilidade da juventude é insignificante em comparação com a difícil situação do homem idoso, especialmente se ele vive sozinho. Para muitos homens velhos, seu apego à vida é, no mínimo, tênue. Uma vez que eles se acreditam inúteis, estão apenas a um passo de pensar que o suicídio é a única saída. Quando o sentimento de inutilidade se soma à perda da companheira e/ou a uma doença, a vida se torna insuportável e explica, em parte, por que tantos homens idosos optam por tirar a vida.

Estima-se que nos Estados Unidos uma pessoa de 65 anos ou mais suicida-se a cada nove minutos,[1] e a grande maioria desses suicidas é do sexo masculino.[2] Os homens que atingem 75 anos são dez vezes mais propensos ao suicídio do que as mulheres da mesma idade. Na Austrália, um homem de 75 anos é cinco vezes mais propenso ao suicídio do que uma mulher da mesma idade.[3] Apesar disso, a maioria de nós não se conscientiza de que os idosos de nossa família podem estar sob esse risco, e raramente nos preocupamos em observá-los.

POR QUE O IDOSO SE SUICIDA?

Sem os desafios e o estímulo do trabalho, e com esposa e filhos ocupados com seus próprios interesses e preocupações, a freqüente pergunta 'O que esses homens vão fazer da vida?' cai como um raio. Muitos homens vêem o suicídio como única opção. Os viúvos, os divorciados ou os que acabam de passar por esses traumas estão sob maior risco de suicídio.

"Nossa sociedade é muito ambivalente com relação à velhice", afirma o especialista em suicídios, o professor Yeates Conwell. "Por um lado, valorizamos a juventude, o vigor, a força e os conceitos tradicionais de beleza. As pessoas mais velhas não preenchem essa imagem idealizada, portanto, o seu suicídio não é considerado tão trágico. É uma forma de preconceito relativo à idade. Por trás desse fenômeno, há dois outros processos. Primeiro, tememos o envelhecimento e a morte, e assim queremos acreditar que manteremos o controle – ficamos mais confortáveis em ver o suicídio que atinge as faixas etárias mais altas como uma escolha "natural" e não uma experiência de dor e sofrimento insuportáveis. Agir de outro modo seria assustador, pois nos colocaria muito perto da nossa realidade. Em segundo lugar, está a necessidade de ver nossos idosos como nós. Enquanto indivíduos, desejamos ou precisamos ver nossos pais como pessoas capazes, fortes e autônomas. Nós sempre seremos os filhos de nossos pais, por isso o fato de eles precisarem de nossos cuidados apresenta-se para nós como um doloroso conflito [...] Quando ocorre um suicídio, entretanto, queremos vê-lo, por essa razão, como mais uma expressão de força e de escolha autônoma, um fim "natural".[4] Às vezes, é mais fácil para nós racionalizarmos ou ignorarmos situações do que lidar com elas, e certamente esse é o caso dos homens idosos. Porém, sem ajuda, pouca coisa vai mudar para eles.

SINAIS DE ALERTA

Embora muitos homens vejam o suicídio como a única saída, os viúvos, divorciados ou os que acabam de passar por esses traumas constituem o grupo de maior risco.

Ainda que os familiares e amigos estejam atentos a fatores como mudanças nos padrões alimentares e de sono, recolhimento, preocupação com a morte, doação de itens valiosos, choro sem motivo, fadigas inexplicáveis, dificuldade de concentração e falha na ingestão de medicamentos,[5] a depressão constitui a principal razão para o suicídio nessa faixa etária.

O quadro depressivo pode ser causado por dificuldades financeiras, redução do *status* social, isolamento, piora da saúde, perda de mobilidade, sensação de velhice, medo de ter uma morte protelada, desgostos familiares ou por uma dor física insuportável.

O doutor Eric Caine, chefe do Departamento de Psiquiatria do Centro Médico da Rochester University, de Nova York, afirma que grande parte da depressão em pessoas idosas é causada por pequenos e múltiplos problemas – médicos ou não –, que se tornam exagerados na mente do indivíduo. Portanto, é o acúmulo desses fatores, mais do que uma doença terminal, que dispara o desejo do idoso de "pôr um fim em tudo". De acordo com o especialista, a verdadeira tragédia é que, embora 75% dos suicídios de idosos envolvam a depressão, dois terços dos casos desse problema são de manifestação tardia, em geral considerados "tratáveis".[6]

Não são apenas os idosos solitários ou os pacientes terminais que estão propensos ao suicídio. Em uma pesquisa realizada na Austrália, dois terços dos adultos que se suicidaram por volta dos 60, 70 e 80 anos gozavam de "saúde relativamente boa".[7] O professor Yeates Conwell acredita que o principal problema é que a depressão no idoso muitas vezes não é detectada, pois eles não pensam em termos psicológicos e porque os médicos estão tão ocupados que acabam falhando no diagnóstico.[8]

Os homens idosos precisam de ajuda para encontrar formas de continuar a ser úteis na família e na comunidade, e de afastar o medo de parecerem vulneráveis ou incapacitados. Quando eles não têm a chance de partilhar a riqueza de sua experiência, todos nós perdemos.

Novos horizontes

CONTATO ESSENCIAL

Há muitas formas de tirar o idoso do isolamento e uma delas é passar algumas horas junto de homens de sua idade. John, um ex-executivo de propaganda, 72, foi convidado a criar e a gerenciar o centro *Just For Older Men*, na região onde mora. O centro promove palestras sobre diversos assuntos, desde como tratar os vizinhos até campanhas de doação de órgãos, além de outros temas que os homens costumam evitar. "Com freqüência, o grupo conversa sobre a morte", diz John. "Temos o nosso diretor de funerais e nunca rimos tanto. Os caras nunca param de falar no assunto." O que começou com uma dezena de homens tem hoje uma freqüência fixa de cinqüenta.

John também organiza excursões, algumas com fins de diversão e outras de cunho mais informativo, como uma visita ao pronto-socorro de um hospital. Embora a princípio tenha sido difícil motivar outros idosos, a partir do momento em que eles se envolveram, começaram a apreciar o tempo passado juntos e hoje falam do alívio e do prazer que sentem em estar com outros homens que entendem suas preocupações. "Os homens conversam uns com os outros sobre fatos reais e pessoais, e isso é muito bom", confidencia Jim, um freqüentador assíduo. "Eu poderia participar todas as semanas."

> "Há uma porção de sujeitos por aí que precisam ser arrastados para fora de casa. Se eu fosse do tipo encucado, me preocuparia com o futuro deles. Mas não sou assim, por isso não me preocupo." *John, 72.*

Uma das muitas vantagens que os homens do centro *Just For Older Men* encontram é a oportunidade de partilhar suas experiências de saúde. Freqüentemente, tranqüilizam-se uns aos outros às vésperas de algum procedimento médico. A oportunidade de conversar com quem tem as mesmas queixas é inestimável, pois, como eles mesmos admitem, ficariam embaraçados de falar sobre essas coisas na presença de mulheres. Eles conversam também sobre soluções para problemas familiares, ao invés de engoli-los e ficar ruminando sobre o assunto em casa. Mesmo aqueles que têm dificuldade em se abrir acabam se beneficiando, pois eles têm acesso a informações, idéias e apoio emocional.

ENFRENTANDO OS DESAFIOS

Homens física e/ou mentalmente ativos tendem a passar muito melhor a fase da aposentadoria do que aqueles que ficam em casa, sem nada para fazer. Mesmo quem tem saúde frágil e necessita de cuidados constantes, encontra novas alternativas se estiver suficientemente motivado para isso. Depois de um ataque cardíaco, John teve de levar sua saúde mais a sério. "Antes eu era muito descuidado", ele admite. John tomou a iniciativa de reunir um grupo para fazer caminhadas semanalmente.

Ao final de sua carreira profissional, Milson, 76, decidiu trabalhar como voluntário para países em desenvolvimento, por meio da AESOP, uma organização sem fins lucrativos que oferece assistência em negócios a entidades no Pacífico Sul e no Sudeste da Ásia. Por vários anos, Milson trabalhou em diversos projetos de países diferentes, incluindo um estudo de viabilidade e plantas para escolas secundárias em Kiribati. Desde a elaboração desse projeto, dezoito escolas já foram construídas e duas estão em andamento. "Isso me deu uma satisfação imensa. O desafio da arquitetura não era tão significativo quanto ver as escolas construídas", lembra Milson.

> "A montanha mais alta do mundo é a soleira da sua porta, mas você tem de ser ativo e aventureiro. Se você quer se sentir melhor, saia de casa e ajude uma pessoa que precisa de ajuda."
> Peppi, 78.

TRABALHO VOLUNTÁRIO

Pode significar um enorme esforço para uma pessoa idosa sair de casa e se propor a fazer coisas novas. "Deixe de ver a aposentadoria como a sala de espera de Deus. Esqueça a tevê e ponha-se em movimento", aconselha Peppi, um viúvo originário da Sicília.

Dan, um veterano do Vietnã, concorda com ele. Forçado a se aposentar depois de um ataque cardíaco, Dan não se lamenta. "Eu gosto muito dessa fase, pois, pela primeira vez na vida, posso fazer o que quero." Dan atua como voluntário: filho de eslovacos, foi motorista da delegação da Eslováquia durante os Jogos Olímpicos de Sydney, em 2000. "Havia um lugar de encontro para o time. Nós fazíamos as refeições com os jogadores e eu comia o mesmo tipo de comida que minha mãe costumava preparar para mim. Foi muito bom."

Blake, que é voluntário do *The Men's Shed*, um programa de trabalho social em madeira para aposentados, vê uma real mudança nos idosos que aderiram ao programa. "Isso dá ao homem uma razão para sair da cama todas as manhãs. Eles chegam aqui eufóricos, dando pulos de alegria."

Phillip, 54, descreve seu trabalho na organização como "o melhor trabalho que eu já tive – treinar as próprias habilidades e passá-las adiante. Há tanta coisa acontecendo aqui; isto abre os olhos da gente para ver o que está ocorrendo com os demais. Alguns homens não têm outro lugar para ir". Além de fazer cadeiras de rodas para crianças acidentadas em minas terrestres, os homens produzem tijolos para a construção de centros de atendimento para crianças, mobília para berçários e bancos para parques e jardins.

Os participantes do *The Men's Shed* foram tema de vários artigos da imprensa local. "Os homens precisam se socializar para além do *The Men's Shed*, almoçando no clube local ou se reunindo para uma bebida", comenta o gerente Bob Nelson.

"Eles também podem visitar participantes adoentados em suas casas, saber se está tudo bem com aqueles que se ausentam por algum tempo."

Enquanto eu escrevia este livro, dois deles estavam fazendo juntos uma viagem pelo deserto.

AJUDA DA NATUREZA

Outra forma de tirar os homens de seu isolamento é adotar um animal. Nos Estados Unidos, os idosos estão sendo encorajados procurar "amigos" no abrigo, através da *Pets for the Elderly Foundation*. Embora esse esquema não funcione apenas para idosos, é bastante efetivo quando se trata de tirar um homem de dentro de casa. De acordo com a instituição, o ideal é a adoção de animal já adulto, pois este "costuma ser mais calmo, já treinado a não fazer as necessidades dentro de casa e menos suscetível a comportamentos imprevisíveis".[1]

Além de preencher a casa, a presença de um animal na vida do idoso oferece uma forma segura de interagir com os vizinhos. Em seu *site*, a fundação conta a história de um viúvo que perdeu o gato algumas semanas após a morte de sua esposa. Apesar da dupla perda e de ter parado de se cuidar, o idoso insistiu em morar sozinho. Desesperado, seu filho trouxe um gato adulto para ele. Encorajado por essa nova presença em sua vida, o homem começou a se alimentar melhor. Ao final da primeira semana, um incidente com o animal levou o idoso a iniciar uma amizade com o vizinho.[2]

AS EXPERIÊNCIAS DE CADA UM

As pessoas de idade têm muito a oferecer e uma das formas de fazer isso é contar a *própria* história. Alguns idosos ganham novo alento na vida ao explorar a trajetória de seus antepassados; e rever as fotos da família pode ser outra forma de motivá-los a seguir em frente. Com um pouco de incentivo, esses homens podem até mesmo registrar suas lembranças.

Ter a oportunidade de visitar lugares que lhes são significativos também é inestimável. Um amigo descreveu como comovente uma viagem que fez com o pai idoso ao War Memorial Museum. "Eu não sou ligado em guerras, mas fiquei muito emocionado com as histórias dos soldados e com os relatos do meu pai sobre o que ele passou no conflito. Ele ficou tão animado enquanto estivemos lá que até parecia outra pessoa."

As histórias podem surgir de um punhado de cartões postais, de passaportes, medalhas de condecoração ou documentos de imigração. Outra amiga, Sara, me contou: "Eu não conseguia acreditar na quantidade de histórias contidas na coleção de selos do meu pai. Foi maravilhoso partilhar esse tempo com ele". Talvez esteja na hora de resgatar as fotos da família ou reunir em álbuns de recordação as fotos, cartas, notas e outras lembranças.

MOMENTOS DE INTIMIDADE

Uma das razões pelas quais não conseguimos que o homem idoso se abra é o fato de presumirmos que ele não tem nada a dizer, ou de pensarmos que ele não tem a profundidade de sentimentos ou a perspicácia que as mulheres idosas têm. Repetidas vezes, ao conversar com aqueles a quem amam, esses senhores se animam e se enternecem. Geoff, que padece de uma doença degenerativa, comenta como seus filhos transformaram sua vida. "Se eu não tivesse tido filhos, provavelmente não estaria vivo", admite. "Eu costumava ser um pouco rebelde na juventude. Não que eu pensasse que era, mas, quando olho para trás, tenho de reconhecer isso. Eu amadureci muito com a paternidade – ter diante de si algo que é sua própria carne e sangue."

Atualmente Geoff está separado da mulher e vive em uma pensão, e seus filhos constituem seu porto seguro. No dia em que nos encontramos, ele tinha levantado cedo para apanhar o filho e praticar esporte. Esses poucos momentos partilhados eram, com certeza, os mais importantes da semana. Seu filho talvez jamais saiba o quanto significa para o pai aquela pequena viagem, logo pela manhã, mas, para mim, o imenso amor que esse pai nutre por seu filho estava aparente o tempo todo.

Preocupações com a subsistência e o cuidado com a família permanecem muito fortes, mesmo para homens mais velhos, com filhos já adultos. Sebastian, 90, continua a investir na bolsa de valores, com a preocupação de deixar algum pecúlio para seus dois filhos e famílias.

Raramente, os homens mais velhos têm consciência da importância de sua presença e do estímulo que dão para os filhos, porque se acostumaram a ficar em segundo plano. Assim, quando os filhos telefonam, costumam chamar a esposa ao invés de falarem eles mesmos. É comovente ver como esses senhores são incapazes de interagir com seus filhos e netos, ou falar do seu amor por eles.

Podemos notar que os homens de mais idade ficam distanciados em reuniões familiares, como se fossem observadores e não participantes. No entanto, quando esses homens podem sentir-se úteis e integrantes da família, a dinâmica é muito diferente.

> "Eu estava instalando um varal na casa da minha filha enquanto o marido dela estava fora. Isso vai facilitar o trabalho dela quando o bebê chegar. Eu costumo aparecer e cortar a grama quando ele não está em casa, só para dar uma mãozinha. Mas eu nunca interfiro quando ele está, porque a casa não é minha." *Stanley, 70.*

Embora esses homens não falem muito, eles são tão preocupados com os filhos como suas esposas. Morris, 61, confessou-se muito preocupado com uma série de decisões de negócios erradas tomadas por seu filho. Ele também se preocupa com a felicidade do outro filho, que se casou com uma mulher muito controladora.

Nigel, 72, comentou sobre a instabilidade do relacionamento de um de seus filhos com a companheira e sobre o "efeito colateral" que a situação pode ter para os netos. Ian, 76, tem problemas semelhantes: "Quando o membro mais jovem da família se separa, isso pode causar sérios problemas para os mais velhos".

Muitos falaram também de sua preocupação com o fato de seus filhos serem muito ocupados e com a pouca participação que tiveram na vida das crianças por causa das demandas do trabalho.

Preocupação de avô

Os idosos são profundamente preocupados com os netos. Hoje em dia, um número significativo de avôs retoma a paternidade, ao ajudar os filhos a tomar conta dos netos. Em um relatório divulgado na Austrália, estima-se que mais de 30 mil avôs estão tomando conta de seus netos. E cuidar de crianças pequenas nem sempre é fácil para eles. De acordo com essas pesquisas, os avôs gostariam de ajudar mais no cuidado diário, mas não sabem exatamente o que fazer. Outros se preocupam com os gastos e se perguntam se viverão o suficiente para ver os netos crescidos.[3]

A assistente social australiana Jan Backhouse coordenou uma pesquisa sobre os avôs. Ela acredita que ajudar a cuidar dos netos cria novas possibilidades para o idoso se sentir útil. No entanto, aponta que alguns ficam mais à vontade nessa posição do que outros. "Os avôs mais jovens realmente oferecem um bom apoio, mas os mais velhos em geral não conseguem se relacionar com os netos. Falta confiança. As crianças pequenas podem deixá-los nervosos, pois alteram demais a rotina."

Depois de passar a vida inteira trabalhando, a dificuldade de alguns avôs pode estar relacionada à pouca convivência com a caótica felicidade da vida em família. Como não sabem lidar com isso, eles se retraem. "Acho que eles se consideram incapazes de fazer esse tipo de coisa", pondera Jan Backhouse. "Muitas vezes, as mulheres chegam e tomam conta da situação, fazendo o homem se sentir inútil."[4]

Aqueles que conseguem superar esses sentimentos começam a curtir o papel de avô. "Não há nada melhor do que aproveitar a convivência com os netos sem tanta responsabilidade, sem falar da sensação de ser amado pelo que você é. É bom também conhecer as idéias das crianças de hoje – ver um mundo novo, como uma criança o vê", diz Nigel.

"Meu avô estava sempre por perto. Eu me lembro de ir pescar com ele e de passearmos de barco pelo rio. Ele era o único que tinha um quarto só para ele. A gente não podia ir lá. Eu me lembro como era calmo e tranqüilo ali, em comparação com o caos do resto da casa. Ele definitivamente não era invisível. Estava sempre lá e era ótimo." *Mark, 32.*

HOMENS E NETOS

Como as mulheres maduras, os homens também sonham em ter netos. Esse desejo se manifestou em vários senhores que entrevistei. "Eu não vejo a hora de ter netos", confessou Phillip, 54. "Eu espero ter um desses netos que saltam do carro para abraçar você."

Stanley, 70, concentra suas esperanças em viver o suficiente para passar algum tempo com os netos. "Eu me pergunto quanto tempo eu ainda tenho e então penso que isso é egoísmo. Mas bem que eu gostaria de conhecer meus netos."

VANTAGENS DA IDADE

Algo acontece com o homem que envelhece: é como se ele finalmente tivesse o direito de ser mais terno, mais humano. A necessidade de competir e de vencer a todo custo vira coisa do passado, e emerge uma pessoa mais gentil e sábia. Nas minhas entrevistas, isso ficou claro na maneira de muitos idosos se expressarem. O modo como esses homens demonstram preocupação e admiração pelo amigos do sexo masculino foi tão gentil e generoso quanto costumam ser os depoimentos femininos.

> "Em geral, os homens não são bem tratados nos asilos. Quando adoecem eles têm medo e precisam de um beijo, um abraço, e um carinho, como qualquer pessoa." *David, 72.*

Como as mulheres, esses homens também se preocupam com os amigos que estão com a saúde debilitada ou que perderam a autonomia.

Em geral, os entrevistados descreveram uns aos outros como homens bons, decentes e corajosos. É como se eles começassem a ver a si mesmos como nós precisamos vê-los. Quando começarmos a enxergá-los dessa forma, perceberemos que, apesar de tudo que esses homens enfrentaram, das batalhas que travaram e até de seus fracassos, existem muitos homens bons, decentes e corajosos, que amam suas companheiras e seus filhos, e que, de inúmeras formas, fazem de tudo para serem os heróis de alguém.

Na companhia dos homens

O QUE OS SEPARA

Alguns homens passam a vida toda sentindo-se isolados. No entanto, são poucos os que, independentemente da idade, não poderiam ter suas vidas enriquecidas com a amizade de outros homens.

Não ouvimos falar muito sobre a amizade entre homens, talvez por achá-la menos importante, e por isso os homens se fixam menos ainda nelas. Quem possui fortes laços de amizade, tem dificuldade em mantê-los, à medida que as vidas tomam rumos diferentes. Nos dias atuais, em que a distância para o trabalho costuma ser longa, as jornadas de trabalho intensas e a participação na vida familiar maior, não sobra muito tempo para os amigos. Mesmo em eventos sociais, a expectativa é que o homem fique com sua companheira.

Algumas mulheres esperam que o parceiro esteja a seu lado o tempo todo, forçando os homens a negociarem com elas um tempo para os amigos.

"Já não se tolera, como no tempo de nossos pais e avôs, aquela ida ao bar com os amigos. A coisa agora é assim: 'Se você vai sair com seus amigos, qual é a minha recompensa? Você vai ter de me levar para jantar fora'. Sempre tem de haver uma compensação." *Alex, 35.*

> *As mulheres não incentivam os parceiros a manter as amizades masculinas, pois não compreendem a importância de passarem um tempo com outros homens, mesmo que isso custe um tempo considerável para a namorada.*

Quando o homem assume um compromisso, é importante investir tempo e esforço no relacionamento. Contudo, quando os homens passam todo o tempo com a mulher de sua vida, o mundo de ambos começa a "encolher". Além de se afastar de outras formas de apoio, ele nega a si mesmo a oportunidade de receber estímulos fora do ambiente de trabalho e do relacionamento. As mulheres não incentivam os parceiros a manter as amizades masculinas, pois não compreendem a importância de passarem um tempo com outros homens, mesmo que isso custe um tempo considerável para a namorada.

"Por causa da constante competição e da homofobia, a nós, homens, é negada a oportunidade de expressar como realmente nos sentimos em relação aos outros. É como se cada vez que você tivesse algum sentimento com relação a outro homem, você precisasse ficar preocupado, pois isso pode ser interpretado como homossexualismo. Você sabe que não é gay, então a melhor forma de lidar com esses sentimentos é erguer barreiras ao redor deles e confiná-los." *Rowan, 41.*

Não são apenas as mulheres que colocam obstáculos no convívio dos maridos com os amigos – os homens também fazem a mesma coisa. Eles são muito sensíveis quanto aos sentimentos em relação a outros homens. Alguns têm receio de se aproximar demais e ver essa proximidade ser entendida como uma atitude gay. Esse desconforto é reforçado pela sociedade, que logo se apressa em tirar conclusões, sempre que vê dois homens mais próximos.

Embora não haja nada de errado em ser homossexual, ninguém quer ser rotulado por aquilo que não é. Recentemente, dois amigos meus estavam visitando a Europa e ficaram aborrecidos ao ouvir duas senhoras mais velhas descrevê-los como dois 'belos gays', quando são apenas dois bons amigos viajando juntos. Toda vez que se permitem presunções e piadinhas sobre a sexualidade masculina, ocorre o reforço de estereótipos inúteis.

PERMISSÃO PARA O AFETO

Na Itália, Espanha e Grécia e em muitos países, é normal os homens se abraçarem, rirem e chorarem juntos. Esses homens estão claramente fazendo o que é certo, pois assim eles ficam muito menos propensos ao suicídio. Quando sexualizamos cada gesto afetivo do homem, estamos construindo uma prisão ao redor dele. Uma das mais tocantes experiências que eu tive foi no funeral do filho de um amigo. Ver meu marido e o pai do garoto se abraçarem, apoiando um ao outro nesse intenso e significativo abraço, foi uma das mais fortes experiências de masculinidade que eu testemunhei.

> *Quando sexualizamos cada gesto afetivo do homem, estamos construindo uma prisão ao redor dele.*

É hora de liberarmos os homens das formas de expressão julgadas apropriadas, para que eles possam desfrutar da mesma liberdade que as mulheres têm em expressar seus sentimentos. Como regra, os homens se apegam à mulher da sua vida como uma forma de evitar intimidade com outros homens, porque eles nunca souberam o que significa realmente confiar nos demais.

As mulheres podem fazer muito para estimular esse processo, mas primeiramente elas precisam entender a sua importância. A psicóloga Toby Green citou um homem que encontrou muita resistência da esposa, da sogra e da família quando anunciou que planejava fazer parte do grupo de apoio para homens. "Foi um choque achar que eu via aspectos positivos em participar de um grupo de apoio", contou ele. "A coisa mais importante que eu aprendi nesse processo foi a importância de se criar laços em um relacionamento."[1] Por que nos surpreendemos que um homem precise de ajuda?

COMPETIÇÃO

Hoje, as possibilidades de criar laços entre os homens são limitadas. A amizade tende a crescer a partir de interesses comuns, como o esporte ou o ambiente de trabalho. No entanto, quando olhamos de perto esses relacionamentos, percebemos que os homens continuam a competir, ao invés de partilhar aspectos de sua personalidade. Ou seja, o isolamento continua.

Uma amiga me revelou sua preocupação com o marido, que começou a praticar esportes radicais, depois da morte precoce do filho do casal. Sempre que pode, ele viaja com amigos para participar de perigosas escaladas nas montanhas, e outros feitos que desafiam a morte, testando seus limites como uma forma de suprimir a terrível dor que o aflige.

> "Muitos homens têm dificuldade em entender que o afeto por outros homens não seja sexual, então nos atiramos ao trabalho, à guerra e ao esporte. Colocamos nossos corpos em risco para ter a aprovação da comunidade. Conviver com homens mais abertos nos ajuda a praticar a autenticidade e a vulnerabilidade de formas jamais sonhadas." Rowan, 41.

APROVAÇÃO EXTERNA

Ganhar o reconhecimento de outros homens é crucial para o autoconhecimento. Por trás da necessidade de aprovação dos colegas estão, em geral, necessidades mais profundas, que não foram satisfeitas pelos pais enquanto esses homens cresciam – não necessariamente porque esses homens tenham sido negligenciados, mas porque as coisas eram assim naquele tempo.

"No fundo, bem no fundo, todos nós tivemos pais de alguma forma ausentes", explica Rowan, 41. "Muitos de nós nunca conheceram seus pais. Outros perderam os pais para o trabalho ou porque eles estavam sempre longe. De certa forma, estamos todos enredados nisso. Há os que tentam recuperar isso em clubes de rúgbi ou fazendo parte do clube dos 'veteranos' no trabalho, onde há uma remota possibilidade de ser autêntico. Eles sentem que há segurança em reuniões que congregam maior número de pessoas, mas tudo permanece escondido. Eu reconheço que 80% dos homens australianos não possuem amigos de verdade.

> *Ganhar o reconhecimento de outros homens é crucial para o autoconhecimento.*

Quando perguntei a alguns homens se eles costumavam passar algum tempo com seus amigos, muitos admitiram que preferiam passar o tempo livre na companhia de mulheres. "Eu adoro as minhas amigas – elas me orientam. É ótimo ter um relacionamento não sexual com uma mulher – você se livra da pressão e aprende muito sobre elas", diz Lance, 23. "Eu tenho dois amigos de verdade, mas raramente passo o tempo com eles", explica Craig, 58. "Tenho mais amigas, e acho mais tranqüilizante sair para jantar ou passear com elas."

Outros pensam de modo diferente. "Quando você tem amigos de verdade, essa amizade é incondicional. Mesmo que a gente não saiba tudo um do outro, consegue entender o que o outro está passando. É menos convencional. Você não precisa se preocupar com o relacionamento – é mais espontâneo", conta Joe, 20.

O que Tim, 25, mais aprecia no tempo em que passa com os amigos é "não ser aborrecido por hábitos vulgares. A camaradagem de estar sujeitos às mesmas pressões e opressões. A satisfação de ver como o homem se envolve com as coisas e tem muitas outras vidas e interesses, que não se resumem ao trabalho e à família".

Lawrence, 33, diz: "É mais relaxante estar com seus amigos, porque você pode dizer o que tem vontade". Para Lance, 23, há "felicidade" em estar com seus amigos: "amizade, diversão, ter alguém com quem contar quando as coisas não estão dando certo".

> "Relaxar com o amigo certo pode ser a oportunidade de se abrir sobre determinados assuntos que não se poderia falar com a esposa ou outros amigos. É bom ter alguém em quem confiar para falar de assuntos de homens. As mulheres, na minha opinião, não gostam de saber que seu companheiro está passando por dificuldades." *Kieran, 58.*

Há diferentes formas de passar com os amigos um tempo de qualidade, mas o resultado é sempre benéfico para todos. Ao conversar com um amigo que se casou com uma moça iraquiana, ele me revelou que, passadas as preocupações iniciais com um possível choque de culturas, ele se surpreendeu com a receptividade da comunidade. Embora passe a maior parte do tempo livre com a esposa e o filho pequeno, ele não vê a hora de participar das reuniões da comunidade e de passar algum tempo com os homens. Meu amigo considera a companhia dos mais velhos, em particular, reconfortante e muito instrutiva. Além disso, gosta de ouvir suas histórias e contar as dele, enquanto a esposa se entretém com as amigas e mulheres da família.

"Eu tomei conhecimento do movimento masculino em 1994, quando me separei de Belinda. Participo todos os anos de um evento masculino. Isso me dá um verdadeiro sentimento de pertencimento, de família, de abrigo e proteção. Tive contato com diversos modelos de masculinidade, pois ali há tempo para reflexão e para se expressar. É informal e oferece apoio. A cada quinze dias eu participo de um grupo de homens que também me oferece apoio e tempo para refletir, e promove uma reunião trimestral que tem mudado a minha vida." *Cameron, 22.*

EM CASA COM OS AMIGOS

O grupo de homens parece realmente funcionar para a maioria dos seus participantes. O que mais impressiona nesses integrantes é a consciência positiva de si mesmos e a capacidade de se expressar com muita humanidade, desenvoltura e humor.

O grupo de homens de que Cameron participa exerceu um dramático impacto sobre ele, pois, embora ele ame a esposa e seu filho pequeno, o tempo que ele passa com os homens do grupo alimenta outro importante aspecto de sua vida. Quando questionado sobre o que o grupo tem a oferecer, ele admitiu sentir-se "de volta ao lar". "Às vezes eu sinto uma tristeza quando chego lá, porque percebo o quanto já perdi. Eu me sinto incrivelmente reafirmado como homem, e isso é maravilhoso." Essa também foi a experiência de Rowan: "Quando participei pela primeira vez de uma reunião do grupo, fui com um pé atrás", conta. "Hoje estão todos tranqüilos e à vontade uns com os outros. Acho que posso resumir tudo por um conhecido ditado: 'um amigo é alguém que sabe tudo sobre você e mesmo assim gosta de você'."

"O grupo de homens dá oportunidade de me reunir com companheiros em um ambiente agradável, sem julgamentos ou conselhos não solicitados. O tempo que passamos juntos nos liberta dessas expectativas. Isso é importante, porque se espera que os mais jovens de nós tenham de se adaptar muito mais, mas eles se divertem bastante. Em geral, não percebem como são especialmente vulneráveis por estarem se rebelando muito mais cedo."
Soren, 56.

"Homens precisam da companhia de homens", diz Rowan. "Eu ouvi Ian Lillico, fundador do *Boys Forward*, falar sobre os jovens da área rural do oeste da Austrália, vítimas de suicídio em grande número. Ele disse que esse fim trágico está levando nossos jovens mais apaixonados, sensíveis e criativos, porque eles não têm um modelo a seguir. Se eles não estão se embebedando, perdendo tempo com bobagens, roubando ou dirigindo em alta velocidade, são levados a pensar que são desajustados. E concluem que há algo errado com eles."

Quando os meninos não chegam a experimentar o que significa ser homem, eles crescem na sombra, fingindo ser o que eles não conseguem entender. Entretanto, quando um homem ou um garoto entende o que é ser homem, tudo muda. Ele passa a ter uma noção clara sobre si mesmo e sobre o tipo de homem que deseja ser.

> *O suicídio está levando nossos jovens mais apaixonados, sensíveis e criativos porque eles não têm um modelo a seguir.*

A mídia está repleta de todos os males que os homens têm cometido. Ninguém nega que eles já fizeram coisas terríveis, mas não são os únicos culpados. Há também aspectos corajosos e inspiradores na masculinidade que precisam ser resgatados. Encontrar os mais profundos princípios de masculinidade pode ser uma experiência extremamente forte para todos nós.

Em seu livro *From the Heart of Men*, Yevrah Ornstein nos conta que cruzou com um velho pescando em uma praia das ilhas Fiji e ficou fascinado por sua presença. "Ele ganhava a vida usando o seu corpo, e transmitia uma força silenciosa e incrivelmente bela, que me pareceu muito masculina. Em sua presença, eu tive uma das mais profundas e agradáveis experiências: sentir a minha própria masculinidade, como eu jamais a sentira em toda a minha vida", explica. "Esse homem comprometia cada parte de si mesmo, dava-lhes permissão, voz, elevação e melodia. E estava simplesmente sendo ele mesmo, seu eu belo e natural. Ele me deu o dom de encontrá-lo em pé de igualdade, o dom de ser eu mesmo."[2]

> "Desfrutar o conforto e a companhia de outros homens e permitir que histórias que nunca foram contadas sejam conhecidas é algo tremendamente positivo. Há muito, os homens têm sofrido em silêncio. Estar com outros de forma franca e sincera liberta o

homem da constante necessidade de mostrar desempenho. Além disso, o transporta para um lugar de possibilidades, sem espaço para ira, tristeza ou desespero, tornando-o capaz de genuinamente amar uma mulher, ser um bom pai, desfrutar de tudo o que há de bom em ser homem, permitindo que outros também façam o mesmo." *Soren, 56.*

"Finalmente, estamos vislumbrando outras formas de ser", comenta Rowan, 41. "Mais e mais homens estão saindo das amarras e mostrando que podem estar bem consigo mesmos sem comprometer a masculinidade. Hoje, vemos homens segurando bebês nos braços, passeando de carrinho com os filhos e fazendo todo tipo de coisas que nunca fizeram. Por que esperar que todos ajam assim para que as coisas comecem a mudar? Só precisamos que alguns de nós comecemos a modificar nossa vida em pequenas coisas para fazer com que os outros mudem também. Quando fizermos isso, estaremos mais fortalecidos, pois dependeremos menos das mulheres, o que facilitará a vida delas também. Nossa saúde vai ter um grande impulso, porque não teremos mais o estresse de guardar tudo em segredo ou de nos apegarmos aos atuais estereótipos."

Rumo ao futuro

Ainda há muito a ser feito para romper as barreiras entre homens e mulheres, e entre homens e outros homens. O primeiro passo é entender melhor os homens – vê-los como eles são, não como *imaginamos* que sejam. Para isso, precisamos de estratégias de aproximação.

Necessitamos também compreender a crucial solidão que muitos meninos e homens vivem, e identificar o real impacto sobre eles, nossas famílias e nossas amizades. Como sociedade, precisamos estar mais conscientes de como contribuímos para esse isolamento, seja pela maneira como criamos os meninos ou pela ignorância do impacto que a cultura de violência exerce sobre eles.

O suicídio entre homens e jovens é preocupante. Lamentamos publicamente a morte de tantos homens em guerras, porém, na década de 1990, mais homens australianos puseram fim à sua vida do que as vítimas fatais da Segunda Guerra Mundial. Foram 600 os homens australianos mortos na Guerra do Vietnã, comparados com os 17 mil que tiraram suas vidas entre 1990 e 1999.[1] É importante compreender que não são apenas os garotos e os jovens que estão sob risco de suicídio, mas também homens de meia-idade, que enfrentam a separação e o divórcio, e os idosos.

Há tanta coisa que os homens desejam para suas vidas. Eles anseiam ser amados, compreendidos e aceitos, mas raramente conseguem expressar essas necessidades. Está na hora de encorajarmos meninos e homens a falar sobre seus sentimentos da melhor forma que puderem, e trazer à luz muitos assuntos sobre os quais eles têm se calado por tanto tempo. Da mesma forma, precisamos nos aventurar no mundo deles, abraçar a perspectiva deles, pois somente por meio de uma grande abertura poderemos encontrar novos caminhos para trilhar.

Aprendemos tanto quando nos dispomos a ouvir os homens! Descobrimos que nem todos são obcecados pelo trabalho. Muitos continuam por anos em empregos que detestam, para manter a si mesmos e àqueles que eles amam. Para muitos homens, o tempo e o esforço que empregam no trabalho é sua forma de dizer que eles se importam. Aprendemos isso também com a maioria dos homens que se tornam pais: a paternidade é tão preciosa para eles quanto a maternidade é para a mulher.

Exigimos tanto dos homens mas falhamos em ajudá-los a atingir essas metas. Esperamos que sejam bons pais, mas lhes damos poucas chances para que se realizem na paternidade. A boa notícia é que os pais, hoje, estão abraçando essa missão de formas novas e maravilhosas. É um passo significativo, pois podem oferecer aos filhos uma série de experiências que são essenciais ao seu desenvolvimento. Quanto mais estimularmos os pais a serem parte ativa de sua família, maior o benefício para a parceira e os filhos.

Uma das grandes desvantagens para os homens é que a sociedade sempre os viu como fortes e capazes. É hora de examinarmos os aspectos de vulnerabilidade, para assim reduzir as situações de risco. Quanto mais compreendermos essa essência, mais clareza teremos para apontar soluções. Se entendermos que um homem pode ficar tão fragilizado quanto uma mulher, diante do rompimento de uma relação, por exemplo, seremos capazes de ajudá-lo em sua dor, para que ele não se torne mais uma estatística de suicídio.

Apesar das muitas diferenças entre homens e mulheres, há muito mais semelhanças. Da mesma forma que as mulheres durante muito tempo se sentiram desvalorizadas, o mesmo acontece com os homens. Eles tentam, à sua maneira, enriquecer a vida daqueles que amam, e ficam desapontados quando seus esforços não são reconhecidos. Eles também têm grandes aspirações para os seus relacionamentos, embora raramente falem a respeito.

São tantas as possibilidades que nos aguardam, mas antes devemos atender às necessidades de jovens e idosos. Neste momento, os nossos garotos precisam de carinho. Precisam também de mais proteção contra os modelos masculinos tão disfuncionais, apresentados em todos os lugares. Homens maduros precisam encontrar formas mais significativas e produtivas de se expressar individual e coletivamente, e receber estímulo para fazer isso.

Raramente quando consideramos as vidas de homens e meninos levamos em conta a difícil situação dos idosos, especialmente daqueles que vivem sozinhos. De uns tempos para cá, o idoso se tornou invisível para a sociedade, ficando, dessa forma, também vulnerável ao suicídio. Depois de viver tanto, e de trabalhar tanto para criar a prosperidade de que desfrutamos, esses homens merecem mais do que a vida solitária que levam. Temos de encontrar formas de trazê-los de volta ao convívio da família e da comunidade, pelo bem deles e o nosso.

Ao considerar como o homem pode encontrar motivação para seguir em frente, nós nos lembramos da importância da amizade. Uma das grandes tábuas de salvação das mulheres são suas amizades. Os homens também precisam dessa riqueza. Sem essa oportunidade, eles perdem uma parte essencial de sua condição masculina.

Os homens precisam ultrapassar a atual e estreita definição de masculinidade, pois vivem em um mundo diferente daquele de seus pais e avôs. Eles não poderão estar à altura dos muitos desafios que se abrem diante deles, a não ser que vislumbrem uma nova perspectiva para suas vidas.

Esse é um terreno novo, mas oferece grandes possibilidades para o futuro. É hora de os homens começarem a expressar tudo o que trazem no peito, se libertando para si e para os outros. Nós, como sociedade, podemos ajudá-los, valorizando abertamente as muitas e maravilhosas qualidades que eles já trazem para os nossos relacionamentos, nossa comunidade e nosso mundo.

Notas

AFINAL, QUAL É A DOS HOMENS?

1. Ross D. Parke e Armin A. Brott, *Throwaway Dads: the Myths and Barriers that Keep Men From Being the Fathers They Want to be*, Houghton Mifflin, Boston, 1999.
2. Joe Tanenbaum, *Male and Female Realities: Understanding the Opposite Sex*, Candle Publishing Company, Sugar Land, Texas, 1989.
3. Robert B. Clyman et al, 'Social Referencing and Social Looking Among Twelve Month-Old Infants', *Affective Development in Infancy*, editado por T. Berry Brazelton et al, Ablex Publishing, Norwood, New Jersey, 1986, pp 75-94.
4. Robert B. Clyman et al, 'Social Referencing and Social Looking Among Twelve Month-Old Infants', *Affective Development in Infancy*, editado por T. Berry Brazelton et al, Ablex Publishing, Norwood, New Jersey, 1986, pp 75-94.
5. T. Berry Brazelton, 'The Transfer Affect Between Mothers and Infants', *Affective Development in Infancy*, editado por T. Berry Brazelton et al, Ablex Publishing, Norwood, New Jersey, 1986, pp 11-25.
6. Ross D. Parke e Armin A. Brott, *Throwaway Dads: The Myths and Barriers That Keep Men From Being The Fathers They Want to be*, Houghton Mifflin, Boston, 1999.
7. Dan Kindlon, PhD. e Michael Thompson, PhD., com Teresa Barker, *Raising Cane: Protecting the Emotional Life of Boys*, Ballantine Books, New York; 1999, p 108.
8. Peter West, *What IS the Matter With Boys? Showing Boys The Way Towards Manhood*, Choice Books, Sydney, 2002.
9. Michael Thompsom et al, transcrição do painel, 'Boys to Men: Questions of Violence', *Harvard Education Letter*, Research Online, Forum Feature, julho/agosto 1999, www.edletter.org/past/issues/1999-ja/forum.shtml.

NOTAS

[10] Renu Aldrich, '20/20 Airs Buck's Research on How Boys Communicate', *Advance*, University of Connecticut, 22 de junho de 1998, www.advance.uconn.edu/1998/980622/06229809.htm; R. Buck, 'Non-Verbal Communication of Affect in Preschool Children: Relationships with Personality and Skin Conductance', *Journal of Personality and Social Psychology*, vol. 35, n° 4, 1977, pp 225-36.

[11] Olga Silverstein, 'Think "Male" Not "Masculine"', *Speakins Freely*, Tips for Parents for Raising Boys, www.kqed.org/w/baywindow/speakingfreely /tips/tips_boys. html#olga.

CONSEQÜÊNCIAS DA VIOLÊNCIA

[1] Myriam Miedzian, *Boys Will Be Boys: Breaking the Link Between Masculinity and Violence*, Anchor, Bantam, Doubleday, Dell Publishing, New York, 1991, p 271.

[2] Peter Sheehan, *Perceptions of Violence on Television*, www.aic.gov.au/publications/aust-violence-1/ Sheehan.pdf.

[3] Ver www.actagainstviolence.org.

[4] W. Winik, 'The Toll of Video Violence', *Parade*, 11 de julho 2004, http://archive.parade.com/2004/0711/0711_intelligence.html.

[5] Myriam Miedzian, *Boys Will Be Boys: Breaking the Link Between Masculinity and Violence*, Anchor, Bantam, Doubleday, Dell Publishing, New York, 1991, p 300.

[6] Jim Garbarino et al, transcrição, 'Boys to Men: Questions of Violence', *Harvard Education Letter*, Research Online, Forum Feature, julho/agosto 1999, www.edletter.org/past/issues /1999-ja/ forum. shtml.

MENINOS NA ESCOLA

[1] Deborah Tannen, *You Just Don't Understand: Women and Men in Conversation*, William Morrow, New York, 1990.

[2] Ben Fordham, 'Bullying', *A CurrentAlfair*, transcrição, 4 de março 2004, www.aca.ninemsn.com.au/factsheets/1843.asp; Dean Francis, dean.francis@aftrs.edu.au.

[3] Michael Thompsom et al, transcrição, 'Boys to Men: Questions of Violence', *Harvard Education Letter*, Research Online, Forum Feature, julho/agosto 1999, www.edletter.org/past/issues/1999-ja/forum.shtml.

[4] Jim Garbarino et al, transcrição, 'Boys to Men: Questions of Violence', *Harvard Education Letter*, Research Online, Forum Feature, julho/agosto 1999, www.edletter.org/past/issues/1999-ja/forum. shtml.

⁵ K. Rigby, 'What Children Tell Us About Bullying', *Children Australia*, vol. 22, nº 2, 1997, pp 28-34.
⁶ Greg Moran, 'Teen's Explanation Given in Interviews With Psychiatrist', *Union-Tribune*, 16 de agosto 2002, www.signonsandiego.com/news/metro/santana/20020816 -9999_ln16psych.html.
⁷ A.A.P., 'Private School Sued Over Assault', *Sydney Morning Herald*, 14 de junho 2005, www.smh.com.au/news/National/Private-school-sued-over-assault/2005/06/14/1118645796114.html.
⁸ Kerry O'Brien e Tracy Bowden, 'Parent Rejects School's Response to Bullying Finding', 7.30 *Report*, transcrição, 7 de fevereiro 2001, www.abc.net.au/7.30/ stories/s243511.htm.
⁹ Evelyn Field, 'Parent Rejects School's Response to Bullying Finding', 7.30 *Report*, transcrição, 7 de fevereiro 2001, www.abc.net.au/7.30/stories/s243511.htm.
¹⁰ Ben Fordham, 'Bullying', *A Current Affair*, transcrição, 4 de março 2004, www.aca.ninemsn.com.au/factsheets/1843.asp.
¹¹ Joe Tanenbaum, *Male and Female Realities: Understanding the Opposite Sex*, Candle Publishing Company, Sugar Land, Texas, 1989.
¹² Peter West, *What IS the Matter With Boys? Showing Boys The Way Towards Manhood*, Choice Books, Sydney, 2002.
¹³ Deborah Tannen, *You Just Don't Understand: Women and Men in Conversation*, William Morrow, New York, 1990.
¹⁴ Don Edgar, *Men, Mateship, Marriage: Exploring Macho Myths and the Way Forward*, HarperCollins, Sydney, 1997.
¹⁵ Dan Kindlon, PhD. e Michael Thompson, PhD., com Teresa Barker, *Raising Cane: Protecting the Emotional Life of Boys*, Ballantine Books, New York, 1999, p 37.
¹⁶ Olga Silverstein e Beth Rashbaum, *The Courage to Raise Good Men*, Viking, New York, 1994, p 119.

NASCE UM HERÓI

¹ Maria Burton Nelson, 'Bad Sports: Football, O.J. Simpson and Wife-Beating', *New York Times*, 22 de junho 1994.
² Colette Shulman, 'Raising Boys', *We/Myi, The Women's Dialogue*, vol. 20, nº 4,1999, www.we-myi.org/issues/20/raising%20boys.html.
³ Anna Quindlen, 'Publicand Private: The Good Guys', *New York Times*, 11 de abril 1993.
⁴ *Ver* www.ffasa.org.
⁵ Edgar J. Shields Jr., 'Intimidation and Violence by Males in High School Athletics', *Adolescence*, Fali, 1999, www.parentsurf.com/p/articles/mi_m2248/is_135_34/ai- 60302517 /pg_2 ?pi=psf.

NOTAS

6. Josephson Institute of Ethics, Data Summary, *Sportsmanship Survey* 2004, 13 de setembro 2004, www.charactercounts.org/sports/survey2004/beliefs.htm.
7. Josephson Institute of Ethics, Data Summary, *Sportsmanship Survey* 2004, 13 de setembro 2004, www.charactercounts.org/sports/survey2004/beliefs.htm.
8. Child Protection In Sport Unit, www.thecpsu.org.uk.
9. Nathan Vass, 'When Sports-Mad Parents Go Too Far', *Woman's Day*, 20 de dezembro 2004.
10. Peter West, *What IS the Matter With Boys? Showing Boys The Way Towards Manhood*, Choice Books, Sydney, 2002.

JOVENS E RAIVOSOS

1. Dr John R. Lee, 'Teenage Boys' Perceptions of the Influence of Teachers and School Experiences on Their Understanding of Masculinity', *Australian Association for Research in Education Conference*, dezembro 2000, www.aare.edu.au/00pap/lee00106.html.
2. Dr John R. Lee, 'Teenage Boys' Perceptions of the Influence of Teachers and School Experiences on their Understanding of Masculinity', *Australian Association for Research in Education Conference*, dezembro 2000, www.aare.edu.au/00pap/lee00106.htm.
3. Roger Horrocks, *Masculinity in Crisis: Myths, Fantasies and Realities*, St Martin's Press, New York, 1994, p 97.
4. Dr John R. Lee, 'Teenage Boys' Perceptions of the Influence of Teachers and School Experiences on their Understanding of Masculinity', *Australian Association for Research in Education Conference*, dezembro 2000, www.aare.edu.au/00pap/lee00106.htm .
5. Dan Kindlon, PhD. e Michael Thompsom, PhD., com Teresa Barker, *Raising Cane: Protecting the Emotional Life of Boys*, Ballantine Books, New York, 1999.
6. Entrevista com Dave Smith, 28 de julho 2005.
7. Peter West, *What IS the Matter with Boys? Showing Boys the Way Towards Manhood*, Choice Books, Sydney, 2002.
8. Entrevista com Ray Lenton, 30 de julho 2005.

NAMORO COM O PERIGO

1. Kay Donovan, *Tagged*; detalhes: magneticpics@telstra.com.
2. Douglas A. Gentile et al, 'The Effects of Violent Video Game Habits on Adolescent Hostility, Aggressive Behaviours and School Performance', *Journal of Adolescence*, vol. 27, 2004, pp 5-22, www.mediafamily.orglresearch/Gentile_Lynch_Linder-Walsh_20041.pdf.

³ Douglas A. Gentile et al, 'The Effects of Violent Video Game Habits on Adolescent Hostility, Aggressive Behaviours and School Performance', *Journal of Adolescence*, vol. 27, 2004, pp 5-22, www.mediafamily.org/research/Gentile_Lynch_Linder-Walsh_20041.pdf.

⁴ Ellen Wartella, 'Media and Problem Behaviours in Young People', *Psychosocial Disorders in Young People: Time Trends and Their Causes*, editado por Michael Rutter e David J. Smith, Academia Europa, John Wiley and Sons, Chichester, 1995, pp 296-319.

⁵ Santina Perrone e Rob White, 'Young People and Gangs', *Australian Institute of Criminology, Trends and Issues*, nº 167, Canberra, setembro 2000, www.aic.gov.au/publications/tandiltandiI67.html.

⁶ James C. Howell, 'Youth Gangs: An Overview', *Juvenile Justice Bulletin*, agosto 1998, www.ojjdp.ncjrs.org/jjbulletin/9808/contents.html.

⁷ James C. Howell, 'Youth Gangs: An Overview', *Juvenile Justice Bulletin*, agosto 1998, www.ojjdp.ncjrs.org/jjbulletin/9808/contents.html.

⁸ Jim Garbarino et al, transcrição, 'Boys to Men: Questions of Violence', *Harvard Education Letter*, Research Online, Forum Feature, julho/agosto 1999, www.edletter.org/past/issues/1999-ja/forum.shtml.

⁹ Santina Perrone e Rob White, 'Young People and Gangs', *Australian Institute of Criminology, Trends and Issues*, nº 167, Canberra, setembro 2000, www.aic.gov.au/publications/tandi/tandi167.html.

¹⁰ Deborah Tannen, *You Just Don't Understand: Women and Men in Conversation*, William Morrow, NewYork, 1990.

¹¹ Dan Korem, *Suburban Violence: The Affluent Rebels*, International Focus Press, Richardson, Texas, 1996.

¹² Dan Korem, atualização e adendo a *Suburban Violence: The Affluent Rebels*, 7 de fevereiro 2002, www.ifpinc.com/gangupdate.htm.

¹³ Entrevista com Dave Smith, 28 de julho 2005.

¹⁴ Entrevista com Dave Smith, 28 de julho 2005.

QUANDO A VIDA PERDE A GRAÇA

¹ William Pollack, *Real Boys: Rescuing our Sons From the Myths of Boyhood*, Random House, New York, 1998.

² Edwin Shneidman, *Suicide as Psychache: A Clinical Approach to Self-Destructive Behaviour*, Jason Aronson, Northvale, New Jersey, 1993.

³ National Health and Medical Research Council, *National Youth Suicide Prevention Strategy:' Setting the Evidence-Based Research Agenda for Australia: A Literature Review*, março 1999.

Notas

4 Estatísticas da Organização Mundial da Saúde, www.who.int/mental_health/ prevention/suicide/country_reports/en/.

5 Estatísticas da Organização Mundial da Saúde, www.who.int/mental_health/ prevention/suicide/country_reports/en/.

6 Barry Maley, 'Youth Suicide and Youth Unemployment', apresentado em *From Industrial Relations To Personal Relations: The Coercion of Society*, Proceedings XVI Conference, H.R.Nicholls Society, Melbourne, dezembro 1994, www.hrnicholls.com.au/nicholls/nichvb16/vol167yo.htm.

7 National Health and Medical Research Council, *National Youth Suicide Prevention Strategy: Setting the Evidence-Based Research Agenda for Australia: A Literature Review*, março 1999.

8 Bill O'Hehir, *Men's Health: Uncovering the Mystery – A Working Manual*, Open Book Publishers, Adelaide, 1996, p 140.

9 Bill O'Hehir, *Men's Health: Uncovering the Mystery – A Working Manual*, Open Book Publishers, Adelaide, 1996, p 142.

10 'Depression in Young and Teenage Boys', *Medicinenet.com*, 16 de maio 2003, www.medicinenet.com/script/main/art.asp?articlekey=23376.

11 National Health and Medical Research Council, *National Youth Suicide Prevention Strategy: Setting the Evidence-Based Research Agenda for Australia: A Literature Review*, março 1999.

12 Ellen Wartella, 'Media and Problem Behaviours in Young People', *Psychosocial Disorders in Young People: Time Trends and their Causes*, editado por Michael Rutter e David J. Smith, Academia Europa, John Wiley and Sons, Chichester, 1995, pp 296-319.

13 Gail Mason, *Youth Suicide in Australia: Prevention Strategies*, Department of Employment, Education and Training, Youth Bureau, Canberra, 1990.

14 Entrevista com Dave Smith, 28 de julho 2005.

15 Jennifer Buckingham, *'Boy Troubles: Understanding Rising Suicide, Rising Crime and Educational Failure'*, Centre for Independent Studies Policy Monographs 46, St Leonards, 2000.

FILHOS E MÃES

1 Jo Bailey, 'Making Good Men Out of Boys', *New Zealand Herald*, 1 de março 2005.

2 Dan Kindlon, PhD. e Michael Thompsom, PhD., com Teresa Barker, *Raising Cane: Protecting the Emotional Life of Boys*, Ballantine Books, New York, 1999.

3 Mark D'Arbanville, *The Naked Husband*, Bantam, Sydney, 2004, p 143.

4 Michael Gurian, *Mothers, Sons and Lovers: How a Man's Relationship with his Mother Affects the Rest of his Life*, Shambhala, Boston, 1995, p 74.

[5] Joe Tanenbaum, *Male and Female Realities: Understanding the Opposite Sex*, Candle Publishing Company, Sugar Land, Texas, 1989.

[6] Barbara H. Fiese et al, 'The Stories That Families Tell: Narrative Coherence, Narrative Interaction and Relationship Beliefs', *Monographs of the Society for Research in Child Development*, serial nº 275, vol. 64, nº 2., 1999, pp 105-123.

EM BUSCA DO CORPO PERFEITO

[1] Peter West, 'From Tarzan to Terminator: Boys, Men and Body Image', apresentado na 7th Australian Institute of Family Studies Conference – *Family Futures: Issues in Research and Policy*, Sydney, julho 2000, www.aifs.gov.au/institute/afrc7/west.html.

[2] Harrison G. Pope Jr., Katharine A. Phillips e Roberto Olivardia, *The Adonis Complex: How to Identify, Treat and Prevent Body Obsession in Men and Boys*, Simon & Schuster, New York, 2002.

[3] Jessica Bartlett, 'Bigger isn't Always Better: Muscle Dysmorphia in Men', *American Fitness*, Aerobics and Fitness Association of America, janeiro 2001, www.findarticles.com/p/articles/mi_m0675/is_1_19/ai_69651755.

[4] Kendall Clarke e Michele Nardelli, 'The New Extreme – Buying Beauty', *UniSANews*, novembro 2004, www.unisa.edu.au/unisanews/2004/November/ beauty.asp.

[5] Jacqueline Lunn e Denise Flaim, 'Gay Way Pays', *Sydney Morning Herald*, 25 de outubro 2003.

[6] Claire Briney, 'Men's Grooming Products Overview – Metrosexuals? Or Just Average Guys?', apresentado em *In-Cosmetics Show*, Berlim, 12 de abril 2005, www.in-cosmetics.com/files/in-cosmetics05_Euromonitor_%2OMens_Grooming_Market. pdf.

[7] Renee A. Botta, 'For Your Health? The Relationship Between Magazine Reading and Adolescents' Body Image and Eating Disturbances', *Sex Roles: A Journal of Research*, maio 2003, www.findarticles.com/p/articles/mi_m2294/is_2003_May/ai_l04635132.

[8] Entrevista com Murray Drummond, 29 de julho 2005.

[9] B. Kassar, 'The Shape of Things: Men's Body Image and Eating Disorders', *Balance Journal*, verão 2004, pp 16-21.

[10] B. Kassar, 'The Shape of Things: Men's Body Image and Eating Disorders', *Balance Journal*, verão 2004, pp 16-21.

[11] Entrevista com Murray Drummond, 29 de julho 2005.

[12] Amanda Smith, 'Body Builders and Body Image', *The Sports Factor*, ABC Radio National, 13 de dezembro 2002, www.abc.net.au/rn/talks/8.30/sportsf/stories/s746537.htm.

[13] Amanda Smith, 'Body Builders and Body Image', *The Sports Factor*, ABC Radio National, 13 de dezembro 2002, www.abc.net.au/rn/talks/8.30/sportsf/stories/s746537.htm.

NOTAS

[14] Amanda Smith, 'Body Builders and Body Image', *The Sports Factor*, ABC Radio National, 13 de dezembro 2002, www.abc.net.au/rn/talks/8.30/sportsf/stories/s746537.htm.

[15] P.Y.L. Choi et al, 'Muscle Dysmorphia: A New Syndrome in Weightlifters', *British Journal of Sports Medicine*, vol. 36, 2002, pp 375-376, www.bjsm.bmjjournals.com/cgi/content/full/36/5/375.

[16] Entrevista com Murray Drummond, 29 de julho 2005.

[17] Harrison G. Pope et al, 'Body Image Perception Among Men in Three Countries', *American Journal of Psychiatry*, vol. 157, agosto 2000, pp 1297-1301.

[18] Entrevista com Murray Drummond, 29 de julho 2005.

[19] Kay Hawes, 'Is Bigger Better?', *National Collegiate Athletic Association News,* 24 de setembro 2001, www.ncaa.org/news/2001/20010924/active/3820n27.html.

[20] Murray J. N. Drummond, 'Men, Body Image and Eating Disorders', *International Journal of Men's Health*, vol. 1, nº 1, janeiro 2002, pp 79-93.

[21] 'Males and Eating Disorders: Some Basic Facts and Findings', *International Eating Disorder Referral Organisation*, www.edreferral.com/males_eating_disorders.htm.

[22] Brendan J. Reed, 'Manorexia: Striving For Six Packs Men Are Losing Control', *FM Weekend Magazine*, Harvard Crimson, 7 de dezembro 2000, www.thecrimson.com/fmarchives/fm_12_07_2000/article11M.html.

[23] Murray J. N. Drummond, 'Men, Body Image and Eating Disorders', *International Journal of Men's Health*, vol. 1, nº 1, janeiro 2002, pp 79-93.

[24] Kay Hawes, 'Is Bigger Better?', *National Collegiate Athletic Association News*, 24 de setembro 2001, www.ncaa.org/news/2001/20010924/active/3820n27.html.

[25] Amanda Smith, 'Abused Bodies', com Steven Ungerleider, *The Sports Factor*, ABC Radio National, 7 de setembro 2001, www.abc.net.au/rn/talks/8.30/sports/stories/ s360029.htm.

[26] P.A.F. McNulty, 'Prevalence and Contributing Factors of Eating Disorder Behaviours in Active Duty Navy Men', citado em ILT Jennifer Rogers, 'Nutrition Therapy for Soldiers with Eating Disorders', *U.S. Army Medical Department Journal*, julho-setembro 2004, pp 28-33.

[27] ILT Jennifer Rogers, 'Nutrition Therapy for Soldiers with Eating Disorders', *U.S. Army Medical Department Journal*, julho-setembro 2004, pp 28-33.

[28] Entrevista com Murray Drummond, 29 de julho 2005.

[29] Department of Health, Housing and Community Services 1993, National Household Service Report, citado em Bruce Maycock e Andrea Beel, 'Anabolic Steroid Abuse and Violence', Contemporary Issues in Crime and Justice, *Crime and Justice Bulletin*, nº 35, julho 1997, p 2.

[30] A. McGufficke et al, 'Drug Use by Adolescent Athletes', *Youth Studies*, vol. 9, citado em Bruce Maycock e Andrea Beel, 'Anabolic Steroid Abuse and Violence', Contemporary Issues in Crime and Justice, *Crime and Justice Bulletin*, n° 35, julho 1997, p 3.

[31] Bruce Maycock e Andrea Beel, 'Anabolic Steroid Abuse and Violence' Contemporary Issues in Crime and Justice, *Crime and Justice Bulletin*, n° 35, julho 1997, p 2.

[32] Entrevista com Murray Drummond, 29 de julho 2005.

[33] Dr Doug Williamson, 'The Psychological Effects of Anabolic Steroids', *International Journal of Drug Policy*, vol. 5, n° 1, 1994, www.drugtext.org/library/articles/945104.htm.

[34] Harrison G. Pope Jr., Katharine A. Phillips e Roberto Olivardia, *The Adonis Complex: How to Identify, Treat and Prevent Body Obsession in Men and Boys*, Simon & Schuster, NewYork, 2002.

[35] Harrison G. Pope Jr., Katharine A. Phillips e Roberto Olivardia, *The Adonis Complex: How to Identify, Treat and Prevent Body Obsession in Men and Boys*, Simon & Schuster, New York, 2002.

[36] Michele Nardelli, 'UniSA Looks At The Pressure To Be Body Beautiful', University of South Australia, 12 de setembro 2000, www.unisa.edu.aul news/media2000 1120900 .htm.

[37] 'Body Image Issues For Men', *Better Health Channel*, 19 de abril 2005, www.betterhealth.vic.gov.au/bhcv2/bhcarticles.nsf/AToZ?Openview&RestrictToCategory=B&Count=500.

[38] Steven Gregor, 'The Man Behind the Mask: Male Body Image Dissatisfaction,' *In Psych* 26(3), junho 2004, pp 27-39, www.psychology.org.au/publications/inpsych/12.2_65.asp.

[39] Hope Program, Memorial Hospital, South Bend, www.nd.edu/~wrc/eating.html.

[40] Christine Sams, 'Anorexia almost killed me: Daniel Johns', *Sydney Morning Herald*, 6 de junho 2004.

[41] Amanda Smith, 'Abused Bodies', com Steven Ungerleider, *The Sports Factor*, ABC Radio National, 7 de setembro 2001, www.abc.net.au/rn/talks/8.30/sportsf/stories/s360029.htm.

[42] Kendall Clarke e Michele Nardelli, 'The New Extreme – Buying Beauty', *UniSANews*, novembro 2004, www.unisa.edu.au/unisanews/2004/November/beauty.asp.

[43] Entrevista com Alf Lewis, 28 de julho 2005.

[44] Peter West, 'From Tarzan to Terminator: Boys, Men and Body Image', apresentado na 7th Australian Institute of Family Studies Conference – *Family Futures: Issues in Research and Policy*, Sydney, julho 2000, www.aifs.gov.au/institute/afrc7/west.html.

[45] Entrevista com Murray Drummond, 29 de julho 2005.

[46] Susan Faloudi, *Stiffed: The Betrayal of Modern Men*, Chatto & Windus, Londres, 1999, p 35.

NOTAS

A VULNERABILIDADE MASCULINA

[1] Helen Garner, *Joe Cinque's Consolation*, Picador, Sydney, 2004.
[2] Stan Dale, 'Why Are Men So Crazy?', *The Men's Journal*, inverno de 1984/1985, reprod. *From The Hearts of Men*, editado por Yevrah Ornstein, Ballantine, NewYork, 1991, p 70.
[3] 'Australian Crime: Facts and Figures 2003', *Australian Institute of Criminology 2005*.
[4] Entrevista com Ray Lenton, 30 de julho 2005.
[5] Dora Tsavdaridis, 'Killing On Camera', *The Daily Telegraph*, 4 de novembro 2005.
[6] 'Victims of Sexual Assault, Australia, During the 12 Months Prior to April 2002', *National Crime and Safety Survey 2002*, Australian Bureau of Statistics.
[7] Deborah Condon, '10% of Women and 3% of Men Have Been Raped', *Irish Health.com*, 19 de abril 2002, www.irishhealth.com/?level=4&id=3763.
[8] Correspondências a Mairi M. Eadie, 7 de maio 2005.
[9] Mairi M. Eadie, 'The Legal and Social Attitudes Towards Male Rape in Scotland and England', tese, University of Paisley 2004, pp 17-19.
[10] Correspondências a Mairi M. Eadie, 7 de maio 2005.
[11] Helen Nugent, 'Battered Husbands Trapped by Shame', *Times On Line*, 4 de janeiro 2005, www.timesonline.co.uk/article/0,,2-1353322,00.html.
[12] David Mortimer, 'Domestic Violence Highlighted at Belfast Conference', *Northern Ireland News*, 26 de novembro 2004, www.4ni.co.uk/forum2/forum/forum_posts.asp?TID =199&PN=1&get=last.
[13] Correspondências a Sotirios Sarantakos, 11 de junho 2005.
[14] Correspondências a Sotirios Sarantakos, 11 de junho 2005.
[15] David Mortimer, 'Domestic Violence Highlighted at Belfast Conference', *Northern Ireland News*, 26 de novembro 2004, www.4ni.co.uk/forum2/forum/forum_posts.asp?TID=199&PN=1&get=last.
[16] Helen Nugent, 'Battered Husbands Trapped by Shame', *Times On Line*, 4 de janeiro 2005, www.timesonline.co.uk/article/0,,2-1353322,00.html.
[17] Helen Nugent, 'Battered Husbands Trapped by Shame', *Times On Line*, 4 de janeiro 2005, www.timesonline.co.uk/article/0,2-1353322,00.html.
[18] Leslie Tutty, 'Husband Abuse: An Overview of Research and Perspectives', Family Violence Prevention Unit, *Health Canada*, 1999, www.phac-aspc.gc.ca/ncfv-cnivf/familyviolence/maleabus_e.html.
[19] Matthew Fynes-Clinton, 'For All Mankind', *Brisbane Courier Mail*, 1 de julho 2000.
[20] Marilyn I. Kwong et al, 'Gender Differences in Patterns of Relationship Violence in Alberta', *Canadian Journal of Behavioural Science*, vol. 31, n° 3, 1999, pp 150-160, www.fact.on.ca/Info/dom/kwong99.htm.

[21] Marilyn I. Kwong et al, 'Gender Differences in Patterns of Relationship Violence in Alberta', *Canadian Journal of Behavioural Science*, vol. 31, nº 3, 1999, pp 150-160, www.fact.on.ca/Info/dom/kwong99.htm.

[22] Correspondência por e-mail a Sotirios Sarantakos, 11 de junho 2005.

[23] C. J. Simonelli e K. M. Ingram, 'Psychological Distress Among Men Experiencing Physical and Emotional Abuse in Heterosexual Dating Relationships', *Journal of Interpersonal Violence*, vol. 13, 1998, pp 667-681.

[24] Matt Condon, *The Pillow Fight*, Vintage, Sydney, 2004, p 251.

[25] Correspondência por e-mail a Sotirios Sarantakos, 11 de junho 2005.

[26] Correspondência por e-mail a Sotirios Sarantakos, 11 de junho 2005.

[27] Ann Lewis e Dr Sotirios Sarantakos, 'Domestic Violence and the Male Victim', *Nuance*, nº 3, dezembro 2001, pp 1-15, www.nuancejournal.com.au/documents/three/saran.pdf.

[28] Christopher H. Cantor et al, 'Australian Suicide Trends 1964-1997: Youth and Beyond?', *Medical Journal of Australia*, vol. 171, 1999, pp 137-141, www.mja.com.au/public/issues/171_3_020899/cantor/cantor.html.

[29] Simon Castles, 'The Suicide Generation', the *Age*, 23 de novembro 2004.

[30] 'Suicide – 41.000 in 20 years', release, *Australian Institute of Health and Welfare*, 17 de abril 2001, www.aihw.gov.au/mediacentre/2001/mr20010419.cfm.

[31] Richard Jinman, 'Blokes v the Darkness', Health and Science Supplement, *Sydney Morning Herald*, 30 de setembro 2004.

[32] Sharon Hoogland e Randall Pieterse, *Suicide in Australia, A Dying Shame*, Wesley Mission, Sydney, 2000.

A NOVA REALIDADE DOS RELACIONAMENTOS

[1] Bill O'Hehir, *Men's Health: Uncovering the Mystery – A Working Manual*, Open Book Publishers, Adelaide, 1996, p 22.

[2] Roger Horrocks, *Masculinity in Crisis: Myths, Fantasies and Realities*, St Martin's Press, New York, 1994, p 75.

[3] Warren Farrell, Ph.D., *The Myth of Male Power: Why Men are the Disposable Sex*, segunda edição, Finch Publishing, Sydney, 2001.

[4] Helen Garner, *The First Stone*, Pan Macmillan, Sydney, 1995.

[5] Polly Shulman, 'Great Expectations', *Psychology Today*, doc. 3300, março/abril 2004, www.cms.psychologytoday.com/articles/pto-20040301-000002.html.

NOTAS

6. Polly Shulman, 'Great Expectations', *Psychology Today*, doc. 3300, março/abril 2004, www.cms.psychologytoday.com/articles/pto-20040301-000002.html.
7. Don Edgar, *Men, Mateship, Marriage: Exploring Macho Myths and the Way Forward*, HarperCollins, Sydney, 1997, p 77.
8. Don Edgar, *Men, Mateship, Marriage: Exploring Macho Myths and the Way Forward*, HarperCollins, Sydney, 1997, p 181.

12: O QUE ACONTECEU COM A QUÍMICA?

1. Alon Gratch, *If Men Could Talk: Here's What They'd Say*, Little Brown and Company, New York, 2001.
2. Mark D'Arbanville, *The Naked Husband*, Bantam, Sydney, 2004, p 117.
3. Toby Green e Ray Welling, *The Men's Room: A Thinking Man's Guide for Surviving Women on the Next Millennium*, Random House Australia, Sydney, 1999, p 90.
4. Deborah Tannen, *You Just Don't Understand: Women and Men in Conversation*, William Morrow, New York, 1990.
5. Bill O'Hehir, *Men's Health: Uncovering the Mystery – A Working Manual*, Open Book Publishers, Adelaide, 1996, p 31.
6. Toby Green e Ray Welling, *The Men's Room: A Thinking Man's Guide for Surviving Women on the Next Millennium*, Random House Australia, Sydney, 1999, p xix.
7. Irma Kurtz, *Malespeak*, Jonathon Cape, Londres, 1986, p 14.
8. Michael Gurian, *Mothers, Sons and Lovers: How a Man's Relationship with his Mother Affects the Rest of his Life*, Shambhala, Boston, 1995, p 95.
9. Alon Gratch, *If Men Could Talk: Here's What They'd Say*, Little Brown and Company, New York, 2001.
10. Steve Biddulph, *Manhood: An Action Plan for Changing Men's Lives*, Finch Publishing, Sydney, 1994, p 1.
11. Irma Kurtz, *Malespeak*, Jonathon Cape, Londres, 1986, p 3.
12. Alon Gratch, *If Men Could Talk: Here's What They'd Say*, Little Brown and Company, New York, 2001.
13. Toby Green e Ray Welling, *The Men's Room: A Thinking Man's Guide for Surviving Women on the Next Millennium*, Random House Australia, Sydney, 1999.
14. Roger Horrocks, *Masculinity in Crisis: Myths, Fantasies and Realities*, St Martin's Press, NewYork, 1994, p 105.
15. Pat Conroy, *The Prince of Tides*, Houghton Mifflin, Boston, 1986, p 86.

[16] Alon Gratch, *If Men Could Talk: Here's What They'd Say*, Little Brown and Company, New York, 2001.
[17] Roger Horrocks, *Masculinity in Crisis: Myths, Fantasies and Realities*, St Martin's Press, NewYork, 1994, pp 123-124.

OS HOMENS E O SEXO

[1] Warren Farrell, Ph.D., *The Myth of Male Power: Why Men are the Disposable Sex*, segunda edição, Finch Publishing, Sydney, 2001.
[2] Susan Faludi, *Stiffed: The Betrayal of Modern Men*, Chatto & Windus, Londres, 1999, p 35.
[3] Bill O'Hehir, *Men's Health: Uncovering the Mystery – A Working Manual*, Open Book Publishers, Adelaide, 1996, p 21.
[4] Susan Faludi, *Stiffed: The Betrayal of Modern Men*, Chatto & Windus, Londres, 1999, p 35.
[5] 'Your Best Sex Ever', *Men's Health*, Pacific Publications, Sydney, vol. 8, nº 3, janeiro 2005, pp 88-94.
[6] Roger Horrocks, *Masculinity in Crisis: Myths, Fantasies and Realities*, St Martin's Press, New York, 1994, p 121.
[7] Mark D'Arbanville, *The Naked Husband*, Bantarn, Sydney, 2004, p 204.
[8] Toby Green e Ray Welling, *The Men's Room: A Thinking Man's Guide for Surviving Women on the Next Millennium*, Randorn House Australia, Sydney, 1999, p 70.
[9] Helen Chryssides, 'Marriage in 2001: How Honest are Couples Really?', *Reader's Digest*, dezembro 2001, pp 24-35.
[10] Stan Dale, 'Why are Men so Crazy?', *The Men's Journal*, inverno 1984/1985, reprod. *From the Hearts of Men*, editado por Yevrah Ornstein, Ballantine, New York, 1991, p 71.
[11] Kent Hoffman, 'Hints and Guesses', *The Men's Journal*, outono 1985, reprod. *From the Hearts of Men*, editado por Yevrah Ornstein, Ballantine, New York, 1991, p 287.
[12] Helen Garner, *The First Stone*, Pan Macmillan, Sydney, 1995, p 161.

QUANDO TUDO DESMORONA

[1] Mark D'Arbanville, *The Naked Husband*, Bantarn, Sydney, 2004, p 34.
[2] Roger Horrocks, *Masculinity in Crisis: Myths, Fantasies and Realities*, St Martin's Press, NewYork, 1994, p 163.
[3] Steve Biddulph, *Manhood: An Action Plan for Changing Men's Lives*, Finch Publishing, Sydney, 1994, p 13.

NOTAS

[4] Don Edgar, *Men, Mateship, Marriage: Exploring Macho Myths and the Way Forward*, Harper Collins, Sydney, 1997, p 304.

[5] P. Jordan, 'The Effects of Marital Separation on Men – Men Hurt', *Family Court of Australia Principal Registry Research Report*, nº 5, 1985.

[6] Toby Green e Ray Welling, *The Men's Room: A Thinking Man's Guide for Surviving Women on the Next Millennium*, Random House Australia, Sydney, 1999, p 53.

[7] P. Jordan, 'The Effects of Marital Separation on Men – Men Hurt', *Family Court of Australia Principal Registry Research Report*, nº 5, 1985.

[8] E. Mavis Hetherington e Margaret M. Stanley-Hagan, 'The Effects of Divorce on Fathers and their Children', *The Role of Fathers in Child Development*, editado por Michael Lamb, terceira edição, John Wiley and Sons, New York, 1997, pp 212-226.

[9] E. Mavis Hetherington e Margaret M. Stanley-Hagan, 'The Effects of Divorce on Fathers and their Children', *The Role of Fathers in Child Development*, editado por Michael Lamb, terceira edição, John Wiley and Sons, New York, 1997, pp 212-226.

[10] P. Jordan, 'The Effects of Marital Separation on Men – Men Hurt', *Family Court of Australia Principal Registry Research Report*, nº 5, 1985.

[11] Warren Farrell, Ph.D., *The Myth of Male Power: Why Men are the Disposable Sex*, segunda edição, Finch Publishing, Sydney, 2001.

[12] Dan Jarvis, 'When Good Marriages Go Bad (and Good Again)', Michigan Family Forum. www.michiganfamily.org/main-resources/articles/marriage_good %20bad%2Ogood.htm.

[13] P. Jordan, 'The Effects of Marital Separation on Men – Men Hurt', *Family Court Australia Principal Registry Research Report*, nº 5, 1985.

[14] Toby Green e Ray Welling, *The Men's Room: A Thinking Man's Guide For Surviving Women on the Next Millennium*, Random House Australia, Sydney, 1999, p 49.

[15] BradleyH4 in Pat Gaudette, 'Divorce From His Viewpoint', www.divorcesupport.about.com/cs/forhusbands/a/aa121901.htm.

[16] Dr David Crawford e Professor John Macdonald, 'Fathers and the Experience of Family Separation', First National Conference of Mental Health of Persons Affected By Family Separation, Liverpool Hospital, outubro 2002, www.menshealth.uws.edu.au/documents/Fathers%20sep%20ment%20hlth.htm.

[17] P. Jordan, 'The Effects of Marital Separation on Men – Ten Years On', *Family Court Australia Principal Registry Research Report*, nº 14, 1996.

[18] Alan Close, palestra no Byron Bay Writers Festival, 2004.

[19] Darren Gray, 'Divorced Men Head Suicide List', the *Age*, 19 de abril 2001.

Os homens e a saúde

1. Dr Ronald F. Levant e Gini Kopecky, *Masculinity Reconstructed: Changing the Rules of Manhood at Work, in Relationshi, and in Family Life*, Penguin, New York, 1995.
2. Betsy Mason, 'Men Die Young – Even If Old', *NewScientist.com*, 25 de julho 2002, www.newscientist.com/article.ns?id=dn2586.
3. Bill O'Hehir, *Men's Health: Uncovering the Mystery – A Working Manual*, Open Book Publishers, Adelaide, 1996.
4. Dr Ronald F. Levant e Gini Kopecky, *Masculinity Reconstructed: Changing the Rules of Manhood at Work, in Relationships and in Family Life*, Penguin, New York, 1995.
5. Micheal Woods et al, 'Men's Use of General Practitioner Services', *NSW Public Health Bulletin*, vol. 12, nº 12, 2001, pp 23-29, www.health.nsw.gov.au/public-health/phb/dec01 html/gpractdec01.html.
6. Felicity Goodyear-Smith, 'Gendered Approaches to Health Policy', *New Zealand Family Physician*, fevereiro 2003, pp 23-29, www.mzcgp.org.nz/news/nz/p/Feb2003/ Goodyear_Smith_Feb03.pdf.
7. Steve Dow, 'Body Report', *Sunday Life, Sun Herald*, 11 de julho 2004, pp 20-21.
8. Steve Dow, 'Body Report', *Sunday Life, Sun Herald*, 11 de julho 2004, pp 20-21.
9. *Facts About Testicular Cancer*, Andrology Australia, 2001, www.andrologyaustralia.org / testicular/default.htm.
10. 'Osteoporosis and Men', Osteoporosis Australia, www.osteoporosis.org.au/html/ preventionmain.php.
11. Felicity Goodyear-Smith, 'Gendered Approaches to Health Policy', *New Zealand Family Physician*, fevereiro 2003, pp 23-29, www.mzcgp.org.nz/news/nz/p/Feb2003/ Goodyear_Smith_Feb03.pdf.
12. J. Jones, 'Understandings of Health: the Background to a Study of Rural Men's Perceptions of Health', parte da 3ª Biennial Australian Rural and Remote Health Scientific Conference, Toowoomba, Queensland, 8-9 de agosto 1996.
13. Felicity Goodyear-Smith, 'Gendered Approaches to Health Policy', *New Zealand Family Physician*, fevereiro 2003, pp 23-29, www.mzcgp.org.nz/news/nz/p/Feb2003/ Goodyear_Smith_Feb03.pdf.
14. A. Wright, 'Men's Health: What Puts Men Off Visiting Their GP?', parte da 3ª National Men's Health Conference, Alice Springs, 5-8 de outubro 1999.
15. Micheal Woods et al, 'General Practitioners and Men's Health – Perceptions and Practicalities', NSW Men's Health Information and Resource Centre, University of Western Sydney, 2003, www.menshealth.uws.edu.au/documents/GP%20ConfPaper.html.

NOTAS

[16] *Ver* www.cancerresearchuk.org/menscancermonth.
[17] NSW Health Department, *Moving Forward in Men's Health*, Sydney, 1999.
[18] Micheal Woods et al, 'General Practitioners and Men's Health – Perceptions and Practicalities', NSW Men's Health Information and Resource Centre, University of Western Sydney, 2003, www.menshealth.uws.edu.au/documents/GP%20Confpaper.html.
[19] 'Unlocking Men's Secret Thoughts', release, 30 de maio 2002, Cancer Research Council, www.info.cancerresearchuk.org/pressoffice/pressreleases/2002/may/40529.
[20] Bill O'Hehir, *Men's Health: Uncovering the Mystery – A Working Manual*, Open Book Publishers, Adelaide, 1996.

HOMENS NO TRABALHO

[1] Gore Vidal, citado em Adrienne Burgess, *Fatherhood Reclaimed: The Making of The Modern Father*, Vermilion, Londres, 1997, p 15.
[2] James Novak, 'Men and Dangerous Work', www.my.execpc.com/~buyright/articles/men&danger.html.
[3] Alon Gratch, *If Men Could Talk: Here's What They'd Say*, Little Brown and Company, New York, 2001.
[4] John Markoff, 'Marketer's Dream, Engineer's Nightmare', *New York Times*, 12 de dezembro 1993.

NEGÓCIOS ARRISCADOS

[1] James Novak, 'Men and Dangerous Work', www.my.execpc.com/~buyright/articles/men&danger.html.
[2] 'Work-related Injuries, Australia', Australian Bureau of Statistics, cat. nº 6324.0, setembro 2000.
[3] 'Work-related Injuries, Australia', Australian Bureau of Statistics cat. nº 6324.0, setembro 2000.
[4] NSW Health Department, *Moving Forward in Men's Health*, Sydney, 1999, p 11.
[5] David Barstow e Lowell Bergman, 'A Dangerous Business', *PBS Frontline,* escrito por Lowell Bergman, David Rummel e Linden MacIntyre, www.pbs.org/wgbh/pages/frontline/shows/workplace/mcwane/victims.html.
[6] James Novak, 'Men and Dangerous Work', www.my.execpc.com/~buyright/articles/men&danger.html.

7 Warren Farrell, Ph.D., *The Myth of Male Power: Why Men are the Disposable Sex*, segunda edição, Finch Publishing, Sydney, 2001.
8 ABC Goldfields-Esperance e Peter Lavelle, 'Macho Miners', com base em entrevistas veiculadas pela ABC, junho 2002, www.abc.net.au/health/regions/features/machominers/ default. htm.
9 www.menatrisk.org/dangerousjobs.html. 12 de agosto 2004.
10 Michelle McPhee, 'Sickly Saviors', *New York Daily News*, 26 de maio 2004, www.nydailynews.com/news/local/story/197084p-170233c.html.
11 Michelle McPhee, '1,700 Sue Over 9/11 Sickness', *New York Daily News*, 24 de maio 2004, www.nofirecuts.com/html/health_issues.html.
12 Michelle McPhee, '1,700 Sue Over 9/11 Sickness', *New York Daily News*, 24 de maio 2004, www.nofirecuts.com/html/health_issues.html.
13 Alan Mascarenhas, 'No Need to Cop it on the Chin', Health and Science Supplement, *Sydney Morning Herald*, 24 de março 2005.
14 'The Images and Memories of War', entrevista com Don McCullin, originalmente transmitido pela BBC Radio 4 no programa *Open Country*, The Dart Center website, abril 2005, www.dartcenter.org.
15 *Ver* www.dartcenter.org.

DE FILHO A PAI

1 Don Edgar, *Men, Mateship, Marriage: Exploring Macho Myths and The Way Forward*, HarperCollins, Sydney, 1997, p 240.
2 Correspondência por e-mail com Colin George, diretor, The Fatherhood Project, 14 de agosto 2005.
3 Professor Don Edgar, 'Emotional Competence is a Man's Business', Fatherhood Conference, Perth, 14 de fevereiro 2001, www.ngala.com.au/keynote_l_html.
4 Duncan Fisher, '21st Century Dad', palestra no National Conference of Working Fathers, Londres, 5 de abril 2004, www.fathersdirect.com/index.php?nID=43.
5 Jane Hutchinson, 'The Father Load', *Sunday Magazine, Sunday Telegraph*, 5 de setembro 2004.
6 Ross D. Parke e Armin A. Brott, *Throwaway Dads: The Myths and Barriers That Keep Men From Being the Fathers They Want To Be*, Houghton Mifflin, Boston, 1999.
7 Correspondência por e-mail com Jared Fiel, 30 de dezembro 2004.
8 Michael Lamb, 'The Role of Fathers in Child Development', entrevista com Julie McCrossin, ABC Life *Matters*, ABC Radio National, 4 de maio 2004, www.abc.net.au/rn/talks/lm/stories/sl099987.htm.

NOTAS

9 Michael Lamb et al, 'Fathers' Influences on Children', *The Role of Fathers in Child Development*, editado por Michael Lamb, John Wiley and Sons, New York, 2004.
10 Irma Kurtz, *Malespeak*, Jonathon Cape, Londres, 1986.

A PATERNIDADE

1 Jay Turley, 'Fatherhood – The Journey', www.fatherville.com/Articles/New_Dads/Fatherhood_-_The_Journey.
2 'Good Times, Bad Times', *Sunday Life, Sun-Herald*, 7 de novembro 2004.
3 Correspondência por e-mail com Jared Fiel, 30 de dezembro 2004.
4 Gary Dornau, 'Children, Father and Families', apresentado na Australian Institute of Family Studies Conference, janeiro 2003.
5 'Dads' Involvement with Their Babies and Pre-School Children', *Father Facts*, vol. 1, issue 1, www.fathersdirect.com. p 4.
6 Ross D. Parke e Armin A. Brott, *Throwaway Dads: The Myths and Barriers that Keep Men From Being The Fathers They Want To Be*, Houghton Mifflin, Boston, 1999.
7 Joane Hutchinson, 'The Father Load', *Sunday Magazine, Sunday Telegraph*, 5 de dezembro 2004.
8 Martin Greenberg M.D., *Birth of a Father*, Avon, New York, 1985.
9 Jay Turley, 'Fatherhood – The Journey', www.fatherville.com/Articles/New _Dads/Fatherhood_-_The_Journey.
10 Duncan Fisher, '21st Century Dad', palestra na National Conference of Working Fathers, Londres, 5 de abril 2004, www.fathersdirect.com/index.php?nID=43.
11 Correspondência por e-mail com Julie Coates, 28 de janeiro 2005.
12 Correspondência por e-mail com Jared Fiel, 30 de dezembro 2004.
13 Shannon Quinn, 'Study: For Men, Family Comes First', *Harvard Gazette Archives*, 4 de maio 2000, www.news.harvard.edu/gazette/2000105.04/radcliffe.html.
14 Don Edgar, *Men, Mateship, Marriage: Exploring Macho Myths and The Way Forward*, HarperCollins, Sydney, 1997, p 73.
15 Deirdre Macken, 'And Another Thing', *Sunday Life*, 6 de março 2005.
16 Daniel Petre, *Father Time: Making Time For Your Children*, Jane Curry Publishing, Sydney, 2005, p xix.
17 Hogan Hilling, A *Father's Place is in the Home*, www.fatherville.com/Articles/Stay _At_Home_Dads/A_Father% 27s_Place_Is_In_The_Home/.
18 Hogan Hilling, *A Father's Place is in the Home*, www.fatherville.com/Articles/Stay _At_Home_Dads/A_Father% 27s_Place_Is_In_The_Home/.

[19] Hogan Hilling, *A Father's Place is in the Home*, www.fatherville.com/Articles/Stay_At_Home_Dads /A_Father% 27s_Place_Is_In_The_Home/.

O QUE OS PAIS TÊM A OFERECER

[1] Adrienne Burgess, *Fatherhood Reclaimed: The Making of The Modern Father*, Vermilion, Londres, 1997.

[2] Correspondência por e-mail com Colin George, diretor, The Fatherhood Project, 14 de agosto 2005.

[3] Dr Ronald F. Levant, com Gini Kopeeky, *Masculinity Reconstructed: Changing the Rules of Manhood at Work, in Relationship and in Family Life*, Penguin, New York, 1995.

[4] Michael Lamb, 'The Role of Fathers in Child Development', entrevista com Julie McCrossin, *Life Matters*, ABC Radio National, 4 de maio 2004, www.abc.net.au/rn/talks/lm/stories/s1099987.htm.

[5] Kyle Pruett, M.D. 'Hands-On Dads are Important', *Mensight Magazine*, 2003, www.mensightmagazine.com/Articles/Pruett.

[6] Kyle Pruett, M.D. 'Hands-On Dads are Important', *Mensight Magazine*, 2003 www.mensightmagazine.com/Articles/Pruett.

[7] Daniel Petrie, *Father Time: Making Time For Your Children*, Jane Curry Publishing, Sydney, 2005, p 102.

[8] Michael Gurian, *Mothers, Sons and Lovers: How A Man's Relationship with his Mother Affects the Rest of his Life*, Shambhala, Boston, 1995, p 67.

[9] Jack O'Sullivan, 'Children Want To Do Ordinary Activities With Dad', Father's Direct, 16 de junho 2004, www.fathersdirect.com/index.php?12&cID=78.

[10] Jack O'Sullivan, 'Children Want To Do Ordinary Activities With Dad', Father's Direct, 16 de junho 2004, www.fathersdirect.com/index.php?12&cID=78.

[11] Correspondência por e-mail com Colin George, diretor, The Fatherhood Project, 14 de agosto 2005.

FILHOS HOMENS

[1] Steve Biddulph, *Manhood: An Action Plan For Changing Men's Lives*, Finch Publishing, Sydney, 1994, p 39.

[2] Entrevista com Dave Smith, 28 de julho 2005.

[3] Michael, E. Lamb, 'Fathers and Child Development: An Introductory Overview and Guide',

NOTAS

The Role of Fathers in Child Development, editado por Michael Lamb, terceira edição, John Wiley and Sons, New York, 1997, pp 1-18.

4 Frank C. Cardelle, *Journey to Brotherhood: Awakening and Healing Men's Hearts*, Gardner Press, New York, 1990.

5 Kyle Pruett, M.D. 'Hands-On Dads are Important', *Mensight Magazine*, 2003. www.mensightmagazine.com/Articles/Pruett.

6 Madeleine Reiss, 'A Father's Last Letters', *Sydney Morning Herald*, 10 de maio 2005.

7 Michael Jacobson, *Windmill Hill*, Hodder Headline, Sydney, 2000.

8 Steve Biddulph, *Manhood: An Action Plan for Changing Men's Lives*, Finch Publishing, Sydney, 1994.

9 Correspondência por e-mail com Colin George, diretor, The Fatherhood Project, 14 de agosto 2005.

10 Steve Biddulph, *Manhood: An Action Plan for Changing Men's Lives*, Finch Publishing, Sydney, 1994, p 42.

11 Don Edgar, *Men, Mateship, Marriage: Exploring Macho Myths and the Way Forward*, HarperCollins, Sydney, 1997, p 258.

12 Don Edgar, *Men, Mateship, Marriage: Exploring Macho Myths and the Way Forward*, HarperCollins, Sydney, 1997, p 259.

13 Yevrah Ornstein, ed., *From The Hearts of Men*, Ballantine, New York, 1991, p 127.

14 Pat Conroy, *The Prince of Tides*, Houghton Mifflin, Boston, 1986, p 155.

15 Yevrah Ornstein, ed., 'In Response to Robert Bly's Poem, "At My Father's Wedding"', *From The Hearts of Men*, editado por Yevrah Ornstein, Ballantine, NewYork, 1991, p 133.

16 Bill O'Hehir, *Men's Health: Uncovering the Mystery – A Working Manual*, Open Book Publishers, Adelaide, 1996, p 15.

17 Toby Green e Ray Welling, *The Men's Room: A Thinking Man's Guide For Surviving Women in the Next Millennium*, Random House Australia, Sydney, 1999, p 59.

18 Yevrah Ornstein, ed., 'Once I Heard My Real Dad', *From The Hearts of Men,* Ballantine, NewYork, 1991, pp21-22.

PAIS E FILHAS

1 Irma Kurtz, *Malespeak*, Jonathon Cape, Londres, 1986, p 65.

2 Irma Kurtz, *Malespeak*, Jonathon Cape, Londres, 1986, p 64.

3 'Absent Fathers Faulted', *Duke Magazine*, vol. 85, nº 9, julho-agosto 2003, www.dukemagazine.duke.edu/dukemag/issues/070803/depgaz6.html.

4 Jay Turley, 'Fatherhood – The Journey', www.fatherville.com/Articles/New_Dads/Fatherhood_-_The_Journey/.

Papel delicado

[1] Jed Diamond, *The Myth of the Dangerous Dad*, San Rafael, 1998, reproduzido em *From The Hearts of Men*, editado por Yevrah Ornstein, Ballantine, New York, 1991, p 105.
[2] Tom Morton, *Altered Mates: The Man Question*, Allen & Unwin, Sydney, 1997, p 180.
[3] Danae Clark, 'Father Figure', *Boys: Masculinities in Contemporary Culture*, editado por Paul Smith, Westview Press, Boulder, Colorado, 1996, pp 23-37.
[4] Felicity Goodyear-Smith, 'Fathers – Myths and Realities about Child Maltreatment', *Perspectives on Fathering Issues*, nº 4, editado por Stuart Birks e Paul Callister, Centre for Public Policy Evaluation, Massey University, abril 1999, www.eeon.massey.ae.nz/eppe/papers/cppeip04/cppeip04.pdf.
[5] Douglas Besharov, *Statement of Douglas Besharov Before the Select Committee on Children, Youth and Families*, 3 de março 1987, www.liftingtheveil.org/beshar.htm.
[6] Felicity Goodyear-Smith, 'Fathers – Myths and Realities about Child Maltreatment', *Perspectives on Fathering Issues*, nº 4, editado por Stuart Birks e Paul Callister, Centre for Public Policy Evaluation, Massey University, abril 1999, www.eeon.massey.ae.nz/eppe/papers/eppeip04/eppeip04. pdf.
[7] D. Finkelhor, 'Early and Long-term Effects of Child Sexual Abuse: An update', *Professional Psychology' Research and Practice*, vol. 21, pp 325-330, editado em Felicity Goodyear-Smith, 'Fathers – Myths and Realities about Child Maltreatment', *Perspectives on Fathering Issues*, nº 4, editado por Stuart Birks e Paul Callister, Centre for Public Policy Evaluation, Massey University, abril 999, www.eeon.massey.ae.nz/eppe/papers/eppeip04 /eppeip04. pdf.
[8] Michael Gordon, 'The Family Environment of Sexual Abuse: A Comparison of Natal and Stepfather Abuse', *Child Abuse and Neglect*, vol. 13, 1989, pp 121-130, publicado em *Father Facts: Fatherless Families and Domestic Violence*, Palmetto Family Council, www.palmettofamily.org/Reports/Fatherhood/HTMLRpt/father02.htm.

Os pais e o divórcio

[1] Belinda Pascoe, Unifam Counselling and Mediation Service, *Shared Parenting: Working With Separated Fathers Workshop*, Burnside, março 2005.
[2] Sanford Braver e Diane O'Connell, *Divorced Dads: Shattering the Myths*, Jeremy Tareher/Putnam, 1998, pp 13-14.
[3] Bruce Smyth, 'Postseparation Fathering: What Does Australian Research Tell Us?', apresentado no Fatherhood Research in Australia Seminar, University of Newcastle, 4 de dezembro 2003, www.aifs.gov.au/institute/pubs/papers/smyth03.html.

NOTAS

4 Michael E. Lamb, 'Fathers and Child Development: An Introductory Overview and Guide', *The Role of Fathers in Child Development*, editado por Michael Lamb, terceira edição, John Wiley and Sons, New York, 1997, pp 1-18.

5 Bill O'Hehir, *Men's Health: Uncovering the Mystery – A Working Manual*, Open Book Publishers, Adelaide, 1996.

6 Entrevista com Ray Lenton, 30 de julho 2005.

7 Felicity Goodyear-Smith, 'Fathers – Myths and Realities about Child Maltreatment', *Perspectives on Fathering Issues*, nº 4, editado por Stuart Birks e Paul Callister, Centre for Public Policy Evaluation, Massey University, abril 999, www.eeon.massey.ae.nz/eppe/papers/eppeip04/eppeip04.pdf.

8 Bruce Smyth, 'Postseparation Fathering: What Does Australian Research Tell us?', apresentado no Fatherhood Research in Australia Seminar, University of Newcastle, 4 de dezembro 2003, www.aifs.gov.au/institute/pubs/papers/smyth03.html.

9 Entrevista com Ray Lenton, 30 de julho 2005.

10 Sanford Braver e Diane O'Connell, *Divorced Dads: Shattering the Myths*, Jeremy Tarcher/Putnam, 1998.

11 Michael Green, *Fathers After Divorce*, Finch Publishing, Sydney, 1998.

12 Bruce Smyth, 'Postseparation Fathering: What Does Australian Research Tell Us?', apresentado no Fatherhood Research in Australia Seminar, University of Newcastle, 4 de dezembro 2003, www.aifs.gov.au/institute/pubs/papers/smyth03.html.

13 Entrevista com Ray Lenton, 30 de julho 2005.

14 Bruce Hawthorne, 'Australian Men's Experience of Nonresident Fathering', *Australian Institute of Family Studies Conference*, Melbourne, February 2005, www.aifs.gov.au/institute/afrc9/hawthorne.html.

15 Terry Colling, *Beyond Mateship: Understanding Australian Men*, Simon & Schuster, Sydney, 1992, p 105.

16 Bruce Smyth, 'Postseparation Fathering: What Does Australian Research Tell Us?' apresentado no Fatherhood Research in Australia Seminar, University of Newcastle, 4 de dezembro 2003, www.aifs.gov.au/institute/pubs/papers/smyth03.html.

17 Pat Gaudette, 'Divorce From His Viewpoint', www.divorcesupport.about.com/cs/forhusbands/a/aa121901.htm.

18 Entrevista com Ray Lenton, 30 de julho 2005.

19 E. Mavis Hetherington e Margaret M. Stanley-Hagan, 'The Effects of Divorce on Fathers and Their Children', *The Role of Fathers in Child Development*, editado por Michael Lamb, terceira edição, John Wiley and Sons, New York, 1997, pp 212-226.

[20] Dr Wade F. Horn, 'Abusive Parents and Unhappy Marriages', Fatherhood Institute, Fifth Annual Smart Marriages Conference, Orlando, junho 2000, www.archives.his.com/smartmarriages/2000-December/msgOO013.html.

[21] E. Mavis Hetherington e Margaret M. Stanley-Hagan, 'The Effects of Divorce on Fathers and Their Children', *The Role of Fathers in Child Development*, editado por Michael Lamb, terceira edição, John Wiley and Sons, New York, 1997, pp 212-226.

[22] Bruce Smyth, 'Time to Rethink Time? The Experience of Time with Children after Divorce', *Family Matters*, nº 71, inverno 2005.

[23] Mark E. Cummings e Anne Watson O'Reilly, 'Fathers in Family Context: Effects of Marital Quality on Child Adjustment', *The Role of Fathers in Child Development*, editado por Michael Lamb, terceira edição, John Wiley and Sons, New York, 1997, pp 49-65.

[24] Ver www.campconnect.org.

[25] Entrevista com Brad Mander, 25 de junho 2005.

[26] E. Mavis Hetherington e Margaret M. Stanley-Hagan, 'The Effects of Divorce on Fathers and Their Children', *The Role of Fathers in Child Development*, editado por Michael Lamb, terceira edição, John Wiley and Sons, New York, 1997, pp 212-226.

[27] Michael Flood, 'Mapping Loneliness in Australia', Discussion Paper 76, The Australian Institute, fevereiro 2005.

[28] Farah Farouque, 'The Solitary Confinement of the Aussie Bloke', the *Age*, 26 de fevereiro 2005.

A VIDA APÓS A SEPARAÇÃO

1 Bruce Hawthorne, 'Australian Men's Experience of Nonresident Fathering', Australian Institute of Family Studies Conference, Melbourne, fevereiro 2005, www.aifs.gov.au/institute/afrc9/hawthorne.html.

2 Ver www.dadsindistress.asn.au/stories.html.

3 Stanford Braver e Diane O'Connell, *Divorced Dads: Shattering the Myths*, Jeremy Tarcher/Putnam, 1998, p 37.

4 E. Mavis Hetherington e Margaret M. Stanley-Hagan, 'The Effects of Divorce on Fathers and Their Children', *The Role of Fathers in Child Development*, editado por Michael Lamb, terceira edição, John Wiley and Sons, New York, 1997, pp 212-226.

5 Ver www.geocities.com/stepfathers/issuesbestbond.html.

6 Pat Gaudette, 'Divorce From His Viewpoint', www.divorcesupport.about.com/cs/forhusbands/a/aa121901.html.

7 P. Jordan, 'The Effects of Marital Separation on Men – Men Hurt', *Family Court of Australia Principal Registry Research Report*, nº 5, 1985.

8 Darren Gray, 'Divorced Men Head the Suicide List in Australia', *Age*, 19 de abril 2001.
9 Dr David Crawford e Professor John Macdonald, 'Fathers and the Experience of Family Separation', First National Conference of Mental Health of Persons Affected By Family Separation, Liverpool Hospital, outubro 2002, www.google.*com.au*/search?hl =en&ie=ISO-8 859-1&q=david+crawford+john+macdonald+fathers+separation&btnG =Search &meta=.
10 Bruce Hawthorne, 'Australian Men's Experience of Nonresident Fathering', Australian Institute of Family Studies Conference, Melbourne, fevereiro 2005, www.aifs.gov.au/institute/afrc9/hawthorne.html.
11 Sharon Hoogland e Randall Pieterse, *Suicide in Australia, A Dying Shame*, Wesley Mission, Sydney, 2000.
12 Sharon Hoogland e Randall Pieterse, *Suicide in Australia, A Dying Shame*, Wesley Mission, Sydney, 2000.
13 Andrew Renouf, www.fact.on.ca/renouf/r_letter.htm.
14 Entrevista com Ray Lenton, 30 de julho 2005.
15 Bruce Hawthorne, 'Australian Men's Experience of Nonresident Fathering', Australian Institute of Family Studies Conference, Melbourne, fevereiro 2005, www.aifs.gov.au/institute/afrc9/hawthorne.html.

JUNTANDO OS PEDAÇOS

1 Julie Scelfo, 'Happy Divorce', *Newsweek*, 6 de dezembro 2004 www.fatherhood.about.com/b/a/132988.htm.
2 www.fatherville.com, www.divorcesupport.about.com.
3 Ron Miller, 'Take The High Road', 30 de setembro 2002, www.fatherville.com/Articles/Divorced_Fathers/Take_The_High_Road/.
4 Ron Miller, 'The Impact of Divorce on Kids', 30 de setembro 2002, www.fatherville.com/Articles/Divorced_Fathers/Take_The_High_Road/.
5 Chuck Houghton, 'My Story II, Divorced Dads – When Making a Difference Counts', www.geocities.com/Heartland/Meadows/1259/story2.htm.
6 Bill Klatte, 'A Letter to Live-Away Dads', *Connect For Kids*, www.connectforkids.org/node/237; William C. Klatte, *Live-Away Dads: Staying Part of Your Children's Lives When They Aren't Part if Your Home*, Penguin, New York, 1999.
7 Raymond Lenton, apresentação, *Intensive Practice Workshop: Working with Separated Fathers*, Burnside, março 2005.

[8] Chuck Houghton, 'My Story II, Divorced Dads – When Making a Difference Counts', www.geocities.com/Heartland/Meadows/1259/story2.htm.

A APOSENTADORIA

[1] John Larkin, 'The Gnawing 40s', *Sunday Life*, *Sun-Herald*, 11 de julho 2004.
[2] Jack Zinn, *Old Men's Business: Valuing Relationships, Living With Change*, Finch Publishing, Sydney, 2002, p vii.
[3] Entrevista com Bob Nelson, 5 de novembro 2004.
[4] Terry Colling, *Beyond Mateship: Understanding Australian Men*, Simon & Schuster, Sydney, 1992, pp 123-124.
[5] NSW Health Department, *Moving Forward in Men's Health*, Sydney, 1999, p 16.
[6] Tim Adams, 'Marriage Made in Heaven', *The Observer*, 18 de março 2001, www.books.guardian.co.uk/departments/biography/story/0,6000,458429,00.html.
[7] Robert James Waller, *The Bridges of Madison County*, Warner Books, New York, 1992, pp 100-101.

SOLIDÃO

[1] Steve Biddulph, *Manhood: An Action Plan for Changing Men's Lives*, Finch Publishing, Sydney, 1994
[2] Entrevista com Bob Nelson, 5 de novembro, 2004.
[3] Sara Arber, Kate Davidson et al, 'Older Men's Business: Their Social Worlds and Healthy Lifestyles', *GO Research Findings* 12, janeiro 2003, pp 1-4, Economic and Social Research Council, www.esrcsocietytoday.ac.uk/ESRCInfoCentre/PlainEnglish_summaries//LLH/index154. aspx.
[4] Irma Kurtz, *Malespeak*, Jonathon Cape, Londres, 1986, p 161.

SEM SAÍDA

[1] T. Salvatore, 'Elder Suicide: A Gatekeeper Strategy for Home Care', *Home Healthcare Nurse*, vol. 18, nº 3, março 2000, pp 180-186.
[2] WHO statistics, www.who.int/mental_health/prevention/suicide/country _reports/en/.
[3] WHO statistics, www.who.int/mental_health/prevention/suicide/ country _reports/en/.
[4] Correspondência por e-mail com o professor Yeates Conwell, 12 de novembro 2004.

Capítulo

5. John Mclntosh, Ph.D., 'The Suicide of Elderly Men and Women: How You Can Prevent the Tragedy', www.suicidereferencelibrary.com/test4-id-661.php.
6. Dr Eric Caine, informativo, Ninth Congress of the International Psychogeriatric Association, Vancouver, agosto 1999, www.suicidereferencelibrary.com/test4-id-1320.php.
7. Dr Eric Caine, informativo, Ninth Congress of the International Psychogeriatric Association, Vancouver, agosto 1999, www.suicidereferencelibrary.com/test4-id-1320.php.
8. 'Suicide Among Older Persons – United States 1980-1992', *Morbidity and Mortality Weekly Report*, vol. 45, nº 1, 12 janeiro 1996, pp 3-6, Center for Disease Control and Prevention, www.cdc.gov/mmwr/preview/mmwrhtml/00039937.htm.

Novos horizontes

1. www.petsfortheelderly.org.
2. Odean Cusack, *Pets and our Mental Health*, Hayworth Press, New York, 1988.
3. Karen Bullock, 'Grandfathers and the Impact of Raising Grandchildren', *Journal of Sociology and Social Welfare*, vol. 32, nº 1,43, 17 de março 2005.
4. Entrevista com Jan Backhouse, 5 de janeiro 2005.

Na companhia dos homens

1. Toby Green e Ray Welling, *The Men's Room: A Thinking Man's Guide for Surviving Women on the Next Millennium*, Random House Australia, Sydney, 1999, p 41.
2. Yevrah Ornstein, ed., *From The Hearts of Men*, Ballantine, New York, 1991.

Rumo ao futuro

1. Suicide Fact Sheet, www.salvos.org.au/SALVOS/NEW/me.get?SITE.sectionshow&FFFF358#australia.

Bibliografia

Allen, Tim, *Don't Stand Too Close to a Naked Man*, Transworld Publishers, Sydney, 1995
Biddulph, Steve, *Manhood: An Action Plan For Changing Men's Lives*, Finch Publishing, Sydney, 1994
Biddulph, Steve, *Raising Boys: Why Boys Are Different and How To Help Them Become Happy and Well-Balanced Men*, Finch Publishing, Sydney, 1997
Blankenhorn, David, *Fatherless America: Confronting Our Most Urgent Social Problem*, Basic Books, New York, 1995
Braver, Sanford, com Diane O'Connell, *Divorced Dads: Shattering the Myths*, Jeremy Tarcher/Putnam, 1998
Brazelton, T. Berry et al, editores, *Affective Development in Infancy*, Ablex Publishing, Norwood, New Jersey, 1986
Buckingham, Jennifer, 'Boy Troubles: Understanding Rising Suicide, Rising Crime and Educational Failure', *Centre For Independent Studies Policy Monographs* 46, St Leonards, 2000
Burgess, Adrienne, *Fatherhood Reclaimed: The Making of the Modern Father*, Vermilion, Londres, 1997
Cardelle, Frank C., *Journey to Brotherhood: Awakening and Healing Men's Hearts*, Gardner Press, New York, 1990
Colling, Terry, *Beyond Mateship: Understanding Australian Men*, Simon & Schuster, Sydney, 1992
Condon, Matt, *The Pillow Fight*, Vintage, Sydney, 1998
Conroy, Pat, *The Prince ifTides*, Houghton Mifflin, Boston, 1986

BIBLIOGRAFIA

Cusack, Odean, *Pets and Our Mental Health*, Haworth Press, New York, 1988
D'Arbanville, Mark, *The Naked Husband*, Bantam, Sydney, 2004
Edgar, Don, *Men, Mateship, Marriage: Exploring Macho Myths And The Way Forward*, HarperCollins, Sydney, 1997
Edwards, Susan, *When Men Believe in Love: A Book for Men who Love Women and the Women they Love*, Element, Shaftsbury, Dorset, 1995
Emilo, Wayne, Maria Palotto-Chiarolli, *Boys' Stuff: Boys Talking About What Matters*, Allen & Unwin, Sydney, 2001
Faludi, Susan, *Backlash: The Undeclared War Against American Women*, Anchor, NewYork, 1991
Faludi, Susan, *Stiffed: The Betrayal of Modern Men*, Chatto & Windus, Londres, 1999
Farrell, Warren, Ph.D., *The Myth of Male Power: Why Men Are the Disposable Sex*, segunda edição, Finch Publishing, Sydney, 2001
Fiel, Jared, *Fumbling Through Fatherhood*, Atja Books, Greeley, Colorado, 2004
Flocker, Michael, *The Metrosexual Guide to Style: A Handbook For The Modern Man*, Perseus Books, Cambridge, Massachusetts, 2003
Friedman, Brook, *Boys Talk: A Program for Young Men about Masculinity, Non-Violence and Relationships*, Kookaburra Press, Adelaide, 1996
Garner, Helen, *The First Stone*, Pan Macmillan, Sydney, 1995
Garner, Helen, *Joe Cinque's Consolation*, Picador, Sydney, 2004
Gratch, Alon, *If Men Could Talk: Here's What They'd Say*, Little Brown and Company, New York, 2001
Gray, John, *Men Are From Mars, Women Are From Venus: A Practical Guide to Improving Communication and Getting What You Want in Your Relationships*, Thorsons, New York, 1993
Green, Michael, *Fathers After Divorce: Building A New Life and Becoming A Successful Separated Parent*, Finch Publishing, Sydney, 1998
Green, Toby, Ray Welling, *The Men's Room: A Thinking Man's Guide For Surviving Women of The Next Millennium*, Random House Australia, Sydney, 1999
Greenberg, Martin, M.D., *Birth of a Father*, Avon, New York, 1985
Gurian, Michael, *Mothers, Sons and Lovers: How A Man's Relationship With His Mother Affects the Rest of his Life*, Shambhala, Boston, 1995
Henderson, Leila, *Step-Parent Survival Guide*, Gore and Osment Publications, Sydney, 1996
Horrocks, Roger, *Masculinity in Crisis: Myths, Fantasies and Realities*, St Emil's Press, New York, 1994

Jacobson, Michael, *Windmill Hill*, Hodder Headline, Sydney, 2002

Johnson, Robert A., *He:Understanding Masculine Psychology*, Harper & Row, New York, 1977

Kindlon, Dan, PhD, Michael Thompson PhD., com Teresa Barker, *Raising Cane: Protecting the Emotional Life of Boys*, Ballantine Books, New York, 1999

Kurtz, Irma, *Malespeak*, Jonathon Cape, Londres, 1986

Lamb, Michael E., ed., *The Role of Fathers in Child Development*, terceira edição, John Wiley and Sons, New York, 1997

Levant, Ronald F. Dr, Gini Kopecky, *Masculinity Reconstructed: Changing the Rules of Manhood at Work, in Relationship, and in Family Life*, Penguin, New York, 1995

Marsden, John, *Secret Men's Business: Manhood: The Big Gig*, Pan Macmillan, Sydney, 1998

Mason, Gail, *Youth Suicide in Australia: Prevention Strategies*, Department of Employment, Education and Training, Youth Bureau, Canberra, 1990

Mate, Gabor, *When The Body Says No*, Scribe, Melbourne, 2003

Miedzian, Myriam, *Boys Will Be Boys: Breaking the Link Between Masculinity and Violence*, Anchor, Bantam, Doubleday, New York, 1991

Morton, Tom, *Altered Mates: The Man Question*, Allen & Unwin, Sydney, 1997

National Health and Medical Research Council, *National Youth Suicide Prevention Strategy: Setting the Evidence-Based Research Agenda for Australia: A Literature Review*, março 1999

Nelson, Bob, *Mateship and Meaningful Community Contribution: Promoting the Sound Mental Health of Retired Men*, apresentado na NSW Elderly Suicide Prevention Network Conference, Sydney, novembro 2003

NSW Health Department, *Moving Forward in Men's Health*, Sydney, 1999

O'Hehir, Bill, *Men's Health: Uncovering the Mystery – A Working Manual*, Open Book Publishers, Adelaide, 1996

Ornstein, Yevrah, *From The Hearts of Men*, Ballantine, New York, 1991

Parke, Ross.D., Brott, Armin A., *Throwaway Dads: The Myths and Barriers that Keep Men from Being the Fathers They Want to Be*, Houghton Mifflin, Boston, 1999

Parsons, Tony, *Man and Boy*, HarperCollins, Londres, 2002

Peck, Michael L. et al, eds., *Youth Suicide*, Springer Publishing Company, New York, 1985

Petre, Daniel, *Father Time: Making Time for Your Children*, Jane Curry Publishing, Sydney, 2005

BIBLIOGRAFIA

Phillips, Katharine A., *The Broken Mirror: Understanding and Treating BDD*, Oxford University Press, New York, 1996

Pollack, William, *Real Boys: Rescuing Our Sons From the Myths of Boyhood*, Random House, NewYork, 1998

Pope, Harrison G. Jr., Katharine A. Phillips, Roberto Olivardia, *The Adonis Complex: How To Identify, Treat and Prevent Body Obsession in Men and Boys*, Simon & Schuster, New York, 2002

Rutter, Michael, David J. Smith, eds., *Psychosocial Disorders in Young People: Time Trends and Their Causes*, Academia Europa, John Wiley and Sons, Chichester, 1995

Shneidman, Edwin, *Suicide as Psychache: A Clinical Approach to Self-Destructive Behaviour*, Jason Aronson, Northvale, New Jersey, 1993

Silverstein, Olga, Beth, Rashbaum, *The Courage To Raise Good Men*, Viking, New York, 1994

Smith, David B., Rev., *Sex, The Ring and The Eucharist: Reflections on Life, Ministry and Fighting in the Inner City*, Hippo Books, Sydney, Australia, 2003

Smith, Paul, ed., *Boys: Masculinities in Contemporary Culture*, Westview Press, Boulder, Colorado, 1996

Stoltenberg, Jon, *Refusing to Be A Man*, Fontana, Londres, 1990

Tanenbaum, Joe, *Male and Female Realities: Understanding the Opposite Sex*, Candle Publishing Company, Sugar Land, Texas, 1989

Tannen, Deborah, *You Just Don't Understand: Women and Men in Conversation*, William Morrow, NewYork, 1990

Waller, Robert James, *The Bridges of Madison County*, Warner Books, New York, 1992

West, Peter, *What IS the Matter With Boys? Showing Boys The Way Towards Manhood*, Choice Books, Sydney, 2002

Zinn, Jack, *Older Men's Business: Valuing Relationships, Living With Change*, Finch Publishing, Sydney, 2002

Autorizações

A autora e a editora agradecem os seguintes detentores de direitos de reprodução pelas autorizações de uso cedidas para esta obra:

Trechos reproduzidos com autorização da The Free Press, divisão da Simon & Schuster Adult Publishing Group, das obras *The Adonis Complex: The Secret Crisis of Male Body Obsession*, de Harrison G. Pope Jr., M.D., Katherine A. Phillips, M.D., Roberto Olivardia, Ph.D. Copyright © 2000 by Harrison G. Pope Jr., M.D., Katherine A. Phillips, M.D., Roberto Olivardia, Ph.D.

Boys to Men: Questions of Violence, Michael Thompson et al, Harvard Education Letter, reproduzido com autorização do Harvard Education Publishing Group.

Boys Will Be Boys: Breaking the Link Between Masculinty and Violence, by Myriam Miedzian, Anchor, Bantam, Doubleday, New York, 1991, com autorização de Lantern Books, edição revisada em 2002.

The Bridges of Madison County, Robert James Waller, Warner Books, New York, 1992, reproduzido com autorização da Warner Books.

The Courage to Raise Good Men, de Olga Silverstein e Beth Rashbaum, copyright © 1994 by Olga Silverstein e Beth Rashbaum. Utilização autorizada pela Penguin, divisão do Penguin Group (USA).

AUTORIZAÇÕES

Divorced Dads: Shattering the Myths, de Sanford Braver, Diane O'Connell, Jeremy Tarcher/Putnam, 1998, reproduzido com autorização do Penguin Group (USA).

"Emotional Competence is Men's Business", Don Edgar, parte da Fatherhood Conference, fevereiro 2001, reproduzido com autorização do autor.

Conteúdo do site Father' s Direct, de acordo com autorização de Jack O' Sullivan.

"Fathers – Myths and Realities about Child Maltreatment', de Felicity GoodyearSmith, Perspectives on Fathering Issues, nº 4, editado por Stuart Birks e Paul Callister, Centre for Public Policy Evaluation, Massey University, abril 1999, com autorização da autora.

Father Time: Making Time For Your Children, Daniel Petre, Jane Curry Publishing, 2005.

Trechos de *The First Stone*, de Helen Garner, reproduzidos mediante autorização de Pan Macmillan Australia Pty Ltd. Copyright © Helen Garner.

"Gendered Approaches to Health Policy", Felicity Goodyear-Smith, New Zealand family Physician, fevereiro 2003, reprodução autorizada por Felicity Goodyear-Smith.

"Happy Divorce", Julie Scelfo, *Newsweek* 6 de dezembro 2004, autorizado pela *Newsweek*.

If Men Could Talk, Here's What They'd Say, Alon Gratch. Autorizado por Litte, Brown and Co.

Journey to Brotherhood: Awakening and Healing Men's Hearts, Frank C. Cardelle, Garner Press, New York, 1988, reprodução autorizada pelo autor.

"A Letter to Liveaway Dads", by Bill Klatte, Connect For Kids, reproduzido após autorização de Bill Klatte.

Malespeak, Irma Kurtz, (Jonathon Cape, Londres, 1986), reproduzido com autorização de Irma Kurtz e The Lisa Eveleigh Literary Agency © 1986.

"The Man Behind the Mask: Male Body Image Dissatisfaction", de Steven Gregor, In Psych, 26 (3), 2004, reprodução autorizada por Steven Gregor.

Manhood: An Action Plan For Changing Men's Lives, Steve Biddulph, Finch Publishing, Sydney, 1994, reprodução autorizada por Finch Publishing.

Masculinity in Crisis: Myths, Fantasies and Realities, Roger Horrocks, St Emil's Press, New York, 1994, uso autorizado por Palgrave Macmillan.

Trechos do livro *Masculinity Reconstructed*, de Ronald Levant. Copyright © 1996 by Dutton. Autorização fornecida por Lowenstein-Yost Associates, Inc.

Men, Mateship, Marriage: Exploring Macho Myths and the Way Forward, Don Edgar, Harper Collins, Sydney, 1997.

Men's Health: Uncovering the Mystery – A Working Manual, Bill O'Hehir, Open Book Publishers, Adelaide, 1996, reprodução autorizada pelo autor.

The Men's Room: A Thinking Man's Guide For Surviving Women on the Next Millennium, Green, Toby, Ray Welling, Random House Australia, Sydney, 1999, utilização autorizada por Toby Green.

Mothers, Sons and Lovers, Michael Gurian, © 1994. Reprodução mediante autorização de Shambhala Publications.

The Myth of Male Power: Why Men Are the Disposable Sex, Warren Farrell, Ph.D., uso autorizado por Finch Publishing.

The Naked Husband, Mark D'Arbanville, Bantam, Sydney, 2004, reprodução autorizada por Tim Curnow Literary Agent and Consultant.

Older Men's Business: Valuing Relationships, Living With Change, Jack Zinn, Finch Publishing, Sydney, 2002, reprodução autorizada por Finch Publishing.

Trechos de *The Prince of Tides*, Pat Conroy. Copyright © 1986 by Pat Conroy.

Autorizações

Reprodução autorizada por Houghton Mifflin Company. Todos os direitos reservados.

Trechos de The Sports Factor: "Abused Bodies", com Amanda Smith, transmitido pela primeira vez em 7 de setembro de 2001 pela ABC Radio National, com autorização da Australian Broadcasting Corporation e ABC Online. © 2001 ABC. Todos os direitos reservados. A transcrição completa está disponível em http://www.abc.net.au/rn/talks/8.30/sportsf/stories/s360029.htm

Trechos de The Sports Factor: "Body-Builders and Body Image", com Amanda Smith, transmitido pela primeira vez em 13 de dezembro 2002 pela ABC Radio National, com autorização da Australian Broadcasting Corporation e ABC Online. © 2002 ABC. Todos os direitos reservados. A transcrição completa está disponível em http://www.abc.net.au/rn/talks/8.30/sportsf/stories/s746537.htm

Stiffed: The Betrayal of Modern Men, Susan Faludi, publicado por Chatto Windus. Reprodução autorizada pelo Random House Group.

"Suburban Violence", Dan Korem, *Suburban Gangs: The Affluent Rebels*, International Focus Press, Richardson, Texas, 1996, reprodução autorizada por Dan Korem.

"'Teenage Boys' Perceptions of the Influence of Teachers and School Experiences on their Understanding of Masculinity"©, Dr. John R. Lee, Association for Research in Education Conference, reproduzido com autorização de John Lee.

Foram feitos todos os esforços para identificar e agradecer os detentores dos direitos do material citado. Caso alguma referência tenha sido omitida, a editora agradece a informação.

Este livro foi composto nas fontes Adobe Garamond
e Univers e impresso em Pólen Soft 80g.
São Paulo, Brasil, outubro de 2007
Impressão e acabamento na gráfica Imprensa da Fé.